언어철학

언 어 철 학

Philosophy of Language: The Classics Explained

콜린 맥긴 Colin McGinn

박채연 + 이승택 옮김

도서출판 b

| 일러두기 |

1. 이 책은 Colin McGinn, *Philosophy of Language: The Classics Explained*, The MIT Press, 2015를 완역한 것이다.
2. 원문에서 이탤릭체로 강조된 부분은 고딕체로 표기하였다.
3. 독자의 이해에 도움이 된다고 판단한 지점에는 원어를 병기하였다.
4. 단행본은 『 』, 논문은 「 」로 처리하였다.
5. [ ]는 독자의 이해를 위해 옮긴이가 보충한 것이다.

이 책은 일반적인 언어철학 강의를 수강하는 학부생에게 적합한 교재로 집필되었다. 다만 이 책의 형식은 일반적이지 않다. 언어철학 분야의 고전적 저작 10편을 내가 할 수 있는 한 가장 명료하게 설명해놓았다. 따라서 논점들을 개관하는 일반적인 언어철학 교재와 달리, 이 책은 개별 철학자에게 초점을 맞춘다. 이 책은 언어철학에 대한 배경 지식이 없는 대학원생에게도 입문서가 될 것이다. 분석철학에 큰 흥미와 배경 지식을 가진 학생만을 겨냥한 것이 아니라, 철학을 전공하지 않는 학생도 읽을 수 있도록 했다. 아무리 붙들고 있어도 무슨 소리인지 알기 어려운 일차 문헌을 이해 가능하도록 하는 것이 이 책의 목표이다.

이 책은 총 10개의 장과 1개의 부록으로 구성되어 있고, 각 장은 고전적 저술을 하나씩 상세히 논한다. 이 책을 고전적 텍스트를 묶은 선집과 함께 보기를 바란다. 내가 사용한 선집은 수사나 눅세텔리Susana Nuccetelli와 개리 세이Gary Seay가 엮은 『언어철학: 중심 주제들Philosophy of Language: The Central Topics』(Roman & Littlefield, 2008)이다. A. P. 마티니치A. P. Martinich의 『언어철학The Philosophy of Language』(Oxford University Press, 2006)과 함께 보아도

좋을 것이다. 두 책에 수록된 논문이 조금 다르기는 하지만 말이다. 언어철학을 강의하면서 나는 고전적 텍스트에 대해 철저하고 명료한 설명이 필요하다는 점을 깨달았다. 고전적 텍스트는 그 자체로는 학생에게 너무 어렵다. 이에 따라 이 책의 각 장에서는 해당 텍스트를 신중하고 체계적으로 살펴본다. 그러나 문헌을 처음부터 끝까지 완전하게 개관하려고는 하지 않으며, 일부 최근 문헌은 다루지 않는다. 이 책을 원전의 보충으로 활용하면 강사는 고된 해설을 상당 부분 줄일 수 있을 것이다.

대부분의 경우 나는 책에서 설명하는 견해와 이론에 대해 평가와 비평을 덧붙였는데, 이는 나의 동료 전문가들이 만족할 만큼 해당 주제에 기여하려기보다는 학생들의 생각(과 토론)을 자극하기 위해서이다. 학생을 대상으로 하는 책이기에, 정확성을 해치지 않는 선에서 원고를 최대한 간명하게 쓰고자 했다. 모든 것을 처음부터 하나하나 설명해두었다.

이 책에는 특이한 탄생 비화가 있다. 마이애미대학교에서 나의 강의를 듣던 학생 콜린 메이어가, 내가 구두로 강의하는 식의 설명을 담은 책이 있으면 좋겠다는 제안을 하면서 일이 시작되었다. 그 생각에는 나도 동의했지만 직접 쓰기에는 시간이 마땅치 않아 망설였다. 그러자 메이어는 내 강의를 녹음한 녹취 파일을 글로 풀어줄 수 있다고 했다. 우리는 일단 한번 해보기로 했고, 그는 부지런하게 작업했다. 내 일은 그가 만든 원고를 검토하고 다듬는 것이었다. 그 작업을 하면서, 많은 부분 (거의 모든 문장에) 수정이 필요하다는 점을 알게 되었다. 순전히 글로만 쓸 때는 독자의 이해 가능성보다 (고상함은 말할 것도 없고) 명료함과 정밀함을 더 가치 있게 여기는 경향이 있다. 하지만 이 책은 강의에서 쓴 원래의 구어체를 최대한 살리려고 했다. 그래야 원고가 최대한 이해하기 쉽게 되리라고 생각했기 때문이다. 그 최종 결과로, 지나치게 격식을 차리지 않으면서도 설명은 섬세하게 하려는 복합적인 텍스트가 만들어졌다. 쉽지 않았을 작업을 맡은, 그리고 맨 처음 이 일을 제안한 콜린 메이어에게 감사를 전한다.

녹취록 원자료를 검토해 정리하고 서식을 맞춰준 모니카 모리슨의 도움도 있었다. 하지만 최종 텍스트는 결국 내가 만들었다. 애초의 예상보다 훨씬 힘든 작업이었지만, 작업의 결과로 나온 이 책이 학생에게나 강사에게나 유용하게 쓰이기를 빈다. 내가 처음으로 언어철학을 가르친 것이 38년쯤 전인데, 이 책은 그 과목을 가르쳤던 다년간의 경험이 농축된 것이다. 풍성한 사유를 이해하기 쉬운 형태로 전달하고자 한 목표가 성취되기를 기대한다.

2012년 7월, 마이애미에서 콜린 맥긴

| 차 례 |

제1장 프레게의 뜻과 지시체 이론

1.1. 배경

뜻과 지시체에 관한 프레게의 견해를 설명하기에 앞서, 언어철학의 일반적 목표에 대해 몇 가지를 말해두는 것이 유용하겠다. 가장 일반적으로 말할 수 있는 것은 언어철학이 의미의 일반적 본성을 다룬다는 점이다. 그러나 이는 초보자에게 별 도움이 못 되니 더 구체적으로 말해보겠다. 언어는 세계에 관한 것이다. 우리는 사물에 관하여^{about} 의사소통을 하고자 언어를 사용한다. 그렇기에 이 '관함^{aboutness}'이 무엇인지를 물어야 한다. '관함'이란 무엇이며, 어떻게 작동하는가? 말하자면 어떻게 언어는 현실$^{re-ality}$과 연결되는가? 우리는 어떻게 사물을 지시하며, 사물을 지시하는 것이 언어가 하는 일의 전부인가? 이에 더해 지시는 지시자의 마음속에 있는 무언가에 의해 결정되는가? 만일 그렇지 않다면 지시체를 결정하는 것은 무엇인가? 언어 중 일부는 '이름'이라고 불린다. 그런데 언어에 속하는 모든 것이 이름인가? 무언가를 지시하는 단어는 그 무언가를 지시하는 사람과 어떻게 연결되는가? '톰 존스', '셰익스피어의 아버지', '저 개'

같은 표현은 모두 같은 방식으로 지시하는가? 이러한 유형들의 표현은 의미상 어떤 방식으로 다른가? 문장은 문장의 의미와 어떻게 관련하는가? 의미는 문장과 같은가? 아니면 문장보다 추상적인 무엇인가? 서로 다른 문장들이 같은 의미를 표현할 수는 없는가? 의미란 도대체 무엇인가? 의미는 사물인가? 의미는 참과 어떻게 연관하는가? 우리가 말하는 바가 참인지의 여부는 우리가 의미하는 바에 의존하니, 의미는 참과 깊이 연관하는가? 참이라는 개념을 어떻게 이해할 것인가? 문장이 의미하는 바와 그 문장을 발화하는 사람이 의미하는 바는 어떤 관계를 맺는가? 이것들이 바로 언어철학의 전형적인 물음이다. 이 책에서 우리는 위대한 언어철학자들이 어떤 이야기를 했는지를 검토하는 방식으로 이들 물음을 고찰하려고 한다. 그중에서도 가장 위대하다고 말할 수 있는 고틀로프 프레게^{Gottlob} ^{Frege}에서 시작해보자.

1892년에 출판된 프레게의 논문 「뜻과 지시체에 관하여^{On Sense and Reference}」는 현대 언어철학의 시작점이며, 그 이후에 이어지는 언어철학의 틀을 잡았다. 그러므로 나는 이 논문의 내용을 특히 면밀히 살펴볼 것이며, 뒤에 나오는 장에서도 여러 번 언급할 것이다. 하지만 해당 논문을 상세히 논하기에 앞서 두 가지 개념, 즉 문장^{sentence}과 명제^{proposition}에 어느 정도 익숙해질 필요가 있다. 명제는 문장이 표현하는 바이다. 문장이 표현하는 명제는 그 문장의 의미를 구성한다. 따라서 두 개의 다른 문장이 같은 명제를 표현하는 일이 가능하다. 서로 동의적^{同意的}인 두 문장은 같은 명제를 표현할 것이다. 문장을 구성하는 단어가 다르더라도 문장들은 동의적일 수 있으며, 즉 같은 의미를 가지는 일이 가능하며, 그에 따라 같은 명제를 표현할 수 있다.

다음의 두 문장은 이 점을 잘 보여준다.

(1) 존은 총각이다.
(2) 존은 결혼하지 않은 남자이다.

'총각'과 '결혼하지 않은 남자'라는 말은 동의적이다. 다시 말해 둘의 의미는 같다. 그러므로 이들 두 문장은 같은 명제를 표현한다. 이렇듯 두 개의 다른, 동일하지 않은 한국어 문장이 같은 명제를 표현할 수 있다. 두 개의 다른 언어에 속하는 두 개의 문장이 같은 명제를 표현할 수도 있다. 아래는 프랑스어와 한국어라는 서로 다른 언어의 두 동의적 문장에 해당한다.

(3) La neige est blanche.
(4) 눈은 하얗다.

이들 두 문장은 두 개의 다른 언어에 속하는 다른 단어들로 구성되었으나, 두 문장은 같은 의미를 가지며, 따라서 같은 명제를 표현한다.

문장이 명제와 연관하는 방식을 이렇게 이해하게 되었으니, 이제는 문장이 무엇인지를 물을 차례이다. 문장은 형태, 기호, 청각 신호의 묶음이다. 종이 위에 쓰인 문자의 다양한 형태나 공기 중에 있는 청각 신호는 같은 명제에 대응할 수 있다. 그렇다면 명제는 문장과 매우 다른 것이겠다. 명제는 물리적인 것이라기보다는 추상적인 것이다. 문장은 명제를 표현하는 지각 가능한 수단이고, 어떤 사람에 의해 발화될 수도 있다. '눈은 하얗다' 같은 문장을 발화할 때 당신은 그 발화를 통해 진술을 행한다. 진술은 발화자, 문장, 명제라는 셋 사이의 관계이다. 한 사람이 말할 때, 그는 특정한 문장을 발화하고, 그렇게 발화함으로써 특정한 진술을 행한다. 한 프랑스 사람이 'La neige est blanche'라는 문장을 발화할 때 그는 눈이 하얗다고 진술하는 것이다. 그에 해당하는 한국어 문장을 발화한 것은 아니지만 말이다. 그렇지만 'La neige est blanche'라는 문장이 한국어 문장인 '눈은 하얗다'와 동의적인 까닭에, 이 두 다른 문장은 같은 명제를 표현한다. 한 언어에 속하는 문장은, 그와 다른 언어를 사용하여 진술을 행하는 발화자에 의해 표현된 것과 같은 명제를 보고하는 데 쓰일 수 있다. 문장, 진술, 명제는 체계적으로 상호 연관되어 있으나 다 같은 것은 아니다. 문장은 물리적 배열이고, 진술은 인간의 행위이며, 명제는 추상적 의미이다.

1.2. 동일성

「뜻과 지시체에 관하여」에서 프레게는 문장과 문장이 표현하는 명제 사이의 관계를 다룬다. 프레게가 답을 찾고자 하는 물음들은 이렇다. 문장과 문장이 표현하는 명제 사이의 관계는 정확히 무엇인가? 한 명제가 다른 문장이 표현한 다른 명제와 같을 때는 언제인가? 명제의 구성 요소는 무엇인가? 단어의 의미는 무엇인가? 프레게가 다루는 이들 물음은 형태의 배열이나 소리의 연속으로 여겨지는 문장이 어떻게 유의미할 수 있는지에 대한 궁금증을 불러일으킨다. 다시 말해 우리는 문장과 문장의 의미를, 즉 어떻게 문장이 세계에 관한 무언가를 우리에게 말해줄 수 있는지를 다룰 것이다. 의미란 도대체 무엇인가?

이들 물음을 논하는 프레게의 논문은 명료하지 않다. 이 논문에는 해석하기 어려워 논평가들도 좀처럼 언급하지 않는 어떤 모호함이 담겨 있다. 그렇지만 이제부터 나는 프레게의 논문에 담긴 모호한 지점을 밖으로 꺼내 선명하게 하고자 한다. 일단 「뜻과 지시체에 관하여」의 서두를 살펴보자.

> 동등성은 결코 답하기 쉽지 않은 도발적인 물음을 던진다. 동등성은
> 관계인가? 관계라면 대상 사이의 관계인가? 아니면 대상의 이름이나
> 기호 사이의 관계인가? 『개념 표기』에서 나는 후자라고 가정하였다.[1]

• •

1. Gottlob Frege, "On Sense and Reference," in *Philosophy of Language: The Central Topics*, ed. Susana Nuccetelli and Gary Seay(New York: Rowman & Littlefield, 2008), p. 113.

여기서 프레게가 '동등성equality'으로 무엇을 의미하는지가 명확하지는 않지만, 프레게가 이 단어를 (사회적 의미가 아닌!) 수학적 의미로 사용한다는 점은 분명하다. 이 동등성 개념은 '4×5=20' 같은 수학적 진술을 예로 들어 설명할 수 있다. 현대 철학자는 '동등성' 대신 '동일성identity'을 사용한다. '4×5=20'은 4×5에 해당하는 수가 20이라는 수와 동일하다고 주장하는 동일성 진술이다. 프레게가 '동등성'을 사용할 때는 이런 유형의 진술을 의도한다.

동일성은 비非수학적 사례에도 적용할 수 있다. 동일성에 대해 프레게가 언급하지 않는 것이 몇 가지 있다. 철학자들은 수적 동일성과 질적 동일성을 구별하곤 한다. 질적 동일성은 두 사물이 정확히 같을 때 발생한다. 예컨대 같은 생산 설비에서 만들어졌고 색도 같은 두 자동차는 질적으로 동일하다고 할 수 있다. 그렇지만 프레게가 주된 관심을 기울이는 것은 수적 동일성이다. 수적 동일성이란 어떤 것이 자기 자신과 맺는 관계이다. 이 관계는 아주 원초적이고 사소하다. 모든 것은 자기 자신과 동일성 관계를 맺으니 말이다. 더욱이 두 대상이 질적으로 동일하다고 해도 한 대상과 다른 대상 사이에는 수적 동일성이 있을 수 없다. 예를 들어 쌍둥이는 서로 수적으로 동일한 관계를 맺지 않는다. 동일성 관계는 쌍둥이 중 한 사람과 자기 자신 사이에서만 존재한다.

이제 문제 하나를 숙고해보자. 동일성은 관계인가? '~의 왼쪽', '~보다 늙은', '정당에 속하는', '특정 장소에 사는' 등, 관계의 종류는 실로 다양하다. 방금 든 예시 하나하나는 사소하지 않은 관계를 예증하며, 그렇기에 현실에 관하여 무언가 실질적인 것을 말해준다. 그렇지만 동일성의 경우, 어떤 것이 자기 자신과 맺는 관계는 사소하므로 실질적 정보 없이 동어반복tautology을 내놓을 뿐이다. 다음 구절에서 프레게는 동일성에 대한 설명을 계속한다.

다음의 내용은 이를 뒷받침하는 근거가 되는 듯하다. a=a와 a=b라는 두 진술에 서로 다른 인식적 가치가 담긴 것은 명백하다. a=a는 선험적이며, 칸트에 따르면 이는 분석적인 것으로 불린다. 반면 a=b 형태의 진술에는 우리의 지식을 확장하는 큰 가치가 담겨 있으며, 항상 선험적인 것으로 확립되지만은 않는다. 아침에 뜨는 태양이 아침마다 새로운 것이 아니라 항상 같은 것이라는 점은 천문학의 가장 의미 있는 발견 중 하나였다. 심지어 오늘날에도 작은 행성이나 혜성을 파악하는 일이 당연하게 여겨지지만은 않는다.[2]

위 인용문에서 프레게는 대상을 파악하는 진술을 다룬다. 서로 다른 이름을 사용하는 동일성 진술은 'a=b'('a는 b와 동일하다')의 형식을 취할 것이다. 두 이름 'a'와 'b'가 하나의 대상을 공히 지시하는 경우가 있다. 'a'를 '4×5', 'b'를 '20'으로 생각해보자. 우리는 어떤 대상, 여기서는 어떤 수를 '4×5'라는 표현으로도, '20'이라는 숫자로도 지시했으며, 이렇게 하여 두 진술이 일치하는 동일성 진술을 만들었다. 기호 '='를 같은 것을 지시하는 두 이름 사이에 두고 적었을 때, 그 두 이름은 참인 동일성 진술을 만든다. 반면 'b'가 지시하는 것과 동일한 것을 'a'가 지시하지 않는다면, 이 동일성 진술은 거짓이겠다.

여기서 프레게의 요점은 그가 『개념 표기*Begriffsschrift*』를 저술할 당시에는 'a=b' 같은 진술을 할 때 '='로 표현되는 관계가 이름들 자체 간에 성립하는 관계라고 생각했다는 점이다. 이때 진술은 이름 'a'와 'b'가 지시하는 대상이 아니라 정말로 이름 'a'와 'b'에 관한 것이다. 대상의 이름은 그 이름이 가리키는 대상과 분리된다. 『개념 표기』를 저술할 당시 프레게는 동일성 진술을 할 때 자신이 그 진술에 담긴 이름에 관해 말한다고 생각했다. 그렇게 생각하지 않으면 부조리에 이르는 것 같기 때문이다.

• •
2. Ibid.

이제 우리가 동등성을 'a'라는 이름과 'b'라는 이름이 지칭하는 것 사이의 관계로 여긴다면, a=b는 a=a와 다를 수 없을 것 같다. 물론 a=b가 참이라면 말이다. 그리하여 [동등성] 관계는 한 사물이 자기 자신과 맺는 관계로 표현되며, 그러한 관계 속에서 각 사물은 자기 자신을 마주할 뿐 다른 것을 마주하지는 않는다.[3]

'='를 이름들이 아니라 대상들을 연결하는 것으로 받아들이면, 'a=b'와 'a=a'는 같은 명제를 표현하는 것으로 보일 터이다. 이 점을 더 분명하게 예증하고자 '개밥바라기'와 '샛별'이라는 두 이름을 예로 들어보자. 금성은 저녁에 떠오르는 행성으로 '개밥바라기'로 불리곤 했다. '개밥바라기'는 금성을 지칭하는 고유 이름이며, '저녁 별the evening star'이라는 한정 기술구에 대응한다(한정 기술구는 3장에서 자세히 논할 것이다). '개밥바라기'라는 이름을 사용해 우리는 금성을 지시한다. 그런데 고대인은 이해하지 못한 현대 천문학의 발전을 이해하고 있는 우리는 '개밥바라기'가 금성을 지시한다는 점을 안다. 이와 달리 고대인은 '금성'이라는 이름도, 금성이 별이 아니라 행성이라는 점도 알지 못했다. 개밥바라기와 똑같은 천체는 아침에도 보이는데, 고대인은 아침에 보일 때 그 천체를 '빛을 가져오는 것, 샛별'이라고 불렀다. 프레게는 두 개의 다른 명명 행위가 실제로는 같은 대상에 대응한다는 점을 지적한다. 이 사례에서 '개밥바라기'와 '샛별'이라는 두 가지 다른 이름은 사실 같은 천체, 즉 금성에 대응한다. 금성은 저녁에는 하늘의 한 지점에서, 아침에는 하늘의 다른 지점에서 나타난다. 고대인은 자신이 같은 행성에 두 이름을 적용하고 있음을 알지 못했다. 그와 달리 우리는 천문학의 실질적 발견을 진술하면서 개밥바라기가 샛별과 동일하다고 말할 수 있다. 고대 바빌로니아인은 개밥바라기가 샛별과 동일하다고 주장할 수도 없었고 그렇게 생각할 이유도 전혀 없었다.

• •
3. Ibid.

그들은 개밥바라기와 샛별의 동일성에 무지했다.

개밥바라기와 샛별은 다음 논점을 예증하는 흔한 사례이다. 즉, 단일한 대상이 언젠가 명명된 뒤에 다른 시간과 다른 맥락에서 달리 명명되었으나 아무도 그 대상이 두 번 명명되었다는 점을 알지 못하는 경우가 많다. 동일성이 발견될 때, 직관적으로 관찰자는 하나의 **사물**에 두 가지 **외양**$^{ap-}$ ^{pearance}이 있음을, 그리하여 a=b임을 알게 된다. 두 다른 외양이 같은 대상에 대응하고, 이에 따라 실질적인 동일성 지식이 산출된다. 이 같은 경우에 'a=b'는 정보가 있는 동일성 진술을 형성한다. 이때 우리는 사소하지 않은, 현실에 관한 진정한 지식을 내놓는 명제를 표현한다. 반면 'a=a' 형식의 동일성 진술('개밥바라기는 개밥바라기이다')은 정보가 없는 명제로서 동어반복일 뿐이다. 이 수적 동일성은— 그 어떤 수적 동일성도— 세계에 관한 경험적 관찰 없이도 성립할 수 있다. 개밥바라기의 경우, '개밥바라기'라는 이름을 듣기만 해도 '개밥바라기는 개밥바라기이다'라는 진술이 참임을 관찰 없이 알 수 있다. 하지만 '개밥바라기는 샛별이다'라는 진술은 그렇지 않다. 이 진술은 정보가 있지만 앞의 진술은 그렇지 않다. 이렇듯 '개밥바라기는 샛별이다'가 경험적 내용을 담고 있으며 (칸트식으로 말하자면) 종합적인 반면, '개밥바라기는 개밥바라기이다'는 분석적 내지 동어반복적이며 단순히 그 의미 덕택에 참이다. 요컨대 'a=a'는 분석적 선험적 명제를 표현하고, 'a=b'는 종합적 후험적 명제를 표현한다.

「뜻과 지시체에 관하여」에서 가져온 앞의 구절에서 프레게는 ('a=a'와 'a=b'로 표현된) 이 두 명제가 어떻게 완전히 다른지를 설명한다. 이를테면, 서로 다른 불타오르는 천체가 매일 아침 하늘에 나타난다고 사람들이 생각했던 과거의 어느 시점이 있었을 수 있다. 매일 아침 하늘에 나타나는 그 천체, 즉 태양이 [여럿이 아니라] 하나라고 이해하게 되는 것은 실질적인 경험적 발견이다. 아침마다 나타나는 그 천체가 같은 외양을 가진다는 것이야 알지만, 외양이 같다는 것 자체가 그 천체가 정확히 같은 대상임을 함축하지는 않는다. 그런데 프레게는 이런 질문을 제기한다. 동등성이 대상과 자기 자신 사이의 관계라면, 'a=b'와 'a=a'로 표현되는 명제 사이에 어떤 차이가 있을 수 있는가? 이 둘은 같은 것, 즉 대상이 자기 자신과 동일하다는 점을 말하지 않는가? 다시 말해 'a=b'는 'a=a'와 같은 것을 표현하지 않는가? 그렇다면 동일성을 [대상이 아니라] 이름들 사이의 관계라고 상정하는 것이 낫지 않겠는가? 이름들이 다른 것은 분명하니 말이다.

'a=a'라는 문장은 a가 자기 자신과 동일하다는 명제를 표현하며, 'a가 자기 자신과 동일하다'라는 진술은 분석적이고 선험적이다. 그렇지만 'a=b'라는 진술이 'a=a'와 같은 명제를 말한다고 주장할 방도는 없다. 앞서 말했듯 이름만 알면, 그 이름으로 명명된 대상이 자기 자신과 동일하다는 것을 말하는 데에는 문제가 없다. 고대인조차 개밥바라기가 개밥바라기와 동일하고 샛별이 샛별과 동일하다는 것을 알았다. 그들이 몰랐던 것은 개밥바라기와 샛별이 동일하다는 점이었다. 동일성이 대상과 그 대상 자신 사이의 관계라고 가정하면 동일성 명제를 생각할 때 역설로 이어지게 되는 듯하다. 그래서 『개념 표기』를 저술할 당시 프레게는 동일성이 대상과 그 대상 자신 사이의 관계일 수 없다고 생각한 것이다. 역설을 피하려면 서로 다른 두 문장은 서로 다른 두 명제를 진술해야 한다. 하지만 이것이 어떻게 가능한가?

만약 동일성이 대상들이 아니라 이름들 사이의 관계라면, 이 두 경우에는 서로 다른 무언가가 진술된 것이다. 'a=a'는 이름 'a'가 이름 'a'와 같은 것을 지칭한다는 점을 알려주는 반면, 'a=b'는 이름 'a'가 이름 'b'와 같은 것을 지칭한다는 점을 알려준다. 여기서 관련되는 것은 더 이상 대상 자체가 아니라 대상의 이름이다. 우리가 정말 이름에 관해 말한다면, 두 문장이 어떻게 다른 명제를 산출하는지 이해할 수 있다. 왜 그럴까? 'a=a'는 이름 'a'만을 포함하지만, 'a=b'는 이름 'a'와 이름 'b'를 둘 다 포함하기 때문이다. 이에 따라 두 번째 문장은 첫 번째 문장이 지시하지 않는 것, 다시 말해 이름 'b'를 지시한다. 두 번째 문장은 이름 'b'를 포함하며,

이렇게 분석할 때 두 번째 문장은 이름 'b'를[to] 지시한다. 이와 같은 설명은 두 문장이 어떻게 서로 다른 명제를 표현할 수 있는지를 해명한다. 두 문장은 대상이 아니라 이름에 관한 것이기 때문에 서로 다른 것에 관한 문장이다. 뒤의 명제는 이름들 'a'와 'b'에 관한 명제인 반면, 앞의 명제는 오직 이름 'a'에 관한 명제이다. 이렇게 생각하는 것이 동일성 진술을 생각하는 자연스러운 방식이다. 동일성 진술은 한 대상이 자기 자신과 동일하다는 것이 아니라, 하나의 이름이 또 다른 이름과 같은 것을 지칭한다고 말하는 것이다.

그러나 이름을 포함하는 문장은 보통 그 이름에 관한 것이 아니다. 사실, 진술은 이름과 완전히 무관할 때도 있다. 누군가 '개밥바라기는 밝다'는 진술을 했다고 하자. 이때 그 사람이 '개밥바라기'라는 이름에 관하여 말하는 것 같지는 않다. 그는 행성, 그러니까 금성에 관해 말하면서 금성이 밝다고 진술하는 것이지 '개밥바라기'라는 이름이 밝다고 이야기하는 것이 아니다. '개밥바라기'라는 이름이 밝은 것도 물론 가능하기는 하다('개밥바라기'라는 이름이 네온사인으로 쓰인 경우를 예로 들 수 있다). 그렇지만 일반적으로 누군가 '개밥바라기는 밝다'고 할 때, 그 사람은 '개밥바라기'라는 이름이 밝다고 이야기하는 것이 아니다. 일반적으로 우리는 단어에 관해 말하지 않는다. 다른 무언가에 관해 말하는 데 단어를 사용한다.

자신의 담지자[bearer]를 지시하는 일상적 진술에서 [인용 부호 없이] 등장하는 이름과, 그 이름을 지시하는 진술에서 인용 부호 안에 등장하는 이름 사이에는 엄청난 차이가 있다는 점에 주목하자. 일반적으로 말하자면, 이름을 [인용 부호 없이] 사용하는 진술은 그 이름을 지시하지 않는다. 그러므로 '개밥바라기는 샛별과 동일하다' 같은 동일성 진술이 이름을 지시한다고 주장하는 것은 그 문장이 애초에 말하려던 바와 상당히 다른 무언가를 이야기하는 것이다. 화자는 그 진술로 금성을 지시하려는 것이지, 그 문장으로 대상의 이름들['개밥바라기'와 '샛별']을 지시하려는 것이 아니다. 이를 **사용-언급 구별**use-mention distinction이라고 한다. 다시 말해 우리는 대상을 언급하고자 이름을 사용하지, 이름 자체를 언급하고자 이름을 사용하지 않는다. 사물이 아니라 단어에 관해 말하기를 굳이 원할 때를 제외하고서는 말이다.

『개념 표기』에 펼쳤던 자신의 견해를 돌아보던 프레게는 이제 동일성이 이름과 이름 사이의 관계라는 견해를 취했던 것이 잘못이었다고 생각한다. 그는 이 점을 다음의 인용문에서 분명히 밝힌다.

> a=b라고 말할 때 의도된 바는 'a'와 'b'라는 기호 내지 이름이 같은 것을 지칭하므로 그들 기호 자체가 논의의 대상이 될 것이라는 점인 듯하다. 기호와 기호 사이의 관계가 주장되는 것이다. 그러나 이 관계는 이름이나 기호가 무언가를 명명하거나 지칭하는 한에서 이들 사이에 성립하겠다. 이 관계는 같은 것을 지칭하는 두 개의 기호 각각의 연결로 매개될 것이다. 하지만 이 연결은 임의적이다. 임의적으로 산출 가능한 사건이나 대상을 무언가에 대한 기호로 사용하는 일을 막을 길은 없다. 그 경우 a=b라는 문장은 더 이상 주제가 아니라 지칭 방식과만 관련할 것이니, 그 문장을 수단으로 해서는 아무런 본래적 지식도 표현할 수 없을 것이다. 하지만 많은 경우 우리가 표현하고자 하는 바는 바로 본래적 지식이다.[4]

프레게는 동일성을 대상과 그 대상 자신 사이의 관계로 상정함으로써 생기는 문제를 피하고자 했는데, 이는 그 문제로 말미암아 동일성 명제가 사소해지기 때문이다. 이름들 자체를 끌어왔던 것은 이 [사소함의] 문제를 해결하기 위해서였다. 위 구절의 '지칭 방식mode of designation'이라는 표현은 이름들 자체를 포함하고자 의도된 것이다. 하지만 그때 진술은 지칭 방식을

• •
4. Ibid.

지시할 뿐 세계 속 사태를 지시하지는 않는다. 그리하여 지칭 방식은 여기서 프레게가 진술의 '주제subject matter'로 일컫는 바가 된다. 이제 프레게는 이 점에 반박의 여지가 있음을 알게 되는데, 이렇게 하면 프레게가 '본래적 지식proper knowledge'이라고 칭하는 바를 표현할 수가 없기 때문이다. 독자 여러분은 프레게가 '본래적 지식'이라는 표현으로 무엇을 뜻하는지 궁금해할 법하다. 개밥바라기가 샛별임을 알게 되는 것은 실질적, 경험적, 후험적인 무언가를 알게 되는 것이다. 그런데 우리가 새로 알게 된 명제는 무엇인가? a가 a와 동일하다는 명제는 분명히 아니다. 이전에 [『개념 표기』에] 나왔던 이론에 의하면 우리가 새로 알게 된 명제는 'a'라는 이름이 'b'라는 이름과 같은 것을 지칭함을 진술한다. 그렇지만 프레게는 한 이름과 다른 이름이 공지칭함co-denote을 안다고 해서 '본래적 지식'을 획득할 수 있는 것은 아니라는 반박을 제기한다. 본래적 지식이 동어반복 이상의 지식이라고 할 때, 'a'와 'b'가 공지칭한다는 지식은 동어반복 이상의 지식인가? 프레게가 함의하는 바와는 반대로, 한 이름과 다른 이름이 같은 것을 지시함을 알게 되는 일은 정보를 제공할 수 있다. 사실 대단히 유용한 정보를 제공한다. 두 이름을 따로따로 아는 것만으로는 이와 같은 지식을 가지지 못한다. '개밥바라기'라는 이름을 알게 되면 우리는 개밥바라기가 개밥바라기와 동일하다는 점도 알게 된다. 그렇지만 이에 더하여 '개밥바라기'라는 이름이 '샛별'이라는 이름과 같은 것을 지칭한다는 점을 발견하게 되면, 우리는 이전에는 몰랐던 무언가를 알게 된다. 실로 우리는 두 개의 다른 기호가 같은 사물을 지칭한다는 점을 알게 된 것이다. 이것이야말로 '본래적 지식'이 아니겠는가? 동어반복이 아닌 것은 확실하다.

하지만 프레게는 개밥바라기가 샛별임을 알게 되는 것은 언어적 사실을 알게 되는 일일 뿐 아니라 현실 및 세계 속 대상에 관하여 무언가 유의미한 것을 이해하는 일이기도 하다고 이야기한다. ['개밥바라기는 샛별이다'라는] 이 진술은 두 개의 천체에 관하여 진정으로 경험적인 사실을 밝힌다. [『개념 표기』에 담겨 있던] 프레게의 이전 이론은 그 진술을 알게 된 사람이 세계에 관한 무언가를 새로 알게 되었다는 사실을 포착하지 못한다. 그 이론은 알게된 사실을 단순한 언어적 사실로 환원하나, 알게 된 그 사실은 그 본성상 언어적인 것에 그치지 않는다. 한 사람이 알게 된 바는 이름들이 같은 지시체를 가진다는 점은 물론이고 두 개의 외양이 같은 대상에 대응한다는 점이기도 하다. 그렇다면 그 사람이 얻은 지식의 대상은 한 이름이 다른 이름과 같은 것을 지시한다는 점을 알게 된 사람의 지식의 대상과 같지 않겠다. 두 번째 사람은 두 개의 외양이 아니라 두 개의 이름에 관한 무언가를 알게 된 것이니 말이다. '개밥바라기는 샛별이다'라는 문장에 담긴 실질적 지식은 현실에 관한 경험적인 무언가를 이해하는 데에서 오지, 언어에 관한 무언가를 이해하는 데에서 오지 않는다. 프레게는 '본래적 지식'을 단순한 언어적 지식이 아니라 세계에 대한 지식으로 생각한다. 그리하여 프레게는 동일성 진술을 언어적 항^{item}이 아니라 대상에 관한 것으로만 보는 단순 대상$^{simple\ object}$ 이론은 물론이고, 동일성 진술의 내용에 대한 언어적 이론도 기각한다.

1.3. 추가 장치

'a=b'가 참임을 알게 될 때 파악되는 바가 무엇인지를 포착하려면, 이 진술이 표현하는 명제를 달리 분석할 필요가 있다. 지금까지 우리는 'a=b'가 표현할 수 있는 명제 두 가지를 살펴보았다.

(5) a=a (a라는 대상은 자기 자신과 동일하다)
(6) 'a'는 'b'와 같은 것을 지칭한다.

물론 이 두 가지 모두 우리가 알 수 있는 것들이지만, 'a = b'라는 문장이 표현하는 명제에서 우리가 알게 되는 바는 아니다. [여기까지 우리가

'a=b'를 통해 알게 되는 바가 무엇인지에 대한] 모든 가능성을 빠짐없이 살펴본 듯한데, 정말 그렇다면 큰 논리적 문제가 뒤따른다. '2+2=4' 같은 간단한 동일성 진술조차 설명할 수 없게 되기 때문이다. 설명될 수 없을 것만 같은 무언가를 설명하려는 과제에 프레게가 직면한 것은 바로 이 논리적 문제 때문이다.

「뜻과 지시체에 관하여」의 목적은 'a=b'의 의미를 우리가 여태껏 다루었던 바 이상으로 설명하고자 추가 장치를 도입하는 데 있다.

> 'a'라는 기호와 'b'라는 기호가 (여기서는 모양을 통해) 대상으로서만 구별되고 기호로서 (즉, 무언가를 지칭하는 방식에 따라) 구별되지 않는다면, a=b가 참이라고 할 때 a=a의 인식적 가치는 a=b의 인식적 가치와 본질적으로 같아진다. [인식적 가치의] 차이는 기호들 간의 차이가 지칭된 것의 제시 방식에서의 차이에 대응할 때만 생길 수 있다.[5]

여기서 프레게는 별다른 설명 없이 '제시 방식$^{mode\ of\ presentation}$'이라는 개념을 도입한 뒤, 이를 '지칭 방식'과 대비한다. 프레게가 볼 때, 제시 방식은 'a'와 'b'라는 이름 내지 지칭 방식 — 여기서 지칭 방식이란 단순히 기호로 간주되는 이름이다 — 이 갖는 의미에 필수적이다. 이 설명에 필요한 것은 대상 자체나 대상의 이름과 동일시되지 않으면서도 대상들과 연관되는 제시 방식이다. 프레게의 말을 들어보자.

> 한 삼각형의 각 꼭짓점과 그 대변의 중점으로 이어지는 선을 a, b, c라 하자. 이때 a와 b의 교점은 b와 c의 교점과 같다. 그러면 우리는 같은 점[무게중심]에 대해 다른 지칭들을 갖게 되고, ('a와 b의 교점'이나

• •

5. Ibid.

'b와 c의 교점' 같은) 이름들은 제시 방식을 나타내기도 한다. 따라서 그 진술['a=b']에는 실제적 지식이 담겨 있다.[6]

이는 수학적 사례이다. 저녁 별과 새벽 별 이야기로 돌아오면 요점을 더 분명하게 파악할 수 있다. '저녁 별'이라는 기술구가 지시하는 것은 '새벽 별'이라는 기술구가 지시하는 것과 같다. [두 기술구가] 지시하는 것이 각각 개밥바라기와 샛별 [즉, 모두 금성]이니 말이다. 두 개의 기술구가 같은 대상을 짚어내는 이와 같은 가능성의 실례는 많다. 다만 이 기술구들이 정말로 같은 것을 지시한다는 사실을 [해당 기술구의] 사용자가 알아야 하는 것은 아니다. 프레게가 [삼각형의] 사례를 통해 독자에게 이해시키고자 하는 것은 두 개의 기술구가 같은 것을 지시할 수 있다는 점뿐이다. 두 선분 [a와 b]의 교점과 다른 두 선분 [b와 c]의 교점은 같은 점이다.

이 지점에서 자연스럽게 독자는 제시 방식이 지각perception과 연관된다고 추론할 것이다. 제시 방식은 무언가가 지각에 나타나는 방식이다. 무언가를 제시하는 두 가지 다른 방식은 그 무언가가 지각에 달리 나타난다는 점과 연관성이 있다. 누군가에게 하나의 대상이 두 개의 다른 방식으로 제시된다면, 그 대상이 그 사람에게 두 개의 완전히 다른 방식으로 나타났으리라고 가정하는 것이 자연스럽다. 널리 알려진 사례를 하나 보자. 한 탐험가가 어떤 산의 동쪽에서 그 산을 오르고는 아틀란Atlan이라고 부른다. 같은 탐험가가 똑같은 산의 서쪽에서 그 산을 오르고는 애슬라Athla라고 부른다. 물론 이 탐험가는 결국에는 자신이 똑같은 산에 두 번 올랐음을, 그러나 다른 관점에서 올랐음을 깨닫는다. 이 사례는 프레게가 내놓은 삼각형 교점의 사례와 같은 점을 예증한다.

정리하자면 프레게는 이름과 그 담지자에 더해, 이름을 사용하는 사람에게 그 담지자가 제시되는 방식을 추가하였다. 이 점으로 말미암아 a와

• •

6. Ibid., pp. 113-114.

b[라는 이름] 모두에 대하여 제시 방식이라는 추가 장치가 도입된다. 'a'는 제시 방식 MP1과, 'b'는 제시 방식 MP2와 결부된다고 해보자. 이때 프레게는 'a=b'가 참이라면 'a=b'라는 진술은 MP1이 MP2와 같은 대상을 제시한다는 것을 참되게 말한다고 주장하는 셈이다. 여기서 제시 방식은 이름을 대체하였다. 이렇게 이해할 때, 이름은 결부된 제시 방식을 가지는 단어이다. 이제 우리는 'a=a'와 'a=b' 사이의 차이를 볼 수 있다. 'a=a'에는 단 하나의 제시 방식, 즉 MP1만 있다. 이는 ['a=a'라는] 진술을 사소한 것으로 만든다. 이와 달리 'a=b'에는 두 개의 제시 방식, 즉 MP1과 MP2가 있다. 이는 ['a=b'라는] 진술을 사소하지 않은 것으로 만든다. 하나의 대상에 두 개의 다른 제시 방식이 있음을 아는 것은 사소하지 않다. 그렇기에 동일성 진술 문제에 관한 프레게의 해결책은 이전에 빠져 있던 요소인 제시 방식을 도입하는 것이다.

1.4. 뜻 개념

앞서 인용된 구절의 마지막 문장은 프레게가 말하는 '실제적 지식'에 대한 그의 관점을 이야기해준다. 비언어적 세계에 대한 지식이 실제적 지식이라는 것은 이미 앞에서 논한 바 있다. 이 경우에는 이름 자체가 중요한 것이 아니라, 이름의 지시체 및 그 지시체가 어떻게 나타나는지 혹은 '제시'되는지가 중요하다. 프레게의 말을 더 들어보자.

그렇다면 (이름, 단어의 결합, 문자 같은) 기호와 연관된 무언가가, 그런데 기호가 지시하는 바 내지 기호의 지시체라고 부를 법한 바와는 다른 무언가가, 다시 말해 내가 기호의 뜻이라고 부르고자 하는 바가 있으며, 여기에 제시 방식이 포함되어 있다고 생각하는 것이 자연스럽겠 다. 이에 따라서 앞서 든 사례에서 'a와 b의 교점' 및 'b와 c의 교점'이라는

표현의 지시체는 같으나, 이 두 표현의 뜻은 다르다. '개밥바라기'의
지시체는 '샛별'의 지시체와 같으나, 이 둘의 뜻은 다르다.[7]

'제시 방식'이라는 용어에 더해, 프레게는 '뜻^{sense}'이라는 또 다른 이론적
장치를 도입한다. 이때까지 프레게는 뜻을 지시체의 제시 방식과 연결된
것으로 설명했다. 'a=b'에서 이름 'a'와 'b'의 지시체는 같지만, 그 뜻은
다르다. 문장이 표현하는 명제를 설명하려면 문장 자체나 문장 속 단어들의
지시체를 살피는 것만으로는 충분하지 않다. 문장이 표현하는 명제를
설명하려면 또 다른 층위의 의미론적 실재를 인정해야 한다. 뜻이라는
층위 말이다. 언어 속 표현은 지시체에 더해 뜻도 가진다.

이 지점에서 프레게는 이름의 의미가 순전히 그 이름의 지시체만으로는
설명될 수 없다는 점을 만족스럽게 규명한다. 이름은 그 이름의 지시체를
제시하는 특정한 방식을 부여받아야 하고, 그 지시체의 제시 방식이 이름의
참된 정의를 나타낸다. 이름은 세계 속 대상을 지시하기는 하지만 그
이름의 진정한 의미는 그 이름이 지시하는 바가 아니라 제시 방식에서
비롯한다. 이렇게 하여 프레게는 언어 이론에 지시체만 있을 수는 없다는
것을, 지시체에 덧붙여 뜻도 있어야 한다는 것을 보인다.

여기까지 '뜻'이라는 말은 별다른 의미 규정 없이 그냥 쓰였다. 프레게는
다양한 이름을 구별하는 메커니즘을 보이고자 이 전문 용어를 도입한다.
지시체나 이름 자체는 이 역할을 하지 못한다는 것을 보였으니 말이다.
[지시체나 이름과 달리] 뜻은 이름들 사이의 인식적 차이를 설명한다.
하지만 뜻이란 무엇인가? 프레게가 사용한 '제시 방식'이라는 표현과
삼각형 사례를 고려할 때, 제시 방식이 지각과 관련하는 것 같기도 하고
심리적인 것 같기도 하다고 여기는 일은 자연스럽다. 물론 한 대상을
다른 각도와 관점에서 보면서 그것이 같은 대상이라는 것을 모를 수

7. Ibid., p. 114.

있다. 뜻 개념은 개밥바라기와 샛별의 사례와 프레게가 직접 든 삼각형 사례에 대한 논의를 넘어 일반화될 수 있다. 하지만 이 두 사례에서 뜻은 지각적 관점, 즉 바라보는 방식과 관련하는 것처럼 보인다. 앞의 인용문에서 프레게가 뜻이 제시 방식과 동일하다고 말한 것이 아님에 주목하라. 프레게는 뜻이 제시 방식을 포함한다고 말한다. 그러니 엄밀하게 말하자면 프레게는 의미에 두 개의 추가 층위를 도입한 것이다. 뜻과 제시 방식이 그 둘이며, 전자가 후자를 '포함'한다.

어떤 대상을 가리키는 언어 속 모든 표현이 자연스럽게 고유 이름으로 간주되지는 않을 것이다. 고유 이름은 보통 '찰스 디킨스'와 같은 일상적 이름으로 간주된다. 하지만 프레게는 고유 이름이라는 표현에, 일반적으로는 고유 이름으로 불리지 않는 다른 표현도 포함한다. 예를 들어 프레게라면 '2012년 미국 대통령'이 특정한 사람인 버락 오바마를 가리키기 때문에 고유 이름이라고 말할 것이다. 이런 표현은 보통 [고유 이름이 아니라] 한정 기술구라고 불리지만, 프레게는 한정 기술구를 고유 이름으로 간주한다. 그 결과 프레게는 고유 이름과 한정 기술구 모두 뜻과 지시체를 가진다고 생각한다. 이 책의 3장에서는 한정 기술구는 고유 이름이 결코 아니며 논리적 고유 이름은 한정 기술구와 완전히 다르다고 주장한 버트런드 러셀Bertrand Russell의 견해를 살펴볼 것이다. 이와 달리 프레게는 자신의 논고에서 고유 이름과 한정 기술구를 논리적으로 같은 것으로 가정한다.

프레게의 주요 논점은 일상적 고유 이름과 한정 기술구라는 두 범주 중 하나에 속하는 모든 표현은 공히 뜻과 지시체를 가진다는 것이다. 이뿐 아니라, 이러한 고유 이름을 포함하는 동일성 진술에서 정보값in-formative value을 가지는 것은 [지시체가 아니라] 뜻이다. 프레게는 이 생각을 다음과 같이 약술한다.

맥락을 보면 알겠지만 여기서 나는 '기호'와 '이름'을 고유 이름을 나타내는 지칭으로 이해한다. 이때 고유 이름은 개념 내지 관계가 아니라 확정적 대상(여기서 나는 이 말을 가장 넓은 범위에서 쓰고 있다)을 자신의 지시체로 삼는다. 개념이나 관계에 대해서는 다른 논문에서 차후 논할 것이다. 단일한 대상에 대한 지칭이 몇 개의 단어나 이런저런 기호로 구성될 수도 있다. 번잡함을 피하고자 그러한 지칭 모두를 고유 이름이라고 부르도록 하자.

고유 이름의 뜻은 그것이 속한 언어나 지칭의 총체에 충분히 친숙한 모든 사람이 파악하는 것이다. 그러나 이는 지시체가 있다는 가정 하에 그 지시체의 단일한 측면만을 보여줄 따름이다. [이와 달리] 지시체에 대한 전면적 지식은 주어진 뜻이 그 지시체에 속하는지의 여부를 즉각 말할 수 있기를 요구한다. [그러나] 우리는 그러한 [전면적] 지식에는 결코 이를 수 없다.[8]

여기서 프레게는 언어를 이해하는 사람이 그 언어 속 이름의 뜻을 파악하리라는 사실에 주목한다. 그렇기에 뜻과 이해 사이의 연관성은 이렇다. 뜻을 파악한 사람은 언어 속 이름의 의미를 이해할 것이다.

방금 인용한 구절을 면밀히 검토해보면 '뜻'이라는 용어의 정확한 의미를 알아내는 데 도움이 된다. 뜻이 "지시체의 단일한 측면만을 보여주는" 무언가라는 프레게의 말에는 '뜻'의 의미를 이해하는 데 결정적인 실마리가 담겨 있다. 이로부터 우리는 뜻이 대상의 단일한 측면과 유사하다는 것을 연역할 수 있다. 이 지점까지는 뜻을 사람의 마음속 개념이나 관념 같은 무언가라고 가정하는 것이 자연스러웠다. 그렇지만 앞의 구절은 프레게가 뜻이 마음속의 무언가라는 생각을 기각함을 보여준다. 뜻이 대상의 한 측면이라면, 뜻은 그 표현을 이해하는 사람의 마음속에 있는 무언가일 수 없다. 뜻은 대상의 부분이지, 그 뜻을 인식하는 개인의 부분이 아니다.

• •
8. Ibid.

이 '대상의 측면'을 해석하는 또 다른 방식은 뜻을 대상이 지닌 특정한 속성으로 보는 것이다. 예컨대 달의 속성 중 하나는 달이 매우 건조하다는 점이다. 당연하게도 대상에는 다양한 속성이 있으며, 다른 속성과 구별되는 속성 하나하나에 다른 표현들이 붙을 수 있다. 그렇다면 뜻은 주어진 대상의 특정 속성에 붙는 데에서 성립한다. 앞의 인용문에 진술된 것처럼 제시 방식은 대상의 한 측면이다. 이들 측면은 그 측면을 알거나 지각하거나 파악하는 누군가가 있는지와는 무관하게 존재한다. 대상은 이런 속성, 즉 측면을 인간의 마음과 독립적으로 가진다.

이 지점에서 뜻에 대한 자연스럽지만 결함이 있는 해석에 주목하는 것이 중요하다. '미국 대통령'이라는 한정 기술구를 예로 들어보자. 이 한정 기술구의 지시체는 다양한 속성을 가진 특정 대상이다. 대상이 가진 속성 하나하나는 잠재적 뜻이다(잠재적 뜻에 대응한다고도 할 수 있다). 이 한정 기술구의 경우 이들 속성 가운데 하나는 실제적 뜻이다. 그 속성을 표현하는 '미국 대통령'이라는 표현이 언어 속에 있기 때문이다. 이것이 프레게가 지금까지 표현한 뜻의 개념처럼 보일지 모른다. 그런데 보기에 자연스러운 이 해석에는 허점이 있다. 뜻이 지시체의 단일한 측면을 보여주는 역할을 한다는 점을 알고 있는데, 뜻이 곧 지시체의 측면이라고 가정하는 것이 옳을까? 그렇지 않다. 측면을 보여주는 것은 그 측면과 동일하지 않다. 보여주는 것 — 즉, 뜻 — 과 보여지는 것 — 즉, 측면 — 은 구별된다. 보여지는 것은 대상의 측면, 즉 속성이다. 뜻은 측면과 밀접하게 관련하지만 동일하지는 않다. 뜻의 목적은 측면을 보이는 데 있다. 뜻은 측면을 표현하거나 포함한다. 뜻과 측면이 동일하다고 말하는 것은 앞 인용문의 핵심을 무시하는 일이다.

이 구별은 우리의 목적에서 유의미하다. 만약 뜻이 측면과 동일하고 이 측면이 그 자체로 표상적이지 않다면, 뜻이 표상적이지 않다는 점이 따라 나온다. 반면 뜻이 측면과 동일하지 않으면서 측면을 보인다면, 뜻은 표상적일 수 있다. 이렇게 해석하면 뜻은 대상의 한 측면을 **표상하는**

represent 어떤 것이 된다. 뜻을 이렇게 해석하는 것이 프레게가 의도했던 해석일 가능성이 높다. 다시 말해 뜻은 대상의 한 측면을 표상하는 무언가이다. 따라서 만약 '미국 대통령' 같은 표현을 분석하고자 한다면 검토할 층위에는 네 가지가 있다. (1) 언어적 표현, (2) 측면을 보여주는 뜻, (3) 뜻에 의해 보여지는 측면, (4) 지시체, 즉 대상. 사실 대단히 엄밀하게 말하면 프레게의 이론에서는 다섯 가지 층위를 파악할 수도 있다. 또 다른 하나는 제시 방식이라는 개념으로, 이는 뜻과 동일하지 않으면서 뜻에 포함되고 지시체의 측면을 제시하는 역할을 한다. 이름은 뜻을 표현하고, 뜻은 제시 방식을 포함하고, 제시 방식은 측면을 보여주며, 지시 대상은 이 측면을 소유한다.

지시가 어떻게 작동하는지를 이해하려고 할 때 설명이 소급할 가능성과 관련하여 제기될 만한 물음에는 여러 가지가 있다. 뜻을 측면을 지시하는 것으로 여긴다면, 지시라는 개념은 이 이론으로 설명되는 것이 아니라 이론에 전제된다. 표상이 지시의 한 형식이니까 뜻이 어떤 것을 표상한다고 생각해야 하는 것은 아닌지가 문제로 등장하게 된다. 대상에 대한 지시를 이해할 수 있으려면 측면에 대한 지시 이론을 내놓아야 한다. 뜻과 측면의 관계가 표상 관계라면, 여기서 성립하는 지시 관계가 그 측면을 제시하는 또 다른 뜻에 의해 매개되는지를 물을 수 있다는 말이다. 뜻과 측면이 표상 속에서 관계를 맺는다면 이 관계는 소급을 야기할 것 같다. 뜻과 측면 사이에 무언가가 새로 들어왔다. 측면에 대한 제시 방식, 그러니까 측면의 측면이 들어온 셈이다. 이러한 소급 가능성은 프레게에게 난처한 물음을 제기한다. 뜻을 측면으로 여겨야 하는가? 아니면 측면을 표상하는 무언가로 여겨야 하는가? 두 선택지 모두 만족스럽지 않다. 혹시 둘 다 아니라면 도대체 뜻은 무엇인가?

앞의 인용문에서 표현이 지시체의 단일한 측면만을 보여줄 뿐, 지시체의 모든 측면을 보여주지는 않는다는 점을 보았다. 이는 프레게가 그리는 전체 그림에서 결정적인 지점이다. 대상은 여러 측면을 가질 수 있고,

두 개의 고유 이름이 이들 측면에 각기 붙을 수 있기에 그러하다. 그렇기에 두 개의 고유 이름이 동일성 진술에 함께 놓일 때 이 진술에 정보가 있는 것이다. 만약 우리가 모든 대상의 모든 측면을 안다면, 이미 모든 것을 알고 있기에 동일성 진술로는 정보를 얻지 못할 것이다. 예컨대 우리는 저녁 별이 새벽 별임을 이미 알 것이다. 하지만 실제로는 대상을 모든 측면에서 알지는 못하기에, 우리는 a = b라고 들었을 때 어떤 정보를 알게 되는 입장에 있다. 한 대상에 대한 모든 것을 알지 못하면서도 그 대상에 대한 한 가지를 아는 일은 가능하다.

1.5. 지시체

기호, 뜻, 지시체 사이의 관계에 대한 논의를 돕기 위해 다음 구절을 검토해보자.

기호, 기호의 뜻, 기호의 지시체 사이의 규칙적 연관은 다음과 같다. 기호에 분명한 뜻이 대응하고, 다시금 그 뜻에 분명한 지시체가 대응하는 데 반하여, 주어진 지시체(대상)에는 단일한 기호만이 속하지는 않는다. 같은 뜻이 언어에 따라 다르게 표현되며, 같은 언어 속에서도 그럴 수 있다. 물론 이와 같은 규칙적 작용에 대한 예외도 있다. 기호의 완전한 총체에 속하는 모든 표현에 대하여 그에 대응하는 확정적 뜻이 있어야만 한다. 그러나 자연 언어는 이러한 조건을 만족시키지 못할 때가 잦으니, 우리는 같은 단어가 같은 맥락에서 같은 뜻을 지닌다는 데 만족해야만 하겠다. 문법적으로 적형이고 고유 이름을 나타내는 모든 표현이 뜻을 가진다는 점은 받아들일 법하다.[9]

9. Ibid.

이 인용문에서 설명된 관계는 다소 유동적^{fluid}이다. 말하자면 동의어가 그러하듯, 같은 뜻이 서로 다른 기호로 표현될 수 있다. 동의어는 한 언어 내에서 존재할 수도, 서로 다른 언어에 걸쳐 존재할 수도 있다. 일례로 한국어 화자는 '눈'이라고 말하고 프랑스어 화자는 'neige'라고 말할 것이다. 더 나아가 애매성으로 인해 하나의 기호가 두 다른 뜻에 대응하는 일도 가능하다. '은행'은 열매 은행을 의미할 수도, 돈을 거래하는 은행을 의미할 수도 있다. 영어의 'Bob' 같은 일상적 고유 이름에도 이와 비슷한 애매성 문제가 있다. 많은 사람이 같은 이름을 갖고 있으니 말이다. 같은 이름은 그 이름이 명명하는 누구 혹은 무엇에 의존하는 많은 뜻을 가진다.

프레게는 하나의 지시체에는 그 지시체에 대응하는 여러 뜻이 있고, 그 지시체에 대응하는 기호 역시 여럿이라고 믿는다. 그렇지만 뜻은 그 지시체를 유일하게 결정하기 때문에, 여러 다른 사물에 대응하는 하나의 뜻이란 있을 수 없다. 프레게의 체계에서는 여러 다른 뜻이 같은 지시체에 대하여 있을 수 있으므로 지시체는 뜻을 결정하지 않는다. 반면 같은 뜻이 두 다른 지시체를 고정할 수는 없으므로 뜻은 지시체를 결정한다. 뜻에는 언제나 그에 대응하는 하나의 특정한 지시체가 있어야 한다. 그러므로 뜻은 지시체를 결정하지만, 그 반대는 될 수 없다. 이에 덧붙여 기호도 뜻을 결정할 수 없다.

모든 표현에는 확정적 뜻이 있어야 하지만, 뜻이 없는 표현도 가능하다. 일례로 우리는 무의미한 'fedneep' 같은 단어를 지어낼 수 있다. 이러한 단어는 뜻을 결여하는 기호이다. 하지만 프레게는 의미가 있는 진술을 하려면 기호가 뜻을 가져야만 한다고 진술한다.

> '지구에서 가장 거리가 먼 천체'라는 말에는 뜻이 있지만, 그 말에
> 지시체도 있는지는 매우 의심스럽다. '가장 느리게 수렴하는 급수'라는

표현에는 뜻이 있다. 그러나 모든 수렴 급수에 대해서 그보다 느린 다른 수렴 급수가 있을 수 있기에, 이 표현에 지시체가 없다는 점이 증명 가능하다. 이렇게 보면 뜻을 파악한다고 해서 지시체가 확실히 보장되는 것은 아니다.[10]

프레게가 든 예시는 다소 전문적이라 독자들이 전반적인 요점을 놓칠 수 있다. 첫 번째 예시는 천문학자만이, 두 번째 예시는 수학자만이 이해할 것이다. 예시의 기저에 깔린 생각은 우리가 아무것도 지시하지 않는 한정 기술구를 만들 수 있다는 점이다. '물방울무늬가 찍힌 미국 대통령'이라는 한정 기술구를 예로 들어보자. 물방울무늬가 찍힌 미국 대통령은 존재한 바 없었으므로 이 기술구는 아무것도 지시하지 않는다. 그런데 '물방울무늬가 찍힌 미국 대통령' 같은 기술구가 지시체는 없지만 뜻을 가져야 하는 이유가 있다. '물방울무늬가 찍힌 미국 대통령은 존재하지 않는다'라는 유의미하고 참인 진술을 구성하는 것이 가능하려면 그 한정 기술구 자체는 유의미해야 한다. 이는 예시 하나를 든 것일 뿐, 지시체를 결여하지만 뜻을 가진, 그렇기에 유의미한 한정 기술구는 무한히 많다. 따라서 지시체가 없지만 뜻이 있는 경우가 가능하며, 따라서 지시체가 없지만 뜻이 있는 고유 이름을 만들어내는 것도 가능하다.

1.6. 일상적 사용과 비일상적 사용

프레게는 뜻, 기호, 지시체에 관한 자신의 논의를 언어 속 단어의 일상적 사용에 적용한다. 그러나 일상적 사용에만 적용하지는 않는다.

• •

10. Ibid.

단어를 일상적인 방식으로 사용할 때 우리가 말하고자 의도하는 바는 단어의 지시체이다. 그런데 우리가 단어 자체나 단어의 뜻에 관해서 말하려는 때도 있을 수 있다. 예컨대 다른 사람의 말을 인용할 때가 그렇다. 그때 한 사람의 말은 우선 다른 화자의 말을 지칭하며, 오직 후자만이 그 일상적 지시체를 가진다. 그렇다면 [다른 화자의 말을 인용한] 우리에게는 기호에 대한 기호가 있다. 글쓰기에서는 이런 경우 단어가 인용 부호 안에 들어간다. 그러므로 인용 부호 안에 있는 단어가 일상적 지시체를 가지는 것으로 여겨져서는 안 된다.[11]

단어를 일상적 방식으로 사용할 때 우리는 [단어 자체가 아니라] 그 단어가 지시하는 대상을 말하고자 한다. 예컨대 누군가가 '버락 오바마'라는 단어를 사용한다면, 일반적으로 그는 버락 오바마를 말하고자 하는 것이고, 따라서 그가 의도한 지시체는 버락 오바마이다. 그렇지만 단어가 항상 일상적 방식으로 사용되는 것은 아니다. 우리가 모든 경우에 단어의 지시체를 말하는 것은 아니라는 말이다. 단어 자체에 관하여 말하는 일도 가능하다. 물론 단어의 뜻에 관하여 말하는 일도 가능하다. 일례로 "버락 오바마'의 뜻'은 ['버락 오바마'라는] 이름의 지시체가 아니라 그 뜻을 지시한다. 이러한 종류의 문장을 분석할 때는 주의를 기울여야 한다. 누군가가 "버락 오바마'의 뜻'이 아니라 '버락 오바마의 뜻'이라고 쓴다면, 그 사람은 첫 번째 표현에 담겨 있는 이름의 뜻과 두 번째 표현에 담겨 있는 어떤 사람의 뜻(그것이 무엇이든)을 혼동한 것이다. 버락 오바마는 언어의 일부가 아니라 사람이며, 이 때문에 버락 오바마에게는 뜻이 없다. 인용은 그러한 논리적 오류에 빠질 위험을 방지하는 장치이다. 어떤 표현의 지시체가 아니라 그 뜻에 관해 쓸 때는 인용 부호를 사용하면 적절한 표현을 만들 수 있다. 그러니 기호 및 기호의 뜻에 관해 말할 때는 우리가

11. Ibid.

말한 바의 뜻이 통하도록 인용 부호의 사용에 유념해야 한다.

게다가 누군가가 했던 말을 전달할 때는 단어에 일상적 지시체가 없다. 이때 인용된 단어는 기호에 대한 기호이다. 대부분의 경우 단어는 대상의 기호이지만, 다른 사람의 말을 인용할 때 인용된 단어는 기호 속 기호가 된다. 그렇기에 "버락 오바마"는 기호의 기호이다. 이 점을 예중하는 사례 두 가지를 살펴보자.

(7) 사람^{man}이라는 단어
(8) '사람^{man}'이라는 단어

두 번째 예시는 '사람'이 지시하는 것이 단어임을 인용 부호를 써 나타내므로 올바르게 표현되었다. 인용이 없는 첫 번째 예시에서 '사람^{man}'은 [인간이라는] 특정 종種이나 [남성이라는] 젠더를 가리키지, 단어 자체를 지시하지는 않는다. 구어口語에서는 목소리의 억양, 신체 언어, '인용 시작^{quote}'과 '인용 끝^{unquote}'이라고 말하는 등의 방식을 인용 부호 삼아 활용할 수 있다. 프레게는 일상 언어가 이러한 점에서 꽤 결함이 있다고 보았으며, 단어가 관련하는 대상이 아니라 단어 자체를 말하려고 할 때 이 같은 인용 부호의 활용이 더 명확히 드러나야 한다고 생각했다.

「뜻과 지시체에 관하여」에서 프레게가 일상적 발언과 비일상적 발언 속에서 단어가 기능하는 방식을 다루려는 지점은 이 외에도 많다.

'A'라는 표현의 뜻에 대해 말하고자 단순히 "A'라는 표현의 뜻'이라는 어구를 사용할 수도 있다. 간접 화법에서 우리는 뜻에 관하여, 예컨대 다른 사람의 언급에 담긴 뜻에 관하여 말한다. 이러한 방식으로 말하는 경우, 단어가 일상적 지시체 없이 보통 단어의 뜻에 해당하는 것을 지칭한다는 점은 분명하다. 간명하게 표현하기 위해 우리는 다음과 같이 말할 것이다. 간접 화법에서 단어는 간접적으로 사용된다. 즉,

단어는 간접적 지시체를 가진다. 이렇게 하여 우리는 단어의 일상적 지시체와 간접적 지시체를 구별하며, 단어의 일상적 뜻과 간접적 뜻도 구별한다. 그렇다면 단어의 간접적 지시체는 곧 단어의 일상적 뜻이다. 개별 사례에서 기호, 뜻, 지시체가 연결되는 방식을 올바르게 이해하려면 이와 같은 예외를 항상 염두에 두어야 한다.[12]

누가 "존은 버락 오바마가 대단하다고 말했다John said that Barack Obama is great"라고 이야기하는 경우를 생각해보자. 여기에서 'that'이 어떠한 인용 부호도 없이 문장에 삽입되었다는 데 유념해야 한다. 이 사례는 간접 화법에 해당한다. 반면, 누가 "존은 '버락 오바마가 대단하다'라고 말했다 John said, 'Barack Obama is great'"라고 말하는 경우도 있을 수 있다. 이 진술이나 앞의 진술이나 복무하는 목적은 같다고 볼 수 있다. 하지만 뒤의 진술과 달리 앞의 진술에서는 존이 영어 화자가 아닐 가능성이 있다. 일례로 존이 발화했던 것이 'Barack Obama e meraviglioso'라는 이탈리아어 문장이었을 수도 있다. 어떤 영어 화자가 이탈리아어 단어들을 취하여 영어 문장으로 번역한 뒤, 간접 화법 진술을 만들었을지도 모른다. 프레게는 간접 화법에서 'that' 같은 단어 뒤에 나오는 표현들은 그 단어들의 일상적 지시체를 가지지 않는다고 생각한다. 'that' 뒤에 나오는 단어들은 그러한 문맥 속에서 일상적 지시체가 아니라 일상적 뜻을 지시한다.

프레게가 의도하는 바를 더욱 잘 이해하고자, 아무런 지시체도 없는 표현을 담은 문장을 발화하는 사람을 예로 들어보겠다. 존이 '물방울무늬가 찍힌 미국 대통령은 위대하다'라고 말했다John says, "The polka dotted president of the United States is great". 이 경우 존의 진술에는 아무런 지시체도 없으며, 우리는 직접 화법의 형태로 그 문장을 전달하였다. 그렇지만 그 문장을 간접 화법으로 써버리면[John says that the polka dotted president of the United

---

12. Ibid., pp. 114–115.

States is great], 애초에 의도한 바와 달리 물방울무늬가 찍힌 미국 대통령 같은 것이 존재한다고 상정할 여지가 생긴다. 한정 기술구가 일상적 지시체를 지시한다고 할 때, 막상 문장의 그 부분[한정 기술구]에 지시체가 없는 셈이다. 더욱이 문장의 그 부분에 지시체가 없다면, 우리는 아무런 참인 것도 말할 수 없다. 이러한 귀결을 피하고자 프레게는 특정 문맥에서는 우리가 표현의 일상적 뜻을 지시하는 대신 그 표현을 비일상적으로 사용한다고 생각한다. 일상적 뜻이 존재하니 그 문장에서 지시체를 결여하는 부분은 없다. 이 생각을 명확한 형태로 재서술해보자. 누군가가 '존은 버락 오바마가 위대하다고 말했다'를 이야기할 때 정말로 말해진 것은 '존은 버락 오바마가 위대하다는 명제를 표현하는 무언가를 말했다'이다. 이러한 단어들을 발화한 사람이 직접적으로 말하는 것은 누군가가 말한 바의 지시체가 아니라 그 말 속 단어들이 가진 뜻이다. 누군가가 말했던 바를 전달할 때 우리의 관심은 그 사람이 말했던 바가 참인지, 다시 말해 객관적 지시체에 닿았는지에 있지 않다. 우리는 그 사람이 말했던 바의 내용에, 곧 그 사람이 사용했던 단어들의 뜻에 관심이 있다. 위의 복합 문장에서 버락 오바마에 대한 지시는 없다. 지시된 유일한 것은 '버락 오바마'라는 이름의 뜻뿐이다. 이는 아무런 실재적 대상도 지시하지 않는 화자의 말을 전달할 때 발생할 법한 퍼즐을 해소한다. 그러니 '물방울무늬가 찍힌 미국 대통령'에 대한 지시체는 없겠으나, 그 표현의 뜻은 있으며, 누군가가 말했던 바의 내용을 전달할 때 중요한 것은 바로 이 뜻이다.

1.7. 뜻과 지시체에 관한 또 다른 요점

단어가 일상적 지시체를 말하는 데에만 사용될 수 있다고 상정하는 것은 잘못이다. 지금까지 우리는 단어의 지시체를 말하지 않으면서도 단어 및 단어의 뜻을 말하는 것이 어떻게 가능한지를 살펴보았다. 이

점과 관련하여 프레게는 이렇게 말한다.

> 기호의 지시체와 뜻은 그 기호에 결부된 관념과 구별되어야 한다.
> 기호의 지시체가 감각으로 지각 가능한 대상이라고 할 때, 그 대상에
> 대한 나의 관념은 내적 이미지이다. 이 내적 이미지는 내가 얻었던
> 감각 인상에 대한 기억 및 내가 수행했던 내적 외적 활동에서 발생한
> 것이다. 그러한 관념에는 종종 느낌이 배어들어 있어서, 그 개별 부분들
> 의 명료성은 상이하고 요동친다. 같은 사람에게서조차 같은 뜻이 항상
> 같은 관념과 연결되는 것도 아니다. 관념은 주관적이다. 한 사람의
> 관념은 다른 사람의 관념이 아니다. 그 결과, 같은 뜻과 엮인 관념에서
> 다양한 차이가 발생하는 것은 당연하다. 화가, 기수騎手, 동물학자는
> '부케팔루스'라는 [말의] 이름에 서로 다른 관념을 연결할 것이다. 이
> 점으로 말미암아 관념과 기호의 뜻 사이에는 본질적 구별이 발생한다.
> [관념과 달리] 기호의 뜻은 많은 이들의 공유 재산일 것이기에, 개별
> 마음의 부분이나 양태가 아니다. 대대로 전승되는 생각의 공유 저장소가
> 인간에게 있음을 부정하기는 어렵기 때문이다.[13]

이 구절에서 프레게는 사람의 마음속에 담긴 관념을 단어의 뜻 및
지시체와 날카롭게 구별한다. 앞서 제시되었던 요점을 다시 말하자면,
프레게는 사람의 마음속에 담긴 관념이 뜻 및 지시체와 본질적인 연관을
맺는다고는 생각하지 않는다. 인간이 뜻을 파악하는 데 심리적 관념이
필요할 수는 있겠으나, 그 점이 뜻과 관념이 같음을 의미하지는 않는다.
첫째로, 어떤 단어가 마음에 가져오는 관념은 사람에 따라 다를 것이다.
예컨대 '말'이라는 단어가 발화되는 것을 들을 때 그 단어가 가져오는
관념은 기수와 동물학자에게 각기 다를 것이다. 프레게는 '말'이라는 단어

13. Ibid., p. 115.

의 뜻은 기수와 동물학자에게 공히 같다고 생각한다. 다만 그 단어에 대해 각기 가지는 심적 연상에 차이가 있을 뿐이다. 게다가 한 사람이 같은 단어에 대해 가지는 정서적 연상은 시간이 흐르면서 달라질 수 있다. 프레게가 생각하기에 이때 변하는 것은 뜻이 아니라 심적 연상이다. 심적 연상은 변할 수 있지만 뜻은 그대로이다.

프레게가 관념과 뜻을 구별하는 두 번째 근거는 인류가 지식의 보고, 그러니까 우리가 믿는 일련의 명제들을 획득하고, 그 명제들을 대대로 물려준다는 데 있다. [한 사람의] 심리와 무관한 의미에서의 같은 생각(내지 명제)이 대대로 전해진다. 이 과정은 [생각의] 전달을 가능하게 하는 개별 사람과 마음을 넘어서는 무언가와 관련한다. 예컨대 18세기에 자기 마음속에서 온갖 생각을 하고 있었을 아이작 뉴턴을 생각해보라. 돌연 뉴턴은 중력이 역제곱 법칙을 따른다고 말하더니 이를 『프린키피아』에 썼다. 이 사건이 발생한 후, 여러 세기를 지나 오늘날까지도 『프린키피아』를 읽는 모든 사람은 그 생각을 획득한다. 중력이 역제곱 법칙을 따른다는 점을 아는 일은 뉴턴의 주관적이고 심리적인 관념을 아는 일과 다르다. 생각에 관해 이야기할 때 프레게는 객관적이고 시간을 초월하는 무언가, 즉 문장의 객관적이고 불변하는 뜻인 생각을 지시한다. 프레게의 용법에서 생각은 추상적 존재자이다.

관념은 뜻과 다르다. 관념은 관념을 가진 마음이 소멸할 때 같이 소멸한다. 관념은 사람들이 공유할 수 있는 것이 아니다. 그렇지만 뜻은 사람들이 공유할 수 있으며 개별 마음이 소멸할 때 같이 소멸하지 않는다. 프레게가 보기에 뜻은 지시체처럼 객관적이고 마음 독립적이다. '중력'이라는 단어의 뜻은 뉴턴 시대에도 있었으며 오늘날 우리도 바로 그 뜻을 파악한다. 그렇기에 여러 주관적 관념이 하나의 같은 객관적 뜻에 대응할 수 있다. 프레게가 뜻을 객관적인 것으로 주장하면서 전반적인 목적으로 삼았던 것은 수학과 과학 일반을 위한 객관적 토대를 보이기 위한 데 있었다.

관념도 지시 대상이 될 수 있다는 점을 짚고 가야겠다. 일상의 발화에서 사람들은 보통 관념에 관해 말하지 않는다. 우리는 항상 관념을 가지고 있지만, 보통 관념을 지시하지는 않는다. 예를 들어 누군가 '밖에 비가 내린다'라고 말할 때 이 사람은 관념에 관한 무언가를 말하는 것이 전혀 아니다. 만약 이 사람이 관념에 관해 말하는 중이라면 '밖에 비가 내리고 있다는 나의 관념에는 충분한 근거가 있다' 같은 말을 할 터이다. 뜻과 단어가 지시 대상이 될 수 있듯, 관념도 지시 대상이 될 수 있다.

프레게는 단어, 관념, 뜻, 지시체를 각 층위에 두는 체계를 만들어, 언어의 이와 같은 모든 측면을 조직화하는 완결된 그림을 구성한다. 프레게는 자신의 층위 체계를 비유를 통해 설명한다.

고유 이름의 지시체는 우리가 그 고유 이름을 수단으로 삼아 지칭하는 대상 자체이다. 이때 우리가 가지는 관념은 전적으로 주관적이다. [지시체와 관념] 사이에는 뜻이 있는데, 뜻은 관념처럼 주관적이지는 않으나 그렇다고 대상 자체인 것도 아니다. 다음의 비유는 이러한 관계를 명료하게 하는 데 도움이 될 것이다. 누군가 망원경으로 달을 관찰한다고 하자. 달 자체는 지시체에 비유될 수 있다. 달은 관찰의 대상이니 말이다. 이때 관찰 대상은 망원경 내부의 대물렌즈에 맺힌 실재상 및 관찰자의 [망막에 비친] 망막상을 매개로 관찰된다. 나는 전자를 뜻에 비유하며, 후자를 관념 내지 경험에 비유한다. 망원경에 맺힌 광학상은 일면적일 뿐이고 관찰이 이루어지는 입각점에 의존한다. 하지만 광학상은 여러 명의 관찰자가 사용할 수 있는 한 객관적이다. 좌우간 광학상은 여러 사람이 동시에 사용할 수 있도록 조정될 수 있다. 그러나 망막상은 사람마다 각자 가지고 있는 것이다. 관찰자의 눈 모양이 다양하기 때문에, [여러 사람의 눈 내지 망막 사이에는] 기하학적 합동조차 있을 수 없으며, 따라서 망막상이 정말로 일치하는 것은 불가능하겠다. 이 비유는 더 나아갈 수 있다. A의 망막상을 B가 볼 수 있다고 가정하자. A가 거울에 비친 자신의 망막상을 볼 수 있다고 해도 좋다. 이러한 방식을 빌려 관념이 그 자체 대상으로 간주될 수 있는 방법을 보일 수 있을지도 모르겠다. 그러나 그러한 관념은 그 관념을 가진 사람에게 직접 있는 방식으로 관찰자에게 있지 않다. 그런데 이 논의를 계속하는 것은 [이 논문의 목적에서] 너무 멀리 벗어나는 일이다.[14]

망원경, 망원경으로 관찰한 대상, 망원경의 렌즈에 맺힌 광학상, 관찰자의 눈에 맺힌 망막상, 이렇게 네 개가 있는 셈이다. 그런데 망막상은 눈이라는 렌즈를 통해 투사되어 망막으로 간 광학적 패턴이기도 하니, 이렇게 보면 바깥에 있는 대상, 렌즈에 맺힌 광학상, 망막상이라는 세 가지 층위가 있는 것 같다. 프레게는 광학상을 뜻에, 관념을 망막상에 비유한다. 망막상은 망원경으로 보는 개별 사람에 따라 다르다. 망막 구조가 사람마다 다르기 때문이다. 그렇지만 프레게는 사람들이 각기 다른 망막으로 관찰할지언정 광학상은 같다고 생각한다. 그리하여 광학상은 개인의 생리학적 구조에 의존하는 주관적인 것인 망막상과 구별되며, 광학상이 객관적인 것임과 마찬가지로 뜻 역시 객관적인 것이다.

1.8. 프레게 이론의 문제들

앞 절에서는 어떻게 프레게가 자신의 이전 주장을 철회하며 'a=b'가 'a'라는 이름이 지칭하는 것과 'b'라는 이름이 지칭하는 것이 같다는 진술일 수 없음을 설명하는지를 논했다. 프레게가 이에 대한 자신의 예전 생각이 틀렸다고 주장하는 이유는, 'a=b'라는 문장이 'a'와 'b'가 지칭하는 것이 같다는 말이라면 그러한 이름들이 지칭하는 것은 대상이 아니라 이름

• •
14. Ibid., pp. 115-116.

자체라는 데 있다. 이 문제에 대한 그의 해결책은 대상의 제시 방식을 포함하는 뜻이라는 개념을 들여오는 것이다. 이름 'a' 및 이름 'b'와 결부된 특정한 제시 방식이 있으며, 이 사실은 'a=b'에 정보값이 있는 이유를 설명한다.

'a=b'를 뜻과 제시 방식이라는 프레게의 개념으로 분석하면, 이름 'a'와 결부된 제시 방식 MP1이 제시하는 것이 이름 'b'와 결부된 제시 방식 MP2가 제시하는 것과 같은 상황을 이해할 수 있다. 프레게의 이론에 따르면, 'a=b' 같은 문장에 정보가 있도록 하는 것은 한 제시 방식과 다른 제시 방식이 같은 것을 제시한다는 점이다.

프레게가 이름 이론에 제기했던 반론을 프레게 자신의 이론에는 똑같이 제기할 수 없는 까닭을 궁금해 할 독자가 있을 것이다. 표면상으로 진술 'a=b'는 대상 a와 대상 b에 관한 것처럼 보인다. 하지만 프레게의 이론은 대상 자체가 아니라 대상의 제시 방식에 초점을 맞춘다. 상식적으로 생각하면 'a=b'는 제시 방식에 관한 것이 전혀 아니라 대상에 관한 것 같다. 예를 들어 이름 'a'를 포함하는 진술(이를테면 'a는 행성이다')이 제시 방식에 관한 진술이라고 생각하는 사람은 거의 없을 것이다. 제시 방식 자체가 명시적으로 논의되고 있지 않은 한 말이다. 이 진술이 대상에 관한 진술이고 그 대상이 행성이라고 여기는 것은 자연스럽다. 만약 이름이 일반적으로 제시 방식에 관한 것이 아니라면, 우리는 왜 동일성 진술이 제시 방식에 관한 것이 될 수 있는지를 궁금해할 법하다. 여기서 문제는 'a=b'의 주제subject matter가 이름 'a'와 이름 'b'도 아니고, a의 제시 방식과 b의 제시방식도 아닌, 대상 a와 b라는 점이다. 단어나 그 단어가 표현한다고 하는 제시 방식을 말하는 경우는 전혀 없다.

프레게는 이 문제와 관련해 어떠한 반론도 제기하지 않는다. 하지만 이는 다소 난처한 문제인데, 프레게가 「뜻과 지시체에 관하여」에서 제안하는 이론의 큰 허점을 드러내기 때문이다. 만약 'a=b'가 그저 대상에 관한 것이라면, 프레게는 자신이 제기한 최초의 문제로 돌아오게 된다. 다시 말해 'a=b'는 한 대상이 자기 자신과 동일하다고 진술하는 문장이 된다. 프레게는 정보값의 문제를 해결하지만, 이를 해결하는 방법은 프레게가 이름 이론에 제기한 것과 같은 종류의 반론을 불러일으키는 듯하다. 그 반론은 이 장을 시작하면서 이미 논한 바 있다. 앞의 이론은 순전히 언어적 지식을 다루고 다른 이론은 제시 방식에 대한 지식을 다룬다는 데 이 둘의 차이가 있다. 후자에서 프레게는 한 가지 제시 방식이 다른 제시 방식과 같은 대상에 대응할 수 있다는 것을 보였지만, 이것만으로는 동일성 진술 'a=b'가 실제 대상 자체에 대한 진술이 되지 않는다. 프레게 자신의 이론에 반론을 제기할 무언가가 프레게 본인의 기준에 의해 발생한다는 점을 감안하면, 이것은 프레게가 다루지 못한 난점임이 명백하다.

철학자들이 이 문제에 접근한 방식은 다양하다. 예컨대 루트비히 비트겐슈타인Ludwig Wittgenstein은 『논리 철학 논고Tractatus Logico-Philosophicus』에서 이런 종류의 동일성 진술은 잘못 형성된 것이라고ill formed 주장한다. 비트겐슈타인에 따르면 자연 언어에서는 이러한 진술을 할 수 있지만 이 진술은 실질적substantial 명제가 아니라 사소한trivial 명제를 표현한다. 비트겐슈타인은 이와 같은 진술이 아무 의미도 없으므로 이상 언어ideal language에서는 제거되어야만 한다고 생각했다. 그렇지만 프레게는 이와 같은 식의 반박은 전혀 내놓지 않는다. 그 대신 사소해 보이는 것을 실질적인 무언가로 만들려고 한다. 이 문제에 대한 비트겐슈타인의 해결책이 이런 종류의 문장 전체를 이상 언어에서 제거하는 것인 데 반해, 프레게는 그에 대한 이론을 내놓으려고 한다. 프레게는 비트겐슈타인의 상당히 급진적인 제거 제안을 전혀 고려하지 않는다.

1.9. 프레게의 이론을 단칭어 너머로 확장하기

뜻과 지시체가 단칭어에 어떻게 적용되는지를 이해했으니 이제는 프레게가 표현에 대한 이 이론을 어떻게 고유 이름과 한정 기술구 너머로 확장하는지를 검토하겠다. 그는 자신의 주요 원리를 설명하는 논변을 몇 개 내놓으면서 자기 이론을 소개한다. 텍스트를 면밀하게 살펴보기에 앞서 프레게의 이론 전반을 설명하면 도움이 될 것이다.

앞서 보았듯이 단칭어는 문장 하위^{subsentential} 표현이다. 프레게의 이론이 단칭어, 즉 문장의 부분에 적용될 수 있다면, 그 이론이 완전문^{full sentence}에도 적용될 수 있어야 한다고 여기는 것은 자연스럽다. 예컨대 '개밥바라기는 행성이다'라는 문장을 생각해보자. 프레게는 자신의 이론이 확장되어 문장 전체가 뜻과 지시체를 가질 수 있다고 주장한다. 그런데 프레게 이론의 이상한 점 중 하나는, 단칭어에 지시체가 있음은 명백하지만 뜻이 있음은 설득의 대상인데, 완전문의 경우 이와 반대 문제가 생긴다는 것이다. 다시 말해 우리 모두는 완전문이 뜻을 가진다는 점에는 동의하지만, 완전문에 지시체가 있다는 점은 설득을 필요로 한다. 앞서 나온 사례의 경우, 문장의 뜻은 그 문장이 표현한 비非심리적인 생각, 즉 개밥바라기가 행성이라는 명제이다. [이와 달리 문장에] 지시체가 있다는 주장은 정당화하기 훨씬 더 어려워 보인다. 프레게는 완전문이 왜 지시체를 갖는지에 대한 몇 가지 논변을 내놓는다.

이 지점에서 프레게가 문장의 뜻이라는 표현으로 의미하는 바가 무엇인지는 독자에게 분명하다. 하지만 문장의 지시체는 어떠한가? 우선 프레게는 문장의 지시체가 그 문장의 진릿값이라고 생각한다. 프레게에게 진릿값은 대상이다. 진릿값은 참과 거짓, 딱 둘뿐이다. 프레게는 이 둘을 '참^{the True}'이라는 이름과 '거짓^{the False}'이라는 이름으로 지시한다. 만약 누군가 '개밥바라기는 행성이다' 같은 참인 문장을 발화한다면, 이 문장은 참이므로 그 문장의 진릿값은 — 대상으로서의 — 참이다. 만약 발화자가 '개밥바라기는 사람이다'라고 말했다면, 그 진술은 거짓일 테고, 진릿값은 거짓이다.

반복하여 말하자면, 모든 참인 문장은 진릿값 참을 지시하고 모든 거짓인 문장은 진릿값 거짓을 지시한다. 여기서 진릿값 개념은 가치나 윤리와는 아무 상관이 없다. 가끔, 특히 저널리즘적 글쓰기에서 '사실적 가치^truth value'는 윤리와 관계하는 완전히 다른 의미로 쓰이기도 한다. 하지만 프레게가 진릿값이라고 지시하는 것은 윤리에서의 가치가 아니다. 프레게는 문장의 진릿값에 관하여 두 가지를 명문화한다. 첫 번째는 진릿값이 문장의 지시체라는 것이고, 두 번째는 문장의 지시체가 대상이라는 것이다. 이 두 주장이 얼마나 이상한지는 바로 알 수 있다. 문장이 진릿값을 지시한다는 말은 '지시한다'는 단어를 오용한 것 같다. 여기서 쓰이는 '지시하다'는 단칭어가 그것이 지칭하는 대상을 지시한다고 (예를 들면 '개밥바라기'가 금성을 지시한다고) 말할 때 프레게가 사용하는 것과 같은 단어이다. 이런 종류의 지시 관계는 이름과 대상 사이에서 성립하는 것인데, 문장이 이름과 같은 방식으로 무언가를 지시한다고 상정하는 것은 우리가 일상 언어에서 받아들이는 것과는 거리가 있다. 사람들은 보통 문장의 부분인 단칭어가 사물을 지시하지, 완전문이 사물을 지시한다고는 생각하지 않는다. 예컨대 '개밥바라기는 행성이다'라는 문장의 지시체는 무엇인가? 문장이 '개밥바라기'라는 이름을 포함하고 있으니 자연스럽게 이 문장의 지시체는 금성과 관련 있을 듯하다. 그렇지만 프레게가 생각하기에 이 문장의 지시체는— 대상으로서의 —진릿값 참이다. 이 진술이 참이기 때문이다. 참인 문장이 진릿값 참을 지시한다고 말하는 것은 '참'의 일반적인 사용이 분명 아니다. 문장이 참이나 거짓 중 하나의 진릿값을 가진다고 가정하는 것은 논리적이지만, 왜 프레게가 문장이 진릿값을 지시체로 가진다고 주장하는지는 여전히 불분명하다.

프레게의 두 번째 주장, 즉 진릿값이 대상이라는 주장도 이에 못지않게 반^反직관적이다. 일상 언어에서 우리는 '-는 참이다'라는 술어가 대상을 지시한다고 가정하지 않는다. 프레게는 '대상'이라는 단어의 특별한 의미를 명시하지는 않으면서, '대상'을 세계 속 외부 사물(예를 들어 사람, 행성, 집)을 지시할 때처럼 일상적인 방식으로 사용하는 듯하다. 참 역시 대상이라는 프레게의 주장은 대단히 낯설다. 이는 세계 속 모든 대상을 나열한 프레게의 완전한 목록에 모든 사람, 행성, 소립자 같은 일상적 대상은 물론이고 참과 거짓도 포함된다는 의미이다. 프레게는 참과 거짓을 우리가 이해 가능한 방식으로 지시할 수 있는 존재자로 여긴다. 이 두 가지 학설이 낯설기는 하지만, 이론적 관점에서 보자면 그 목적 자체는 그리 당혹스럽지 않다. 이와 같은 생각을 들여옴으로써 프레게는 뜻과 지시체 이론을 완전문까지 확장할 수 있다. 그렇게 되면 단칭어뿐만 아니라 단칭어를 부분으로 가지는 문장에도 뜻과 지시체가 있게 된다. 뜻은 문장이 표현하는 생각이며, 지시체는 진릿값이고, 진릿값은 대상이다. 대단히 깔끔하다는 점이야 분명하지만 너무 억지스러운 것도 사실이다.

이론적으로 보자면, [뜻과 지시체라는 이론적] 장치 전체를 문장으로 확장하는 가운데 또 다른 가능성이 등장한다. 뜻과 지시체를 복합 문장complex sentence으로 확장하는 것이 그 가능성이다. 누군가 '개밥바라기는 행성이고, 금성은 행성이다Hesperus is a planet and Mars is a planet'라고 말하는 사례를 살펴보자. 이 경우에 [복합] 문장의 진릿값은 각 요소 문장의 진릿값에 의존한다. 프레게의 이론을 이 예시에 적용하면, 접속사 'and' 앞의 문장이 대상 참을 지시하고, 접속사 'and' 뒤의 문장도 대상 참을 지시한다는 것을 볼 수 있다. 따라서 공히 참을 지시하는 두 문장을 잇는 접속사의 진릿값도 참이겠다.

이들 사례는 뜻과 지시체에 관한 이론을 가장 단순한 경우를 넘어 그보다 복잡한 경우로 확장하고자 했던 프레게의 시도를 잘 보여준다. 다만 프레게의 이론은 가장 단순한 경우에서는 그럴듯했으나 그보다 복잡한 경우에서는 그리 그럴듯하지만은 않은 듯싶다. 뜻과 지시체를 완전문으로 확장하는 것에 관한 두 가지 기본 학설을 개괄했으니, 이제는 논문에 있는 프레게의 논변을 상세히 볼 차례이다. 프레게의 논의는 이렇게 시작한다.

지금까지는 우리가 고유 이름이라고 불렀던 표현, 단어, 기호의 뜻과 지시체를 고찰하였다. 이제는 온전한 평서문의 뜻과 지시체를 탐구하겠다. 평서문은 생각을 포함한다. 이 생각은 문장의 뜻으로 간주되어야 하는가? 아니면 지시체로 간주되어야 하는가? 일단 문장에 지시체가 있다고 가정해보자! 문장의 한 단어를 지시체는 같지만 뜻이 다른 단어로 대체하더라도, 이러한 대체는 문장의 지시체에 아무런 영향을 주지 못한다. 하지만 이런 경우 생각이 바뀌는 것을 볼 수 있다. 일례로 '샛별은 태양빛으로 빛나는 물체이다'라는 문장의 생각은 '개밥바라기는 태양빛으로 빛나는 물체이다'라는 문장의 생각과 다르다. 개밥바라기가 샛별임을 몰랐던 이라면 한 생각은 참이고, 다른 생각은 거짓이라고 여길 법하다. 따라서 생각은 문장의 지시체일 수 없으니 뜻으로 간주되어야만 하겠다.[15]

여기서 프레게는 왜 문장이 지시체를 가져야 하는지에 독자가 의문을 품으리라 여긴다. 만약 문장이 지시체를 가진다고 가정한다면, [진릿값이 아니라] 그 문장이 표현하는 생각을 지시체로 삼는 일도 가능하다. 그런데 무엇이 되든 문장의 지시체는 같은 지시체를 가지는 [다른] 단어로 대체되더라도 변하지 않아야 한다. 따라서 무엇이 되든 [문장의] 지시체는 문장 속 각 단어의 지시체에 의해 유일하게 결정되는 무언가이어야 한다. 사례를 하나 보자.

(9) 개밥바라기는 F이고, 샛별은 F이다. (F에는 어떠한 속성이든 들어갈 수 있다.)

프레게에 따르면 이 두 연언지[conjunct]는 두 가지 다른 생각을 표현하는데,

• •
15. Ibid., p. 116.

'개밥바라기는 F이다'가 표현하는 생각을 T1이라고, '샛별은 F이다'가 표현하는 생각을 T2라고 하자. 여기서 문제는 '개밥바라기는 F이다'의 **지시체**가 T1인지의 여부이다. 프레게가 보기에는 원래 문장의 어떤 단어든 지시체가 같은 것으로 대체되면 [문장의] 지시체는 그것이 무엇이든 보존될 것이다. 전체의 지시체는 그 부분들의 지시체로 이루어진 함수이기 때문이다.

앞의 진술에서 '개밥바라기'라는 이름을 '샛별'이라는 이름으로 대체한다고 해보자. 이 둘은 지시체가 같으므로 이 이름들을 서로 바꾸는 것은 진술의 진릿값에 영향을 주지 않으면서 가능해야만 한다. 이름을 바꾼 결과로 나온 진술이 여전히 참일 것임은 물론이다. 개밥바라기는 F이고 샛별도 F이니 말이다. 하지만 '개밥바라기는 F이다'라는 문장과 '샛별은 F이다'라는 문장은 같은 뜻을 갖지 않는다. 이 두 문장이 같은 뜻을 표현하지 않는다는 점에서 두 문장이 같은 생각을 표현하지 않는다는 점이 따라 나온다. 만약 두 문장이 서로 다른 생각을 표현한다면, 이 생각들은 문장의 지시체가 될 수 없다. 달리 말해 생각이 문장의 지시체라면 문장의 지시체가 문장의 각 부분의 지시체에 의존한다는 것은 참일 수 없다. 그러므로 생각은 문장의 지시체가 아니다.

지금까지의 모든 논의에도 불구하고 물음은 여전히 남아 있다. 왜 프레게는 문장이 무언가를 지시한다고 생각하는가? 왜 프레게는 문장이 진릿값을 지시한다고 생각하는가? 왜 프레게는 진릿값이 대상이라고 생각하는가? 프레게의 논증에서 중요한 전제는 '오디세우스는 용감한 사람이다'라는 문장의 사례를 바탕에 둔다. 이 문장에 담겨 있는 '오디세우스'라는 이름은 비어 있는 이름empty name, 즉 지시체는 없고 뜻만 있는 이름이다. 서사시와 신화를 연구하는 사람들에게는 이런 이름이 흔하다. 이와 같은 경우에서 중요한 것은 [문장의] 진릿값이 아니라 생각 자체이다. 그렇지만 우리가 실제로 참인 것에 관심을 기울인다면 '오디세우스는 용감한 사람이다'라는 문장의 지시체를 살펴야만 한다. 이 문장에서 지시된 대상, 즉 오디세우스가 문장에 기술된 특정한 속성을 가지는지는 ['오디세우스'의] 지시체를 결정함으로써만 결정될 수 있다. 그러므로 생각의 진릿값은 생각 자체뿐 아니라 생각이 지시하는 것에 의해서도 결정된다. 지시체가 진릿값을 결정하기 때문이다.

문장을 이루는 부분들의 지시체가 [그 문장이 표현하는] 생각의 진릿값을 결정한다는 프레게의 전제는 논리적으로 건전한 듯하다. 계속해서 프레게는 지시체를 가지는 문장 자체로 이 전제가 어떻게 확장되는지를 아래의 구절에서 설명한다.

> 생각은 '오디세우스'에 지시체가 있든 없든 그대로이다. 우리가 문장 부분의 지시체에 관심을 기울인다는 사실은 우리가 일반적으로 문장 자체의 지시체를 인정하고 요구한다는 점을 가리킨다.[16]

프레게는 여기서 자신이 말하는 바가 무엇인지를 명확히 하지 않는다. 커다란 논리적 비약을 저지르기도 한다. 프레게가 자신의 추론을 더욱 철저히 옹호할 방도가 없는 한, 문장의 부분들이 지시체를 가지니까 문장도 지시체를 가져야 하는 이유는 전혀 없다. 게다가 우리가 문장의 진릿값에 관심을 기울이고, 그 진릿값이 문장의 부분들을 통해서 알려질 수 있다면, 굳이 문장의 지시체에 또 다른 관심을 기울일 이유도 딱히 없다. 지칭 대상이 그에 서술된 속성을 정말로 가진다고 가정하는 한, 문장 내 단어(가령 '오디세우스')가 실제적인 무언가를 지시한다면 이 점은 그 문장의 진릿값을 참으로 만든다. 문장 자체에 지시체가 있다는 것 또한 인정해야 하는 이유에 프레게는 아무런 설명도 내놓지 않는다. 위에 인용한 구절이 프레게가 자신의 입장을 옹호하려고 하는 유일한 지점이다. 문장이 참임이라는 속성을 정말로 가진다고 하더라도, 문장이 참을 지시하는지는 여전히 의문이다.

• •

16. Ibid., p. 117.

논증의 이 부분에 결함이 있는데도, 프레게는 규명해야 할 주장 두 가지를 더 내놓는다. 우선 프레게는 문장에 진릿값이 있다고 주장한 뒤, 문장의 지시체는 그 문장의 진릿값이라고 주장한다. 문장의 지시체가 그 문장의 진릿값이라는 결론을 내리는 다음 구절을 보자.

> 우리는 문장 구성 요소의 지시체가 관여되어 있을 때마다 그 문장의 지시체도 모색되리라는 점을 봤다. 그리고 이는 우리가 [문장의] 진릿값을 탐구하는 때에 그리고 그럴 때만 그렇다는 점도 보았다.
> 그리하여 우리는 문장의 지시체를 구성하는 것으로서 그 문장의 진릿값을 받아들이게 된다. 나는 문장의 진릿값을 문장이 참이거나 거짓인 상황으로 이해한다.[17]

여기서 프레게는 문장의 지시체가 그 문장의 진릿값일 수밖에 없다고 결론짓는다. 그의 결론 뒤에 있는 유일한 추론은 문장의 진릿값이 그 문장을 이루는 부분들의 지시체에 의해 결정된다는 점이다. 이 점은 우리가 앞서 예시로 든 대체 논증으로도 확인할 수 있다. 공지시하는 단칭어들을 대체할 때, 진릿값은 보존된다. '개밥바라기는 F이다'의 진릿값은 '개밥바라기'를 '샛별'로 대체해도 참으로 남는다. 따라서 공지시하는 단칭어를 대체해도 문장의 지시체가 보존된다면, 그렇게 보존되는 진릿값이 지시체라고 주장할 법도 하다. 그렇지만 이 결론에서는 몇 가지 문제가 발생한다.

공지시어의 대체 과정에서 무언가가 실제로 보존되기는 하겠으나, 보존된 것이 문장의 지시체라고 말할 이유는 없다. 더군다나 진릿값 외에도 그러한 대체가 보존하는, 하지만 프레게가 전혀 고려하지 않는 다른 무언가가 있다. 사실이나 사태라고 불리는, 진술을 참인 것으로 만드는 바가 그에 해당한다. 이 점에서 보자면 '개밥바라기는 행성이다'로 진술된 사실

---

17. Ibid.

은 '샛별은 행성이다'로 진술된 사실과 같을 것이다. 사실은 대상과 속성에 관여하지, 대상과 속성을 기술하는 데 사용되는 말에는 관여하지 않기 때문이다. 첫 번째 진술을 참으로 만드는 사실은 두 번째 진술을 참으로 만드는 사실, 다시 말해 특정한 대상이 특정한 속성을 가진다는 사실과 같다. 공지시하는 이름 하나를 다른 하나로 대체할 때 진릿값은 보존된다. 그러나 그 진술들을 참으로 만드는 사실 역시 보존된다. 그 문장에 대응하는 사태도 보존된다는 말이다. 그렇다면 [진릿값이 아니라] 이 사태를 지시체 라고 말하면 안 되는 이유는 무엇인가?

사정이 이러하니 공지시어의 대체 과정에서는 진릿값 외에도 사실 역시 불변한다. 이 제안은 프레게의 제안만큼 직관에 반하지 않는다. 프레게의 견해에서 보자면, 모든 참인 문장은 같은 지시체를 가지고 모든 거짓인 문장은 같은 지시체를 가진다. 그렇지만 모든 참인 문장이 같은 사태에 대응한다는 것은 참이 아니다. 그러므로 이 경우에는 진릿값보다 사태가 훨씬 더 유용한 개념이다. 문장이 어쨌든 지시체를 가진다면, [진릿값보다는] 사태가 더 나은 선택인 듯하다. 문장의 지시체를 그 문장의 사태로 상정한다면, [문장의 의미를 구성하는] 요소는 뜻과 사태뿐이다. 진릿값을 지시 대상으로 말할 필요가 없어진다. 문장이 그 문장의 진릿값을 지시하고 모든 참인 문장이 같은 지시체를 가진다는 유별난 주장에 비해, 이 제안은 논리적으로 훨씬 더 건전하다. 프레게의 논증에 이의를 제기하는 또 다른 방식은 문장에는 지시체가 전혀 없으며, 문장은 생각을 표현할 뿐이라고 제안하는 것이다. 단칭어에 지시체가 있어야 하는 이유는 분명하다. 그러나 생각에 지시체가 있어야 하는 이유에 대한 프레게의 추론에는 직관을 활용한 정당화도, 논증을 활용한 정당화도 없다.

문장의 진릿값이 대상이라는 프레게의 제안을 면밀히 살펴보면 한 가지 문제가 또 드러난다. 프레게의 제안과는 반대로, 진릿값은 '~이 참이다'라는 술어가 귀속하는 무언가의 속성처럼 보인다. 왜 프레게는 '~이 참이다'가 대상, 그러니까 참에 대한 단칭어라고 생각하는가? 이러한 참 개념을 사용하려면 프레게는 언어가 구조화되는 방식을 완전히 거부해야만 한다. 참임을, '참'이라고 불리는 대상과 관계를 맺는 문장과 관련한 사안이 아니라, 참임이라는 속성을 가진 문장과 관련한 사안이라고 말하면 되지 않을까? 진릿값을 속성에서 대상으로 바꾸는 일은 프레게가 뜻과 지시체 이론을 문장으로 확장하는 시도 가운데 취한 불필요한 단계이다. 문장은 단칭어와 같지 않다.

프레게가 완전 표현^{complete expression}, 불완전 표현^{incomplete expression}, 대상에 대한 자신의 초기 이론에 기대어 짤 수 있는 설명이 하나 있기는 하다. 프레게에게 완전 표현이란 언제나 대상을 지칭하는 것이며, 불완전 표현은 언제나 개념을 지칭하는 것이다. 프레게의 대상 개념은 극도로 넓어서 완전 표현으로 지시되는 것은 무엇이든 대상이 된다. 단칭어도 완전 표현이고, 문장도 완전 표현이다. 문장이 완전 표현인 이유는 분명하다. 진술을 만드는 데 사용되기 때문이다. [문장과 달리] 진술을 만드는 데 사용될 수 없는데도 프레게가 단칭어를 완전 표현으로 생각하는 이유는 조금 모호하다. 그러나 프레게가 보기에 고유 이름은 완전 표현이고, 완전 표현은 대상을 지칭하기에, 또 문장은 완전 표현이기에, 프레게는 고유 이름과 문장 모두가 대상을 지칭한다는 점이 틀림없다는 결론을 내린다. 프레게의 주장에 따르면 고유 이름과 문장은 그럴 수밖에 없는데, 완전 표현이 지칭하는 무언가가 바로 그가 대상이라는 말로 뜻하는 바이기 때문이다. 따라서 문장이 지칭해야 하는 대상은 진릿값이다(그 대상이 사태일 수도 있기는 하지만 말이다).

이 생각에 반하여 프레게가 '대상'이라는 단어를 완전히 전문적인 의미로 사용한다는 반론이 자연스럽게 제기될 법하다. 완전 표현이 지칭하는 것은 무엇이든 대상으로 정의될 수 있다는 프레게의 주장을 감안한다면 그렇다. '대상'을 그런 식으로 정의하는 일은 물론 가능하겠으나, 그렇게 함으로써 프레게는 '대상'이라는 단어의 의미를 그 일상적인 의미에서 프레게 자신만의 전문적인 의미로 바꿔버렸다. '대상'이라는 단어에 대한 새로운 의미를 약정한 것과 같은 식이라면, 프레게는 완전 표현으로 지칭된 모든 것을 개라고 약정할 수도 있었다. 그런 다음에 '개'가 완전 표현이 지칭하는 것을 무엇이든 의미한다는 식의, '개'라는 단어에 대한 전문적 해석을 고집할 수도 있었을 것이다. 그렇게 고집하는 가운데 프레게는 '개'라는 단어의 의미를 완전히 바꾸어 그 단어를 진릿값을 지시하는 데 사용할 수도 있었다. 프레게가 '대상'이라는 단어를 사용한 방식이 딱 이러하다. 이미 잘 확립되어 사용 중인 '대상'이라는 단어의 의미를 자기 마음대로 취한 것이 아니냐는 의구심을 지울 수 없다. 자기가 바라는 대로 약정하는 사람도 있기는 하겠으나, 그렇다고 해서 이 점이 프레게가 진릿값이 대상이라는 (아니면 개라는) 등의 유의미한 것을 발견했음을 뜻하지는 않는다.

1.10. 프레게 이론의 다른 측면들

프레게가 보기에, 단칭어가 항상 일상적 지시체를 지시하지는 않는 것처럼 문장이 항상 진릿값을 지시하는 것은 아니다. 문장이 그 지시체를 변환할 때가 있어서 그렇다. 문장 안에서 인용될 때에는 이름이 그 일상적 지시체가 아니라 이름 자신을 지시한다는 점을 상기해보라. 이와 마찬가지로, 문장을 인용하는 것은 그 문장의 진릿값이 아니라 문장 자신을 지시하는 결과를 낳는다. 프레게에 따르면 이는 지시체 변환의 유일한 사례도, 가장 흥미로운 사례도 아니다. 문장은 불투명 문맥^{opaque context}에서 등장할 때에는 진릿값이 아닌 다른 무언가를 지시한다. '존은 개밥바라기가 행성이라고 말했다^{John said that Hesperus is a planet}'라는 사례를 고찰해보자. 이 사례에는 '개밥바라기는 행성이다^{Hesperus is a planet}'라는 하위 문장이 있다. 여기서 프레게는 우리가 지시하는 것이 하위 문장의 진릿값도, 개밥바라기도 아니라고 생각한다. 불투명 문맥에 있을 때, '개밥바라기는 행성이다'는 그 문맥 바깥에서 문장이 등장할 때 존이 표현하는 생각을 지시한다. 반면 그 자체로 등장할 때 위의 문장은 그 일상적 뜻을 표현하며, 진릿값을 지시한다. 그러나 불투명 문맥에서 등장할 때에는 지시체가 변환된다. 여기서 '개밥바라기'라는 이름은 그 이름이 보통 가지는 일상적 뜻을 지시한다. 그리고 전체 문장은 진릿값이 아니라 그 문장의 일상적 뜻, 즉 생각을 지시한다. 따라서 프레게가 보기에 문장이 항상 그 진릿값을 지시한다는 것은 참이 아니다. (이렇게 보면 왜 프레게가 문장이 진릿값을 지시할 때가 단 한 번이라도 있다고 확신하는지가 궁금해진다.) 이렇게 지시체가 변환되는 것은, 문장이 불투명 문맥에 속할 때 [하위] 문장의 참이나 거짓은 전체 문장의 참이나 거짓에 영향을 주지 않는다는 사실을 기초로 삼는다. 예컨대 제인이 '존은 개밥바라기가 크림치즈라고 말했다 John said that Hesperus is cream cheese'라고 이야기한다면, 설령 존이 말했던 것이 거짓일지라도 제인은 참인 무언가를 말한 것이다. 제인의 보고와 관련하는 한, 제인이 존을 똑바로 인용하기만 한다면 존이 말한 바가 참인지 아닌지는 중요하지 않다. 제인의 진술에 담긴 진릿값이 인용의 정확도에만 의존하는 까닭에, 프레게는 불투명 문맥에서 등장하는 문장의 진릿값이 그 단어들의 뜻에만 의존한다고 생각한다. 그렇기에 프레게에 따르면 모든 단어는 최소한 두 가지를 지시한다. 일상적으로 사용되는 경우에 단어는 그 일상적 지시체를 지시하나, 불투명 문맥에서는 그 일상적 뜻을 지시한다.

불투명 문맥에서 단어들이 모두 지시체를 가진다고 하더라도, 그 단어들이 전부 분명한 뜻을 가지는지의 여부가 궁금해진다. 일상적 문맥에서 '개밥바라기'라는 이름의 뜻은 불투명 문맥에서의 '개밥바라기'라는 이름의 뜻과 같을 수 없다. 그렇지 않으면 '개밥바라기'의 뜻은 '개밥바라기'의 지시체와 동일해질 것인데, [불투명 문맥에서] '개밥바라기'의 지시체는 이제 '개밥바라기'의 일상적 뜻이기 때문이다. 이 문제를 해결하고자 프레게는 간접적 뜻indirect sense도 있어야 한다고 제안한다. 문맥에 따라 두 개의 지시체를 가지는 데 더해, 이제 이름은 뜻도 두 개를 지닌다. 이름에는 그 이름의 일상적 뜻뿐 아니라, 그 이름이 불투명 문맥에서 등장할 때 지니는 [간접적] 뜻도 있다. 프레게의 가정을 감안하면 간접적 뜻이 있어야만 하는 이유를 이해할 수 있다. 그러나 우리는 간접적 뜻이 무엇인지는 알지 못한다. 게다가 간접적 뜻이 지시체가 되는 경우에는 그 간접적 뜻에 대한 뜻이 또 있어야만 한다. 뜻은 제시 방식이므로, 간접적 뜻은 제시 방식에 대한 제시 방식이고, 그 간접적 뜻에 대한 뜻은 제시 방식에 대한 제시 방식에 대한 제시 방식이다. 이런 것은 너무 이상하지 않은가?

프레게의 제안을 설명하는 또 다른 방식은 [제시 방식이 아니라] 대상에 대한 특정한 관점을 활용하는 것이다. 프레게라면 간접적 관점indirect perspective, 즉 관점에 대한 관점이라는 개념을 도입할 법하다. 그런데 간접적 관점이란 정확히 무엇인가? 어떤 관점에 대한 두 개의 관점을 [동시에] 가지는 것은 불가능한데, 이는 움직임(대상 앞에서 다른 위치를 잡는 것)이 새로운 관점을 야기할 것이기 때문이다. 더욱이 프레게는 어떤 관점에 대한 이 새로운 관점이 어떤 것일지를 말하지 않는다. 지각적 관점을 특정한 관점에서 지각하는 일이 가능할까? 프레게는 삼각형과 행성의 예시로 일상적 뜻을 꽤 무난히 설명하지만, 이 단어들이 불투명 문맥에서 등장할 때 이들 단어에 대응하는 뜻의 사례를 내놓지는 않는다. 제시 방식에 대한 제시 방식이라는 것이 어떻게 있을 수 있는지에 관한 궁금함은 여전히 풀리지 않고 있다. 바로 이 지점에서 프레게의 이론은 분명한 설명과는 거리가 먼 것이 되어버린다. 만약 우리가 프레게를 일단 믿고 본다면, 제시 방식에 대한 제시 방식에 대한 제시 방식 같은 것도 있을 수밖에 없겠다('존은 내가 개밥바라기별이 크림치즈라고 말했다고 말했다John said that I said that Hesperus is cream cheese'라고 제인이 말하는 경우를 예로 들 수 있다). 3차 제시 방식이 어떤 것일지에 관한 설명은 없다. 다수의 제시 방식이 서로 별개의 것임은 분명하지만, 그것들이 각기 무엇인지를 우리는 알지 못한다.

이러한 난점이 있을지언정, 이론적 관점에서 볼 때 프레게의 이론이 얼마나 매력적인지를 간과해서는 안 된다. 프레게의 이론은 구성 요소가 몇 개뿐인 단순한 구조로 되어 있다. 더욱이 이 이론은 프레게가 자신의 논문에서 도입하기 전에는 존재하지 않았던 프레게 고유의 의미론이기도 하다. 그는 우아하고 경제적인 일종의 수학적 의미론을 구축하고자 했다. 그렇지만 자신의 이론을 자연 언어에 적용하려고 할 때 프레게는 난관에 부딪힌다. 자연 언어는 그리 딱 떨어지지streamlined 않기 때문이다. 그러다 보니 프레게는 수학에서 영감을 받은 자신의 모델에 이질적인 것들을 너무 많이 끼워 넣게 되었다. 하지만 프레게는 의미론에 대한 철학적 이해에 엄청나게 기여했다. 여러모로 「뜻과 지시체에 관하여」는 언어에 관한 엄밀한 이론을 어떻게 발전시킬지에 관한 논의를 연 논고였다. 거기 제시된 프레게의 학설 몇 가지가 상당히 미심쩍기는 하지만, 단칭어의 뜻과 지시체에 관한 프레게의 생각은 먼 미래의 철학자들에게도 영향을 미쳤으며, 그렇기에 우리도 프레게의 생각으로 자주 돌아오게 될 것이다.

제2장 크립키의 이름 이론

2.1. 배경

80년을 건너 뛰어보자. 이름에 대한 프레게의 뜻 이론을 둘러싼 비판이 어느 정도 태동하고는 있었지만, 그중 가장 오래가는 비판이 제기된 것은 1972년이었으니 말이다. 이렇듯 주제의 연속성은 시간의 연속성을 능가한다. 이 장에서는 이름에 대한 기술 이론, 그리고 『이름과 필연*Naming and Necessity*』[1]에서 솔 크립키*Saul Kripke*가 그에 가한 비판을 논할 것이다. 프레게가 이름에 대한 기술 이론을 고안한 공로를 널리 인정받았기 때문에, 크립키의 비판은 주로 프레게와 그를 따르는 철학자들을 겨냥한다. 프레게의 논문 「뜻과 지시체에 관하여」에는 크립키가 비판하는 이론을 진술하는 각주가 실려 있다. 「뜻과 지시체에 관하여」의 4번 각주를 보자.

----

1. 이 장의 논의는 다음 문헌의 발췌를 따른다. Saul Kripke, *Naming and Necessity* (Lecture II) in *Philosophy of Language: The Central Topics*, pp. 128-146.

'아리스토텔레스' 같은 실제 고유 이름의 경우, 그것의 뜻과 관련한 의견은 다양할 수 있다. 일례로 '아리스토텔레스'는 플라톤의 학생이자 알렉산드로스 대왕의 선생으로 받아들여질 수 있다. ['아리스토텔레스'에 대한] 이 뜻을 받아들이는 사람과, 그 이름의 뜻을 알렉산드로스 대왕의 스타기라 출신 선생으로 받아들이는 사람은, '아리스토텔레스는 스타기라 태생이다'라는 문장에 서로 다른 뜻을 결부할 것이다. 지시체가 그대로 유지되는 한, 뜻에서 발생하는 이와 같은 변동은 용인할 만하다. 하지만 이 변동은 논증적 학문의 이론 구조에서는 피해야 할 것이며, 완전 언어에서는 등장하면 안 된다.[2]

프레게가 이 각주에서 말하고자 한 점은, 서로 다른 사람들이 하나의 고유 이름을 포함하는 말을 할 때 서로 다른 기술구를 그 이름과 결부할 수 있다는 것이다. 이러한 일이 가능하기 때문에, 화자들이 둘 혹은 그 이상의 기술구를 할당한 고유 이름은 애매하다. 이와 같은 애매성은 자연 언어의 결함이다. 제대로 구성된 과학적 언어에서는 같은 고유 이름이 둘 혹은 그 이상의 다른 기술구와 결부됨으로써 둘 혹은 그 이상의 다른 뜻을 지니는 일이 허용되지 않을 터이다. 설령 그렇게 되더라도 여전히 일상 언어에서 사람들은 같은 이름에 서로 다른 기술구를 할당할 것이다. 여기서 프레게는 사람들이 어떤 이름으로 의미하는 바가 한정 기술구로 표현된다고 가정하며, 그 기술구가 여럿인 바람에 애매성이 산출된다는 점을 우려한다.

『이름과 필연』에서 크립키는 애매성의 문제보다는 그 기저에 있는 이름의 의미 이론에 관심을 기울인다. 크립키가 관심을 기울이는 이름 이론은 이름의 의미 — 이름의 뜻 — 가 한정 기술구에 의해 주어진다고

2. Gottlob Frege, "On Sense and Reference," in *Philosophy of Language: The Central Topics*, p. 126.

상정하는 종류의 것이다. 각주에서 프레게는 이 이론 자체에는 아무런 문제가 없으며, 다만 자연 언어에서 애매성이라는 유령이 생겨날 뿐이라고 말한다. 어쩌면 프레게는 기술 이론이 자명하게 참이라고, 그러니 옹호할 필요조차 없다고 여기는지도 모르겠다.

크립키가 비판하는 지점을 논하기 전에, 기본적으로 이름에 대한 기술 이론을 이해해두는 것이 중요하다. '아리스토텔레스'와 같은 고유 이름을 사례로 들어보자. '아리스토텔레스'라는 이름은 오래전에 죽은 개인을 지시한다. 오늘날 누군가는 '아리스토텔레스는 위대한 철학자였다'라고 말하면서 오래전에 죽은 그 개인을 지시할 수 있고, 이때 화자가 누구를 의미하는지는 애매하지 않다. 고대 그리스에 특정한 개인이 있었으며, 바로 그 사람이 오늘날 우리가 '아리스토텔레스'라고 할 때 지시하는 사람이다. 이제껏 살았던 수십억 명의 사람 중 단 한 명을 '아리스토텔레스'라는 이름으로 골라낼 수 있는 것이다. 굉장한 일이다! 이런 일은 어떻게 가능한가? 이름을 발화할 때 그 이름이 내는 소리 덕분일 리는 없다. 더 나아가 아리스토텔레스에 대해서 '아리스토텔레스는 『형이상학』의 저자이다' 같은 참인 진술도 할 수 있다. 우리는 유일한 개인을 지시한 뒤, 그 사람에 관한 어떤 참인 것을 말한다. 이렇게 하여 이름은 언어적 시간여행이라는 굉장한 위업을 이루게 한다. 이천 년도 넘는 과거에 존재했던 한 사람에게 곧장 가게 해주는 것이다.

이와 관련한 물음을 하나 제기해보자. 오래전에 죽은 개인을 어떻게 이름을 사용하여 지시할 수 있는가? 이름 자체에서는 이 방법의 단서를 찾지 못한다. 이름은 언어의 한 조각, 그러니까 모양이나 소리일 따름이다. 글로 쓰이거나 발음된 이름을 면밀하게 살펴 그 이름이 지시하는 사람의 신원을 어떻게든 연역하는 일은 불가능하다. 이 물음에 답하고자, 프레게를 따르는 철학자들은 기술 이론을 가져온다.

기술 이론에서는 다른 누구도 아닌 특정 개인에 적용되어 화자로 하여금 그 개인을 지시할 수 있게 해주는 한정 기술구가 사용된다. 예컨대 아리스토텔레스는 '플라톤의 가장 훌륭한 제자'라는 한정 기술구로 지시될 수 있다. 한정 기술구는 화자나 필자가 여러 다른 단어를 결합하여 특정한 개인을 지시하는 것을 가능하게 하며, 이때 단어들의 결합은 오직 그 특정한 개인만을 지시한다. '플라톤의 가장 훌륭한 제자'는 물론이고, '오스트레일리아에서 키가 가장 큰 사람'이나 '미국의 그 대통령' 같은 것이 한정 기술구의 사례이다. 여기서 중요한 점은 한정 기술구가 한 개인, 그리고 오직 그 개인만을 지시해야 한다는 점이다. 미국에 대통령이 한 명밖에 없고 플라톤의 가장 훌륭한 제자도 한 명이듯, 오스트레일리아에서 키가 가장 큰 사람은 한 명이다. 한정 기술구는 [지시체를] 유일하게 식별한다.

'플라톤의 가장 훌륭한 제자'라는 한정 기술구는 아리스토텔레스만이 그 기술구에 들어맞는다는 사실 때문에 유일하게 아리스토텔레스를 지시한다. 달리 말하면, 아리스토텔레스만이 기술구 속 단어를 유일하게 만족한다. 아리스토텔레스는 플라톤의 제자였고, 플라톤의 가장 훌륭한 제자였으며, '플라톤의 가장 훌륭한 제자'라는 한정 기술구는 이들 속성을 표현한다. 그러므로 이 한정 기술구가 사용될 때 그것은 아리스토텔레스 외에는 그 누구도 지시하지 않는다. 한정 기술구는 술어('~는 플라톤의 가장 훌륭한 제자이다')를 포함하며, 딱 하나의 대상(아리스토텔레스)이 그 술어를 만족시킨다.

일견 '아리스토텔레스'라는 이름은 위의 한정 기술구 속 단어들로 이루어지지 않았으며, 이 이름은 아리스토텔레스의 속성 중 그 무엇도 표현하지 않는 것 같다. 표면상 이 이름은 오래전 고대 그리스의 특정 개인이 지닌 어떠한 속성도 표현하지 않는다. 이렇듯 이름이 지시하는 방식은 한정 기술구가 지시하는 방식과 같지 않다. 의미론적 본성이 다르기 때문이다. 하지만 기술 이론에 의하면 '아리스토텔레스'라는 이름은 한정 기술구와 같은 방식으로 작동한다. 기술 이론에서 이름은 기술구와 동의적이다. '아리스토텔레스'라는 이름은 순전히 실용적인 이유에서 '플라톤의 가장 홀륭한 제자'라는 한정 기술구의 짧은 형태로 사용된다. 어떤 사람을 긴 한정 기술구로 계속해서 지시하는 것은 불편하다. '플라톤의 가장 홀륭한 제자'를 반복해서 말하는 대신, 우리는 이 한정 기술구를 그와 동의적인 '아리스토텔레스'라는 이름으로 짧게 줄인다. 원한다면 (이를테면 '아리'라는 이름으로) 더 짧게 줄일 수도 있으며, 이는 모두 같은 목적을, 바로 특정 개인을 지시하기 쉽게 만드는 목적을 수행한다. 따라서 이름은 축약된 한정 기술구와 다르지 않고, 이름의 지시 방식은 기술구의 지시 방식과 같다.

달리 말해, 한정 기술구는 '아리스토텔레스'라는 이름을 정의한다. 그러므로 '아리스토텔레스'라는 이름은 위장된 형태의 한정 기술구이다. 이름이 표면상 한정 기술구가 아니라는 이유로 이름을 위장된 한정 기술구라고 생각한 이 이론이 얼마나 놀라운 것인지를 보라. 이제 우리는 '아리스토텔레스'라는 이름이 아리스토텔레스에 관한 한정 기술구를 짧게 줄인 것이기 때문에 아리스토텔레스를 지시한다는 점을 안다. 한정 기술구가 아리스토텔레스를 지시하므로 '아리스토텔레스'라는 이름 또한 아리스토텔레스를 지시한다. 만약 존이 제인에게 "아리스토텔레스'라니 누구를 말하는 것이냐?'라고 묻는다면, 제인은 '플라톤의 가장 홀륭한 제자를 말하는 것'이라고 대답할 수 있으며, 제인의 이 진술은 이름에 대한 기술 이론의 사례라고 하겠다.

기술 이론을 이해하려면 기술 이론이 어떻게 작동하며 어떤 결과를 낳는지를 살펴보는 것이 중요하다. 이 이론에 의하면 '아리스토텔레스'라는 이름의 뜻이 '플라톤의 가장 홀륭한 제자'라는 한정 기술구로 표현되므로, 뜻이 다른 이름들은 서로 다른 한정 기술구를 축약한 것이라는 점을 먼저 살펴보아야 한다. 한정 기술구의 뜻이 이름의 뜻을 구성하니, 1장에서 논했던 것처럼 제시 방식의 측면에서 한정 기술구의 뜻을 설명하는 프레게의 이론을 적용할 수 있겠다. 그러면 한정 기술구는 지시체의 특정 측면을 포함하는 제시 방식을 내놓는다. 지시체가 같은 두 이름은 서로 다른 한정 기술구를 표현할 수 있다.

뜻은 이름이 발화되거나 쓰일 때 이해되는 바이다. '아리스토텔레스'라는 이름을 이해하는 사람은 이름의 뜻을, 따라서 그 이름과 결부된 한정 기술구의 뜻을 파악한다. 그렇다면 기술 이론은 이름을 이해한다는 것이 무엇인지, 또 이름의 의미를 파악할 때 우리가 무엇을 파악하는 것인지에 관한 이론이다.

이 이론은 무엇이 이름의 정보값을 구성하는지를 알려주기도 한다. 정보가 있는 동일성은 이름을 활용해 진술될 수 있으며, 이 이름과 결부되어 그것을 정의하는 한정 기술구가 그 정보에 값을 부여한다. '개밥바라기'와 '샛별'이라는 이름의 경우, 그에 해당하는 한정 기술구는 각각 '저녁 별'과 '새벽 별'이다. 1장에서 이름을 사용한 동일성 진술을 논할 때 우리는 이 두 이름의 정보값이 다르다는 것을 보았다. 두 한정 기술구가 동의적이지 않기 때문이다. 즉, 하나는 '저녁 별'을, 다른 하나는 '새벽 별'을 말한다. '개밥바라기는 샛별이다'가 어떤 명제를 표현하는지를 결정하려면 이름을 기술구로 대체해야 한다. 두 기술구가 동의적이지 않으므로 이런 종류의 기술구는 정보값에서 차이가 있다. 따라서 기술구를 축약한 이름도 서로 다른 정보값을 가진다.

이뿐 아니라 기술 이론은 무엇이 이름의 지시체를 유일하게 결정하는지를 설명한다. 한정 기술구는 딱 하나의 특정한 개인을 지시한다. 이를테면 '플라톤의 가장 훌륭한 제자'라는 한정 기술구는 아리스토텔레스만이 유일하게 만족하는 조건이다. 그러므로 한정 기술구는 이름의 지시체를 결정한다. 기술 이론의 이 부분은 1장에서 논한 프레게의 뜻과 지시체 이론과 부합하는데, 뜻이 지시체를 결정한다고 여겨지기 때문이다. 뜻이 기술구를 포함하고 기술구가 지시체를 결정하니, 뜻은 지시체를 결정한다. 이와 같은 이유로, 누군가 '아리스토텔레스'라는 이름을 발화한다면 그 사람은 딱 한 명의 개인을 지시하는 것이다. 이름의 지시체를 특정한 개인으로 '조준하는target' 것이 바로 기술구이다.

마지막으로, 기술 이론은 이름을 통한 지시가 어떻게 도입되는지를 설명한다. 특정한 이름은 한정 기술구를 통해 한 언어에 도입될 수 있다. 물론 한정 기술구 없이도 이름은 도입될 수 있다. 이천 년쯤 전 한 아기가 세례를 받으려고 하는 상황을 상상해보자. '세례를 받을 아기의 이름이 무엇입니까?'라고 신부가 묻고, 아기의 어머니가 '아리스토텔레스입니다' 라고 말하자, 이어서 신부는 '우리 앞의 이 아기를 이제부터 '아리스토텔레스'라고 부릅시다'라고 말할 수 있다. 그러나 화자 가까이에 있지 않은 개인을 지칭하는 한정 기술구로도 이름을 도입할 수 있다. 일례로 누군가 '나는 오스트레일리아에서 키가 가장 큰 사람을 '허버트'라는 이름으로 부를 것이다'라고 말할 수 있다. 핵심은 이처럼 기술구가 이름을 도입하여 언어에 들여오는 데 쓰일 수 있다는 점이다.

2.2. 크립키의 비판

기술 이론은 철학자들 사이에서 오랫동안 대단히 인기가 좋았고, 이론의 주요 원리는 프레게가 도입한 뒤 1972년 크립키가 그에 대한 반론을 펼치기 전까지는 거의 아무런 이의를 받지 않았다. 『이름과 필연』에 담긴 일련의 강연에서 크립키는 기술 이론이 완전히 틀렸다고 주장하는데, 이는 상당한 수준의 논란을 불러일으켰다. 더욱이 크립키는 기술 이론이 완전히 틀렸음을 증명한 것만 같았는데, 기술 이론이 70년도 넘는 시간 동안 잘 확립되어 있었기에 당시 철학자들에게는 충격이었다. 기술 이론이 워낙 자연스러운 이론처럼 보였으므로 크립키의 논증은 철학계에 엄청난 놀라움을 일으키며 받아들여졌다. 기술 이론은 거의 완벽한 이론이었다. 이 이론이 이름을 이해하거나 사용하는 사람의 심리 상태를 서술한다는 점에 주목하는 것이 중요하다. 이는 만약 이름과 기술구가 동의적이라면 기술구는 그 이름을 발화하는 사람의 마음속에 심리적으로 제시되어야 한다는 생각이다. 기술 이론은 이름의 의미를 안다는 것이 무엇인지를 알려준다. 기술 이론의 장점과 내용을 숙지했으니, 이제 이 이론에 대한 크립키의 비판을 볼 차례이다.

　기술 이론은 'A'라는 이름이 '그 F'라는 기술구와 동의적이라고 이야기한다. 이제 'A는 그 F이다'라는 문장을 생각해보자. 이 문장에는 몇 가지 속성이 있겠다. 첫째로, 이는 선험적으로 참인 문장이 된다. 이 문장은 아무런 경험적 탐구 없이 이름 'A'를 이해하는 것만으로도 참인 것으로 알려질 수 있다. 만약 'A'가 '그 F'와 동의적이라면, A가 F임을 알기 위해 우리가 알아야 하는 것은 'A'라는 이름의 의미뿐이다. '총각은 결혼하지 않은 남자이다'라는 문장과 비교해보라. 총각이 결혼하지 않은 남자임을 알기 위해 '총각'이 의미하는 바를 제외한 다른 것을 알 필요는 없다. 그렇지만 누군가가 '총각은 행복하지 않다'라고 말할 때, 이 말은 후험적 진술 — 진술이 참인지를 결정하려면 경험적 세계를 조사해야 하는 진술 — 의 사례에 해당한다. 이 진술의 참은 '총각'의 정의를 통해서는 확인될 수 없다. 기술 이론에 의하면 'A=그 F'는 분석적 — 다시 말해 정의상 참 — 이고 선험적이니, 이는 기술구가 이름의 의미를 내놓을 뿐 그 밖의 것은 내놓지 않기 때문이다.

　'A=그 F'의 또 다른 속성은 이 진술이 필연적 참일 수밖에 없다는 점이다. 어떤 진술이 분석적 참이라면, 그 진술은 모든 가능 세계에서 참이다. 그러한 진술을 이루는 두 단어가 동의적이라면 그 진술은 필연적으로 참이다. 'A=A'가 필연적 참인 것처럼 말이다. 이 점으로부터 모든 가능 세계에서 A는 F라는 점이 따라 나올 터인데, 'A'가 곧 '그 F'를 의미하기 때문이다. 그리하여 기술 이론에 의하면 'A는 그 F이다'가 표현하는 명제는 선험적이고, 분석적이며, 필연적이겠다. 이는 기술 이론에서 곧바로 따라 나오는 귀결들이다. 물론 이름과 결부된 모든 기술구가 그러한 귀결을 가지는 것은 아니다. 모든 기술구가 이름과 동의적인 것으로 상정되지는 않기 때문이다. 특정한 기술구들만이 이름과 동의적이다. 누군가가 '아리스토텔레스'라고 말할 때 그는 플라톤의 가장 훌륭한 제자를 뜻할 수도 있지만 '아리스토텔레스'의 이런 의미에 포함되지 않은 다른 속성, 이를테면 왼쪽 팔꿈치에 점이 있다는 속성을 아리스토텔레스에게 귀속시킬 수도 있다. 그렇다면 몇몇 한정 기술구는 후험적이고, 종합적이며, 우연적인 진술을 만들겠다. 아리스토텔레스에 관하여 참인 것 가운데 일부가 오로지 우연적으로만 아리스토텔레스에 관하여 참이라는 점은 분명하다. 하지만 여기서 우리가 이해해야 하는 요점은, 기술 이론에 의하면 아리스토텔레스에 관한 기술구 가운데 일부가 분석적이고 선험적으로 참이라는 것이다.

기술 이론이 함축하는 바를 생각해보면 크립키가 던지는 물음은 이렇다. 선험성, 분석성, 필연성이라는 세 가지 특성을 가지면서 'A는 그 F이다'로 표현되는 명제를 산출하는 기술구 '그 F'가 있다는 것은 참인가? 다시 말해 '아리스토텔레스는 플라톤의 가장 훌륭한 제자이다'가 선험적이고, 분석적이며, 필연적이라는 점은 참인가? 만일 참이라면 기술 이론은 옳다. 그러나 만일 거짓이라면 기술 이론은 틀렸다. 크립키는 이름과 매번 결부되어 이들 세 특성을 산출하는 기술구 내지 기술구의 다발은 없다고 주장한다. 따라서 이름에 관한 기술 이론은 거짓임이 틀림없다.

우선 크립키는 기술구의 필연성을 반박한다. 크립키가 프레게와 같은 예('아리스토텔레스')를 사용하니 우리도 여기서 아리스토텔레스에 관한 한정 기술구('플라톤의 가장 훌륭한 제자')를 사용하도록 하자. 크립키는 아리스토텔레스가 플라톤의 가장 훌륭한 제자였다는 사실은 우연적 참이지 필연적 참이 아님을 보이고자 한다.

서양 철학의 틀을 짠 수많은 텍스트를 집필하였으며 시대를 막론하고 가장 영향력 있는 철학자인 아리스토텔레스가 플라톤의 가장 훌륭한 제자였음을 두고 논쟁하는 것이 아님은 물론이다. 현실 세계에서는 아리스토텔레스가 플라톤의 가장 훌륭한 제자임을 두고 논쟁할 일이 사실상 없다. 우리가 사는 이 세계에서 아리스토텔레스는 플라톤의 가장 훌륭한 제자였다(늘 A+를 받았을 법하다). 그렇지만 크립키는 다른 세계 — 가능 세계 — 를 생각해보자고 한다. 그 세계에서는 아리스토텔레스가 플라톤의 가장 훌륭한 제자가 아니었을 수도 있다. 세상이 특정한 방식으로 돌아가는 현실 세계, 그러니까 우리가 지금 거주하는 세계가 있다. 이 세계에서 아리스토텔레스는 철학자였고, 태양은 동쪽에서 뜨며, 사람은 달 위를 걸었다. 그런데 현실 세계와 다른 가능 세계도 있으며, 그곳에서는 세상이 다르게 돌아간다.

어떤 가능 세계에 사는 아리스토텔레스가 현실 세계에 사는 아리스토텔레스와 같은 해에 태어났고, 같은 부모를 두었으며, 같은 가정에서 살았다고 상상해보자. 그렇지만 해당 가능 세계에서 그는 어릴 적 그리스 조각상에 머리를 부딪치는 사고를 당해 뇌 손상을 입는 바람에 학문적 활동을 하는 일이 불가능해졌다. 이런 일이 (다행히도!) 우리 세계에서는 일어나지 않았지만, 이 일은 다른 세계에서는 일어날 수도 있었다. 그와 같은 사건은 우연적으로 일어날 수 있었다. 만일 실제로 일어났더라면 지금 아리스토텔레스는 플라톤의 가장 훌륭한 제자로 불리지 않았을 것이며, 철학자일 수조차 없었을 것이다. 이 정도로 극단적인 사례는 아닐지언정 우리가 아는 아리스토텔레스와는 다르게 있었을 법한 가능 세계의 사례는 많다. 아리스토텔레스가 음악에 관심이 많아 자신의 음악적 재능을 계발하고자 플라톤의 아카데메이아가 아니라 다른 학원에 등록했을 수도 있었다. 그러므로 크립키가 주장하기를 아리스토텔레스가 다른 무언가, 이를테면 하프 연주자가 아니라 철학자가 된 것은 대단히 우연적이다.

여기서 요점은 사람에 관해서는 한정 기술구로 표현할 수 있는 우연적 사실이 많다는 것이다. 우리가 삶에서 특정한 진로(일례로 철학자)를 택하는 것은 필연적이지 않다. 아리스토텔레스가 그럴 수 있었던 것처럼 우리도 다른 길을 추구할 수 있었다. 이러한 사실은 우연적일 뿐, '2+2=4'나 '모든 총각은 결혼하지 않은 남자이다' 같은 필연적 사실이 아니다. 달리 될 수도 있던 사실이라는 말이다.

아리스토텔레스가 플라톤의 가장 훌륭한 제자였음은 그저 우연적인 사실이기 때문에, '아리스토텔레스는 플라톤의 가장 훌륭한 제자였다'라는 진술은 우연적 사실을 표현할 뿐 필연적 사실을 표현하지는 않는다. 하지만 'A=그 F'가 필연적이지 않다면 'A'라는 이름은 '그 F'라는 기술구와 같은 것을 의미하지 않는다. 그러므로 기술 이론은 거짓이다. 크립키의 이 논증을 '양상 논증modal argument'이라고 부를 수 있겠다. 양상modality, 다시 말해 필연적인 것과 우연적인 것에 관한 물음을 다룬다는 것이 그 이유이다.

프레게는 (이후 러셀도) '플라톤'이나 '아리스토텔레스' 같은 이름을 사용할 때, 우리가 그렇게 지칭된 개인의 몇 가지 유명한 업적을 염두에 둔다고 생각했다. 그 유명한 업적에 대한 기술이 그 인물의 이름과 같은 의미를 가지게 된다는 말이다. 이 제안에 대하여 크립키는, 유명한 업적을 수행하는 사람이 그러한 업적을 필연적으로 수행하는 것은 아니라고 반박한다. 그 사람이 유명한 업적을 수행하지 않을 수 있었다는 것을 상상할 수 있기 때문에, 그가 그러한 업적을 수행했다는 것은 필연적 참이 아니다.

2.3. 고정 지시어

이 지점에서 크립키는 고정 지시어와 비고정 지시어라는 자신의 개념을 설명한다. 우선 비고정 지시어를 논하도록 하겠다. 여기서도 크립키는 가능 세계 개념을 끌어들인다. '플라톤의 가장 유명한 제자'라는 기술구를 생각해보자. 현실 세계에서 이 기술구는 아리스토텔레스를 지칭하지만, 모든 가능 세계에서 아리스토텔레스를 지칭하는 것은 아니다. 몇몇 가능 세계에서 아리스토텔레스는 존재하지 않을 수조차 있으니, 아리스토텔레스의 어머니가 아리스토텔레스를 낳은 것이 모든 가능 세계에서 참은 아니기 때문이다. 그러므로 '플라톤의 가장 유명한 제자'라는 한정 기술구는 비고정 지시어이며, 이 말인즉슨 그 한정 기술구가 현실 세계에서 지칭하는 것과는 다른 대상을 다른 가능 세계에서 지칭한다는 뜻이다. 비고정 지시어 자체는 모든 세계를 고찰하는 가운데 같은 것으로 유지되지만, 어떤 개인이나 대상을 지칭하는지는 세계마다 다르다. 이 지칭은 해당 세계에서 누가 무엇을 행했는지에 달려 있다.

그렇다면 고정 지시어는 모든 가능 세계에서 같은 대상을 지칭하는 것이겠다. 크립키는 예컨대 고유 이름이 고정 지시어라고 주장한다. 이 말이 무슨 뜻인지를 설명하기에 앞서, 이 말이 이름에 대한 기술 이론에 어떤 귀결을 가져오는지를 검토해보자. 한정 기술구가 비고정 지시어라는 점이 참이라면, 그리고 이름이 고정 지시어라는 점이 참이라면, 이름이 한정 기술구와 동의적이라는 점은 참일 수가 없다. 이름과 한정 기술구는 의미론적으로 다르기 때문이다. 이름이 고정 지시어이고 한정 기술구가 비고정 지시어임을 보인다면, 크립키는 기술 이론이 거짓임을 보이는 셈이다. 다시 말해 이름은 모든 가능 세계에서 같은 것을 지시하지만 한정 기술구는 서로 다른 가능 세계에서 각기 다른 것을 지시한다는 점, 바로 이 점을 크립키는 보이고자 한다.

크립키가 이름을 고정 지시어로 보는 이유는 이름이 한 특정한 개인을, 이 세계와 저 세계를 막론하고 딱 그 사람을 지시한다는 데 있다. 그는 '아리스토텔레스'라는 이름이 모든 가능 세계에서 같은 사람을 지칭한다고 본다. 현실 세계에서는 '아리스토텔레스'라는 이름을 가진 유일한 사람이 우리가 아는 특정한 그리스 철학자뿐이라고 상정해보자. 그럴 때 '아리스토텔레스'가 우리가 그 이름으로 지시하는 현실의 아리스토텔레스 외 다른 사람을 지칭하는 일이 가능할까? 다시 말해 아리스토텔레스가 아리스토텔레스가 아닌 다른 누군가일 수 있을까? 분명히 아니다. '아리스토텔레스'라는 이름이 존재하는 이 순간 '아리스토텔레스'의 의미를 고려한다면, '아리스토텔레스'는 그것이 현실적으로 지칭하는 그 사람 외 다른 사람을 지칭할 수 없다. 아리스토텔레스가 아닌 다른 사람이 '플라톤의 가장 유명한 제자'로 지칭되었을 수도 있지만, 아리스토텔레스 자신일 수 있는 사람은 아리스토텔레스밖에 없다. 우리는 그 이름을 특정한 개인을 짚어낼 때 사용하며, 이 지시는 세계를 가리지 않고 그대로 유지된다. 기술구는 우리가 이 세계 저 세계를 옮겨 다니는 가운데 지시체가 바뀔 가능성을 허용하지만, 이름은 특정한 개인을 딱 붙잡은 뒤 양상적 공간 어디에서든 그를 놓아주지 않는 것만 같다.

크립키는 이 논점을 이야기하는 가운데 (이를테면 '모세' 같은) 많은 수의 이름을 사용한다. 그러나 해당 논점은 크립키가 든 사례에 국한되지 않고 모든 경우에 적용된다. 크립키의 논증은 이렇게 요약할 수 있다. 만약 이름과 동의적이라고 간주되는 기술구가 그 이름의 담지자가 행한 유명한 업적을 기록하는 기술구이고, 그 유명한 업적이 그 담지자의 우연적 속성이라면, 그 업적들은 그 개인에게 필연적인 것일 수 없다. 그러므로 이런 기술구는 그 이름과 동의적일 수 없다. 표현을 바꿔서 말하자면, 유명한 업적에 대한 기술은 '플라톤의 가장 유명한 제자' 같은 비고정 지시어를 산출하지만, 이름은 고정 지시어이다. 그러니 이름은 기술구와 같은 것을 의미하지 않는다.

이 논증에 담긴 위력에 관해 몇 가지 주목할 필요가 있다. 첫 번째 지점은 기술구가 표현하는 것이 지칭된 대상의 우연적 속성일 때에만 이 논증이 작동한다는 점이다. 그렇지만 언어 속 모든 기술구가 대상의 우연적 속성만을 표현하는지를 둘러싼 물음이 있을 수 있다. 크립키 자신도 기술구가 늘 비고정 지시어인 것은 아니며 고정 지시어인 경우도 있음을 인정한다. 이 점을 설명하고자 '3은 2 다음에 나오는 것이다[3 is the successor of 2]'라는 문장을 보자. 이 문장의 논리적 형식은 'A=그 F'와 같다. '3'이라는 숫자는 수 3의 이름이며, 그 수는 2 다음에 나오는 것과 틀림없이 동일하다. 다시 말해 3이 아닌 다른 수가 2 다음에 나올 수는 없다. 이 진술은 필연적으로 참인 진술이지, 우연적 사실에 관한 진술이 아니다. 다른 세계라고 하더라도 82 다음에 나오는 것이 3일 수는 없다. 82 다음에 나오는 것은 83이기에 3은 83일 수 없다. 3이 83이 아닌 것은 3의 본성에 이미 내장되어 있어서 그러하다. 따라서 '2 다음에 나오는 것'이라는 한정 기술구는 수 3에 대한 고정 지시어이다. 이 기술구가 수 3이 아닌 다른 무언가를 지칭할 수 있는 가능 세계는 없다.

기술 이론에 관하여 크립키가 내놓는 양상적 요점은 우연성에 뿌리를 두는 유명한 업적을 지칭하는 기술구에 기초한다. 하지만 지시체의 우연하지 않은 측면을 서술하는 기술구라면 어떨까? 그 경우 크립키의 양상 반박은 적용되지 않을 것이다. 2 다음에 나오는 것이 3의 필연적 속성인 것과 같은 방식으로 한 사람에게 필연적인 어떤 속성이 있다면, 이는 기술 이론이 크립키가 주장하는 것만큼은 취약하지 않음을 보일 터이다.

자신의 다른 저작에서 크립키는 기원의 필연성[necessity of origin]이라고 부르는 것을 논한다. 이 생각은 한 사람의 본질이 그가 현실적으로 가지는 기원에서 비롯한다고 약정한다. 달리 말해 아리스토텔레스가 존재했으나 그를 현실에서 낳은 부모가 아니라 다른 부모에게서 그가 태어난 가능 세계는 없다. 머리부터 발끝까지 아리스토텔레스를 꼭 닮은 사람이 사는 가능 세계가 있을 수는 있겠지만, 거기서 그 사람은 현실의 아리스토텔레스와 같은 기원을 가지지 않는 한 아리스토텔레스로서의 자격을 얻지 못할 것이다. 우리는 이 본질주의적 주장을 '기원 O를 가진 그 사람'이라는 한정 기술구로 표현할 수 있다. 이제 우리는 'A는 (필연적으로) 기원 O를 가진 그 사람이다'나 '아리스토텔레스는 (필연적으로) 부모 A와 B가 낳은 그 사람이다'라고 말하게 된다. 우리는 이 진술이 필연적 참을 표현한다는 점을 두고 크립키와 의견을 같이할 수 있다. 이 경우 기술 이론을 비고정성과 우연적 속성을 기초로 하여 논박하는 일은 불가능하니, 모든 가능 세계에서 아리스토텔레스는 위의 기술을 충족하기 때문이다. 즉, 아리스토텔레스는 필연적으로 기원 O를 가진 그 사람이다. 양상 논증은 기술이 우연적일 때에만 작동하나, 모든 기술이 우연적인 것은 아니다.

기원의 필연성에 덧붙여 한 사람의 동일성[정체성]에 관해서도 다른 이론이 있다. 어떤 이론은 한 사람이 자신의 두뇌와 동일하다고 본다.

이 이론에서 볼 때, 만약 아리스토텔레스의 두뇌가 아인슈타인의 몸에 이식된다면, 그 결과로 나온 사람은 아리스토텔레스이겠다. 동일성을 유지하는 것은 아리스토텔레스의 두뇌이므로 그의 두뇌가 어느 몸에 이식되는지는 중요한 문제가 아니다. B라는 두뇌를 가진 사람이 있다고 해보자. 만약 아리스토텔레스가 B라는 두뇌를 가지고 있는 사람이라면, B라는 두뇌를 가지지 않는 한 그 누구도 아리스토텔레스일 수 없으며 B라는 두뇌를 가지는 사람은 그가 누구이든 아리스토텔레스일 것이다. 그러므로 '두뇌 B를 가진 그 사람'이라는 기술구는 모든 가능 세계에서 아리스토텔레스를 지칭하며, 그렇기에 그 기술구는 필연적 내지 고정적이다. 이러한 기술구는 양상 반론, 다시 말해 표현된 속성의 우연성에 의거하는 반박으로 이어지지 않겠다.

『이름과 필연』에서 크립키는 이런 유형의 고정 기술구는 절대 고찰하지 않는다. 그가 유명한 업적에 관한 형태의 기술 이론에 반하는 논증을 납득할 만한 수준으로 내놓는 것은 사실이지만, 그 이론이 기술 이론의 전 영역을 아우른다고 볼 이유는 전혀 없다. 프레게와 러셀이 유명한 업적에만 집중할지언정, 기술구의 이런저런 사례들은 한 사람에 관한 비우연적인 무언가를 보고하는 것임이 분명하다. 이제부터 볼 크립키의 다른 반론이 이 제약을 극복하는지를 살펴보도록 하자.

2.4. 크립키의 인식 반론

크립키의 비非양상 반론 중 하나는 어떤 것이 선험적인지의 여부와 관련한다. 한 진술이 분석적 — 정의상 참 — 이라면 그 진술은 선험적 — 세계를 조사하지 않고 알 수 있음 — 임이 틀림없다. 선험적이지 않다면 그 진술은 분석적이지 않다. 분석적이지 않다면 그 진술에서 [각기 주어와 술어를 구성하는] 단어들은 동의적이지 않고, 단어들이 동의적이지 않다면 기술 이론은 거짓이다. 크립키는 물리학자 리처드 파인먼^{Richard} ^{Feynman}을 예로 든다. 파인먼이 물리학자라는 것을 알지만, 그가 물리학에 정확히 어떤 기여를 했는지는 이해하지 못하는 사람을 상정해보자. 대부분의 사람은 물리학 전문가가 아니며 파인먼 고유의 발견이 무엇인지를 말하지 못할 테지만 그래도 '파인먼은 유명한 물리학자이다'라고 말할 수 있다. 같은 사람에게 머레이 겔만$^{Murray\ Gell-mann}$이 누구냐고 묻는다면, 그 사람은 '겔만도 유명한 물리학자이다'라고 말할 수 있다. '유명한 물리학자'라는 기술구로 두 물리학자를 구별하지 못한다는 점은 명백하다. 두 사람 다 그냥 '유명한 물리학자'이다. 이 진술을 한 사람에게는 파인먼이나 겔만을 기술구를 활용하여 정의할 만큼의 충분한 지식이 마음속에 없다. 크립키의 논점은 비전문가 화자가 두 이름에 같은 정보를 결부시키지만, 이 정보는 한 물리학자를 다른 물리학자와 구별하기에 충분하지 않다는 데 있다. 이렇듯 화자의 마음속에 담긴 기술적 정보는 이름의 지시체를 결정하지 않는다. 그런데도 화자는 용케 특정한 개별 인물을 지시한다. 화자는 자신의 지시체에 대해 참인 어떠한 한정 기술구도 알지 못하므로 그런 기술구를 선험적으로 알지 못하는 것은 틀림없다. 파인먼과 겔만을 구별하지 못하더라도 화자는 '파인먼'이라는 이름을 사용할 때 겔만을 지시하지 않는다. 이 경우 화자에게는 기술 이론이 말하는, 이름을 이해하려면 가져야 하는 지식이 없다. 그러므로 화자는 파인먼을 유일하게 식별하는 어떤 F에 대해, 파인먼이 그 F라는 것을 선험적으로 알지 못한다. 파인먼이 그 F라는 기술을 화자가 선험적으로 알지 못하는 이유는 파인먼이 그 F라는 점을 화자가 아예 알지 못한다는 데 있다. 그러므로 화자가 이름을 사용할 때 그 이름의 지시체를 고정하는 것이 마음속 기술구일 수는 없다.

이제 누군가 다가와서 이 무지한 화자에게 '파인먼은 파톤 모델을 고안한 사람이다'라고 말하는 경우를 생각해보자. 화자가 이 사람에게서 파인먼에 관한 한정 기술구에 담긴 어떤 것을 배웠음은 분명하다. 하지만 크립키가 지적하듯 이 지식은 선험적이지 않다. 기술 이론에 따를 때, 만약 기술구가 이름과 동의적이라면 그 기술구에 대응하는 진술은 선험적으로 알 수 있어야 한다. 하지만 파인먼이 파톤 모델을 고안했다고 들은 사람은 파인먼에 대한 어떤 것을 선험적으로가 아니라 경험적으로 안다. 크립키의 요지는 어떤 사람이 이름과 결부시키는 모든 기술구에 대해, 그 기술구는 항상 분석적으로가 아니라 경험적으로 알려진다는 점이다. 유명한 업적을 보고하는 진술은 언제나 종합적이며 절대 분석적이지 않다.

크립키의 두 번째 논점은 괴델-슈미트 사례를 근거로 삼는다. 쿠르트 괴델Kurt Gödel을 들어본 사람은 그를 산수의 불완전성을 증명한 수학자로 알 것이다. 그러니 우리는 괴델을 '산수의 불완전성을 증명한 수학자'라는 한정 기술구로 지시할 수 있다. 크립키는 괴델이 그 정리를 증명하지 않았으며, 그 정리를 증명한 사람이 사실은 슈미트라는 알려지지 않은 인물이라고 상정해보자고 한다. 괴델이 슈미트의 불완전성 정리를 표절했으며 이 증명을 고안해낸 영예를 부당하게 누리고 있다는 상황도 상정해보라고 한다.

크립키의 사고 실험에서, 누군가 '산수의 불완전성을 증명한 수학자'라고 말할 때 지시되는 사람은 괴델이 아니라 슈미트이다. 이 경우 화자에게는 괴델에 대한 거짓 믿음이 있다. 화자는 괴델이 그 증명을 고안했다고 생각하지만 사실은 괴델이 한 것이 아니었다. 그렇다면 괴델에 대한 화자의 거짓 믿음은 '괴델'이라는 이름을 사용하는 어떤 때에도 그 이름의 지시체를 결정하는 기술구를 구성하지 못한다. 화자는 '괴델'로 괴델을 지시하지만 기술구는 슈미트를 지시한다.

크립키가 이용하지는 않으나 괴델-슈미트 같은 유형의 상황으로 들만한 사례는 또 있다. 바로 대상을 지각하는 경우인데, 봄seeing에 대한 기술 이론은 지각자의 마음속에 있는 기술구가 어떤 대상이 보이는지를 결정한다고 주장할 것이다. 그 기술구가 지각자에게 보이는 것의 외양과 대단히 가깝다고 상상해보라. 외양은 기술구와 비슷하고, 대상 및 그 대상이 지각자와 맺는 관계는 이름 및 그 이름으로 지시되는 대상과의 관계와 비슷하다. 이 기술 이론은 대상을 본다고 하는 관계를 분석하고자 한다. 다시 말해 보이는 대상은 지각자의 마음속에 담긴 외양으로 결정되며, 이 외양은 기술구로 변환된다.

이 이론에 대한 첫 번째 반론은 지각자가 원래 봤던 대상과 정확하게 유사한 또 다른 대상이 있을 수 있다는 것이다. 따라서 지각자의 지각 경험은 보이는 대상의 유일한 결정 요인일 수 없다. 그러한 대상이 많을 수 있기 때문이다. 보이는 대상은 개인의 질적 경험으로는 유일하게 고정될 수 없다.

이와 마찬가지로 괴델-슈미트 사례를 반영하는 지각적 착각은 우리에게 익숙하다. 누군가 대상을 보고 그에 대한 지각적 착각을 경험했다고 하자. 이는 그 사람이 그 대상을 정말로 본 것은 아니라는 뜻인가? 아니다. 보기는 하지만 그 사람의 경험이 대상을 잘못 표상한 것이다. 그 사람이 그 경험에 더 잘 들어맞을 어떤 멀리 있는 대상을 보고 있는 것도 아니라고 하자. 이로부터 얻을 수 있는 교훈은 지각 대상을 결정하는 것이 지각자가 겪은 경험의 내적 본성 — 이는 대상을 잘못 표상할 수 있다 — 은 분명히 아니라는 점이다. 지각자가 겪은 경험의 내적 본성이 나름의 역할을 수행하기는 하지만 지각 관계를 고정하는 유일한 요소는 아니다. 당신이 보고 있는 대상이 당신으로 하여금 그 시각 경험을 하게 하는 원인임은 사실이다. 지각의 인과 이론은 보이는 대상이 지각 경험의 원인이라고 제안한다. 하지만 어떤 사람의 경험에 가장 들어맞는 대상이 굳이 경험의 원인일 필요는 없다.

지각 사례의 연장선상에서 고유 이름을 사용하는 지시를 고려해보자. 지시 대상을 고정하는 것은 기술구의 측면에서 화자의 마음속에 일어나는 어떤 것만이 아니다. 화자와 대상 사이의 외적 관계가 지시 대상을 고정한다. 이 관계는 지각 사례에서 그러했듯 인과적 종류의 관계일 수도 있다.

크립키가 나중에 내놓은 이론은, 지시 대상은 화자의 마음속에 있는 기술구에 가장 들어맞는 것이 아니라 그 사람이 이름을 사용하도록 하는 원인이라는 견해를 옹호한다. 이 지각의 비유는 괴델-슈미트 사례, 그리고 이와 비슷한 사례들이 제기한 기술 이론의 직관적 결점을 분명히 하는 데 도움이 된다.

만약 파인먼과 괴델-슈미트 사고실험으로 크립키가 제기한 반론이 옳다면, 이로부터 고전적 기술 이론이 틀렸다는 점이 따라 나온다. 한 사람의 마음속에 있는 기술구는 지시체를 결정할 수 없는데, 이는 (파인먼 사례처럼) 어떤 사람의 마음속에 아무런 한정 기술구가 없을 수도 있고, (괴델-슈미트 사례처럼) 기술구가 실제 지시체에 들어맞지 않을 수도 있기 때문이다. 이리하여 이름의 지시체를 결정하는 기술구란 없다. 이것으로 기술 이론에 반대하여 크립키가 내놓은 양상 반론과 인식 반론을 모두 살펴보았다.

크립키가 내놓은 논증의 양상적 부분에 제기할 수 있는 비판이야 이미 고려해보았으나 인식적 부분은 상당히 납득할 만한 것 같다. 하지만 기술 이론은 이름과 관련한 수많은 의미론적 수수께끼를 해결했으니, [인식 반론을 따라 기술 이론을 버리려면] 기술 이론의 자리에 어떤 대안 이론을 놓을 수 있는지를 물어야 한다.

2.5. 인과 사슬 이론

만약 기술 이론이 틀렸다면 우리가 다루어야 하는 첫 번째 물음은 1장에서 논한 프레게의 문제, 즉 동일성 진술이 어떻게 정보값을 갖는지에 대한 문제를 어떻게 해결하느냐이다. 크립키는 이를 거의 언급하지 않는다. 하지만 크립키는 소통 사슬chain of communication을 활용하는 이름짓기[명명]naming 이론을 내놓는다. 크립키는 우리가 그 대상을 골라내는 기술구를 마음속에 가짐으로써 어떤 대상을 이름으로 지시하는 것은 아니라고 주장한다. 이름짓기는 이 그림[기술 이론]이 말하는 것보다 훨씬 더 사회적이고 상호적인 현상이다. 크립키는 어떤 사람의 이름을 지을 때 이와 같은 사회적 현실들을 고려해야 한다고 본다. 아리스토텔레스가 세례를 받는 사례로 되돌아가 보자. 아기 아리스토텔레스에게 이름이 주어지고, 그가 세례받는 자리에 있던 사람은 아리스토텔레스라는 이름을 사용하기 시작한다. 이를테면 5년 후, 아리스토텔레스를 한 번도 보지 못한 사람이 그를 이름으로 지시할 수도 있다. 이후 몇 십 년간 사람들과 상호 작용을 하던 아리스토텔레스는 언젠가 죽지만, 사람들은 여전히 그를 지시한다. 아리스토텔레스가 죽은 다음에도 사람들이 여전히 그에 대해 말할 수 있는 이유는 그들이 아리스토텔레스를 알았던 사람들과 대화를 나누었고, 그 사람들과의 대화를 통해 [아리스토텔레스라는] 지시체를 골라냈던 데 있다는 것이 크립키의 생각이다.

크립키는 각 화자가 사슬 속의 고리인 역사적 상황을 묘사한다. 각 화자는 사슬의 앞사람이 그랬던 것처럼 같은 인물을 '아리스토텔레스'라는 이름으로 지시하려고 한다. 여기서 지시체는 우리에게 그 이름을 처음 알려준 사람이 지시한 인물과 같은 인물을 지시하려는 의도로 보존된다. 이 사슬은 수 세기를 거쳐 현재까지, 즉 누구나 '아리스토텔레스는 위대한 철학자이다'라고 말할 수 있는 지금까지 이어진다. 아리스토텔레스의 세례까지 이어지는, 언어적 연결이라는 이 긴 사슬 덕분에 우리는 아리스토텔레스를 지시할 수 있다.

화자가 마음속에 이 사슬에 해당하는 기술구를 갖지 않는다고 크립키가 강조한 점에 주목할 필요가 있다. [기술구를 갖는 것이 아니라] 인과 사슬의 고리가 됨으로써 우리는 애초의 그 인물을 지시한다. 다시 말해 어떤 사람이 아리스토텔레스를 지시할 때 아리스토텔레스에 대한 기술구를 마음속에 가질 필요는 없다. 화자 자신이 알맞은 인과 사슬의 한 고리이기만 하면 된다. 사회적이라는 점을 제외하면, 이 사례는 지각의 사례와 사뭇 유사하다. 지각의 경우, 외부 대상이 지각자의 경험을 야기한다. 이와 유사하게 크립키의 관점에서 '아리스토텔레스'라는 이름을 말하게 하는 원인인 이 긴 소통의 사슬을 야기하는 것은 외부 대상이다. 이 긴 인과 사슬로 말미암아, 이 사슬에 적절하게 연결된 사람이라면 누구나 그 인물을 지시할 수 있다. 이때 개인이 마음속에 가진 기술구는 중요하지 않다. 화자가 이 인과 사슬에 다른 화자들과 함께 속한다는 점이 중요하다. 다수의 화자는 아리스토텔레스가 처음 '아리스토텔레스'라는 이름으로 불린 시점까지 닿는 긴 사슬을 형성한다. 이것이 바로 지시가 어떻게 작동하고 무엇이 지시체를 결정하는지에 대해 크립키가 그린 대안적 그림이다.

2.6. 크립키의 비판에 대한 반론

크립키는 자신의 이론이 필요충분조건을 내놓지 못한다는 점을 안다. 인과 사슬 이론은 딱 보아도 몇 가지 문제에 당면해 있기 때문이다. 그래도 크립키는 인과 사슬 이론이 기술 이론보다 지시체에 대한 더 나은 그림을 그린다고 믿는다. 인과 사슬이 여러 지점에서 끊어질 수 있다는 사실이야 크립키도 인정한다. 사슬이 끊어질 법한 사례는 많다. 사슬 가운데 있는 어떤 사람이 같은 인물을 지시하려는 의도를 품지 않거나, 이름으로 실수를 하거나, 어떠한 이유에서든 이름의 지시체를 바꿀 수도 있다. 하지만 크립키의 이론을 받아들였을 때 생기는 진짜 골치 아픈 문제는 프레게가 제기한 이름의 뜻과 관련한다. 기술 이론을 기각한다면, 크립키는 이름의 뜻이 기술구와 동등하다는 점을 믿지 않는 셈이다. 그렇다면 크립키는 '개밥바라기는 샛별이다'의 정보값을 어떻게 설명하는가? 대안 이론으로 크립키는 존 스튜어트 밀John Stuart Mill의 견해를 언급한다. 밀은 이름의 의미가 그 이름의 담지자일 뿐이라고 주장한다. 그렇지만 프레게의 논문을 고찰하면서 보았듯이 이 견해는 (이를테면 '개밥바라기'와 '샛별' 같이) 'a'와 'b'가 같은 대상을 지시할 때 'a=b'인 경우를 다룰 수 없다. 밀의 견해가 참이라면 'a=b'와 'a=a'의 인지적 내용은 같다. 프레게의 기술 이론은 이 문제를 해결하지만, 기술 이론을 기각한 크립키에게 남은 것은 이름의 뜻을 적절히 설명하지 못하는 밀의 견해밖에 없는 듯하다. 그렇다고 기술 이론을 기각하면서 밀의 이론을 괜찮은 대안으로 받아들이기는 어렵겠다. 곧바로 프레게의 문제에 직면하기 때문이다. 이렇게 해서 난처한 딜레마가 남게 되었다.

이러한 난점들이 있기에 크립키의 논증이 진짜로 기술 이론을 논박하는 지를 다시 볼 필요가 있다. 기술 이론을 되살릴 수 있는, 크립키의 양상 논증에 대한 반론은 이미 다루었다. 그러나 크립키의 인식 논증은 따로 고려할 필요가 있다. 먼저 우리는 기술 이론을 지시 이론이 아닌 뜻 이론으로 간주할 수 있다. 크립키가 괴델-슈미트 사례에서 지시체를 결정할 때 기술 이론의 사용을 거부하기는 했지만, 인지적 내용이 관련하는 한에서 우리는 여전히 기술구가 이름의 뜻을 구성한다고 상정할 수 있다. 이렇게 접근하면 두 개의 이름은 기술구들 안에 포함되는 두 개의 다른 인지적 가치를 가질 수 있고, 이때 그 인지적 가치를 구성하는 기술구들까지[also] 그 이름의 지시체를 결정한다고 상정할 필요는 없다. 이를 지각의 경우와 무척 비슷한 것으로 생각해볼 수 있다. 누군가가 한 대상을 바라볼 때는 경험이라는 인지적 심리적 요소도 있고, 그 경험을 야기하는 대상이라는 외적 요소도 있다. 이와 마찬가지로 이름에도 두 요소를 가지는 구조가 있을 법하다. 기술구는 이름의 인지적 심리적 내용으로 간주될 수 있으며, 인과 사슬은 지시체를 결정하는 것일 수 있다. 이 해결책에 따르자면 우리는 이름의 의미에 대한 두 요소 접근법을 취하는 것이다. 크립키의 노선을 따라 지시체를 결정하는 부분이 한 요소이고, 이름을 이해할 때 한 사람의 마음속에 나타나는 바를 기술하는 심리적인 부분이 다른 요소이다. 이렇게 보면 기술구는 의미의 심리적 측면을 구성하고, 크립키의 인과 사슬은 지시적 측면을 결정한다. 이 두 요소 접근법은 프레게가 제기한 문제를 해결하면서 크립키의 반례까지 수용한다. 하지만 기술 이론에 반대하는 크립키의 인식 논증에 답해야 한다는 문제는 여전히 남아 있다.

크립키의 인식 논증이 고전적인 형태의 기술 이론을 논박한다면, 그 논증의 힘을 버티는 기술 이론만이 가능할 것이다. 괴델-슈미트 사고 실험에서 언어 공동체에 속하는 한 개인은 그의 마음속에 괴델에 대한 잘못된 기술구가 있는데도 '괴델'이라는 이름을 사용하여 괴델을 지시한다. 그런데 크립키는 공동체의 특정 구성원들이 마음속에 괴델을 유일하게 식별하는 올바른 기술구를 가지고 있다$^{do\ have}$는 사실은 언급하지 않는다. 크립키가 생각하는 것만큼 언어가 사회적인 것이라면, 괴델에 대한 잘못된 기술구를 믿는 개인도 괴델에 대한 올바른 기술구를 아는 다른 개인과 연결된다. 그러므로 개인이 행하는 지시는 언어 공동체에 속하기 때문에 고정된다. 이 언어 공동체의 모든 사람은 아닐지라도 어떤 사람들은 그 이름에 올바른 기술구를 연관시킨다.

2.7. 이름의 사회적 특성

크립키의 인식 반론은 주로 개인 차원의 기술구를 다룬다. 그렇지만 개인이 아닌 공동체 차원에서 기술 이론에 초점을 맞춘다면, 잘못된 기술구를 가진 개인에게만 적용되는 반론은 무너진다. 사회화된 기술 이론에서 이름의 지시체는 마음속에 올바른 기술구를 가지는 사람들에 의해 고정된다. 여기서 우리는 **언어적 따름**$^{linguistic\ deference}$이라는 생각에 닿는다. 특정한 이름의 지시체에 관해 아는 것이 거의 없는 사람들은 그에 관해 많이 아는 사람들을 **따를**^{defer} 것이다. [언어적] 따름과 사회적 기술 이론을 예증하고자 괴델-슈미트 사례와 비슷한 역사적인 사례를 하나 보자. 크립키도 이 사례를 언급한 적이 있다. 이탈리아 수학자 주세페 페아노^{Giuseppe Peano}는 산수를 공리화했다. 그래서 '페아노 공리'로 일컬어지는 공리가 여럿 있다. 그런데 권위자들에 따르면 사실 페아노는 그 공리를 고안했던 인물이 아니다. 또 다른 19세기 수학자인 리하르트 데데킨트^{Richard Dedekind}가 그 일군의 공리를 제안했고, 그 공리들을 더 정확한 형태로 발표한 사람이 페아노였다. 페아노는 데데킨트의 작업을 인용했을 뿐인데 사람들은 그 공리를 페아노의 것으로 잘못 보았고, 그리하여 그 공리들은 페아노 공리로 알려지게 되었다. 따라서 우리 언어 공동체 속 많은 사람은 페아노에 관한 거짓 믿음을 가지고 있다. 그러나 누군가 페아노가 '산수를 공리화했던 그 사람'이라는 한정 기술구를 만족시킨다고 생각하면서 '페아노'라는 이름을 사용한다고 해서, 이 사용이 그가 '페아노'로 데데킨트를 지시한다는 것을 의미하지는 않는다. 페아노에게 적용되는 다른 올바른 기술구 — 예컨대 '데데킨트가 고안한 공리를 인용했던 그 사람' — 를 아는 사람들이 [같은 언어] 공동체에 있기 때문이다. 이러한 방식으로 기술 이론은 그 이름의 일차적 사용자와 수학의 권위자들에 대해 참일 수 있다. 다른 사람들은 '페아노'라는 이름의 사용에서 그들을 따른다. 권위자들이 사용하는 기술구는 [실제 상황을] 잘못 알고 있는 화자의 기술구를 무효화한다. 권위자들이 기술구의 형태로 품는 믿음은 이름의 지시체를 고정하지만, 충분한 지식이 없는 사람들의 믿음은 이름의 지시체를 고정하지 못한다.

또 다른 사례는 비^非전문가가 과학 용어를 사용하는 경우이다. 'DNA' 같은 용어는 대다수가 그 용어를 잘 이해하지 못하지만 대중문화로 유입된다. 사람들은 언제나 'DNA'라는 용어를 사용하나, 그 용어를 진정 이해하면서 고유의 과학적 기술구로 DNA를 지시할 수 있는 사람은 소수이다. 그러나 'DNA'를 이해하지 못하는 사람들은 마음속에 적합한 기술구를 가지는 사람에게서 지시체를 빌려온다. 만약 DNA에 관한 올바른 기술구를 마음속에 가진 이가 한 사람도 없었다면 아무도 DNA를 지시하지 못했을 것이다. 이름이 언어로 들어올 때 이름의 지시체는 이름을 그 언어에 도입하는 기술구에 의해 고정된다. 이름이 기술구를 수단으로 하여 도입될 수 있다는 점을 받아들이는 까닭에 크립키 자신은 이 가능성을 부인하지 않는다. 몇몇 사람들이 이름의 정확한 의미를 모른다고 해서 그 이름에 의미가 없는 것은 아니다. 'DNA'가 그렇듯이 말이다. 크립키의 인식 논증은 공동체 언어 이론으로 제안되는 기술 이론을 논박하지 않는다. 크립키의 논증은 개인주의적 형태의 기술 이론은 논박할지언정 이렇게 사회적 요소를 포함하도록 수정된 기술 이론은 논박하지 않는다. 우리는 한정 기술구가 공동체 안에서 이름의 지시체를 결정한다고 말할 수 있다. 그리고 그 이유는 사람들이 언어적 측면에서 [권위자를] 따를 수 있다는 데 있다.

2.8. 본질 기술구

지금까지 고전적 기술 이론을 보완 및 수정했으니, 여러분은 이제 올바른 종류의 기술구를 어떻게 만들 수 있을지가 궁금할 것이다. 두뇌 B를 가진 사람을 생각해보자. 그가 누구든지 그 두뇌가 곧 그 사람이다. '두뇌 B를 가진 그 사람'이라는 기술구는 그 두뇌를 가진 사람에게 적용되지 않을 수 없다. '아리스토텔레스는 유명한 철학자가 아닐 수 있었다'라고 말할 수 있고, 이는 우연성을 표현하기 때문에 참인 진술이지만, 아리스토텔레스가 특정한 두뇌를 가지는 것은 우연적이지 않다. 그 두뇌가 개인이 가진 본질의 일부이기 때문에 그는 모든 가능 세계에서 그 두뇌를 가질 수밖에 없다. 이 논증은 다양한 형태의 인격 동일성personal identity 이론을 활용하여 구성될 수 있다. '영혼 S를 가진 그 사람', '의식 C를 가진 그 사람', '기억 M을 가진 그 사람', '인격 P를 가진 그 사람' 같은 기술구를 생각해보자. 이것들은 전부 한 사람person이 본질적으로 무엇인지에 관한 이론을 표현한다. 그러므로 어떤 것이든 — 우리의 형이상학적 견해에 따라― 한 사람의 본질을 가장 잘 서술하는 인격 동일성 이론을 선택해서 그의 본질을 기술구로 표현할 수 있다. 예컨대 개인의 의식이 한 사람의 본질이라면, '의식 C를 가진 그 사람'이라는 기술구를 선택하여 한 사람의 이름이 가지는 의미를 구성할 수 있다. 이러한 유형의 기술구는 크립키의 어떠한 양상 논증에도 취약하지 않다. 인식 논증에 대해서는 공동체 구성원으로서 해당 주제의 권위자들― 인격 동일성을 연구하는 형이상학자들― 을 따르면 되는 선택지가 언제든지 열려 있다. 이를 위의 사례에 적용해보면, 두뇌 B를 가진 그 사람을 만난 적 없는 사람들은 그를 만난 적 있는 사람들을 따를 수 있겠다.

요약하자면, 우리는 이름의 지시체를 결정하고 이름의 담지자에 관한 필연적 참을 제공하며 이름의 뜻을 내놓는 (그럼으로써 동일성 진술의 정보성이라는 프레게의 긴급한 문제를 해결하는) 기술구를 산출할 수 있고, 또 크립키의 인식 반론에 대처할 수 있다. 그 기저에는 우선 기술구가 세계 속에 있는 대상을 기술적으로 지시하고, 그런 다음에 기술구의 축약으로서 이름이 언어 속에 도입된다는 생각― 그리고 이것이 이름이 지시하는 방식이라는 생각― 이 있다. 지시는 일차적으로 기술구를 통해 이루어지고, 이름을 통해서는 기술구를 기반으로 이차적으로 이루어진다. 우리는 이름 지시 이론을 [기술 이론과] 분리할 필요가 없다. 그러나 크립키가 언급하지는 않았으되 기술 이론에 대한 반론이 하나 더 있으니 그것을 살펴보도록 하자.

2.9. 불순한 기술구

'아리스토텔레스'라는 이름과 '플라톤의 가장 훌륭한 제자'라는 한정 기술구로 돌아 가보자. 이 기술구가 '플라톤'이라는 이름을 포함한다는 점에 주목할 필요가 있다. 유일하게 식별하는 기술구는 많은 경우 이처럼 이름을 포함한다. 그런데 기술 이론에서 모든 이름은 기술구와 동등하다. 그러면 '플라톤'이라는 이름은 무엇을 의미하는가? '플라톤'은 '아리스토텔레스의 스승'이라는 한정 기술구로 축약될 수 없다. 그와 같은 정의는 순환적이기 때문이다. 플라톤을 지시하려면 새로운 한정 기술구를 만들어야 한다. '고대 그리스의 가장 유명한 철학자'라고 말할 수도 있겠지만, 그러면 이번에는 '그리스'라는 이름의 의미가 문제시된다. 여기서 요점은 유일하게 식별하는 한정 기술구 자체가 다른 이름을 포함한다는 데 있다. 어떤 이름의 의미를 설명하고자 할 때 해당 기술구는 다른 이름을 포함하는 기술구로 계속해서 후퇴한다. 이 쟁점은 기술 이론에 심각한 문제를 제기한다. [기술 이론에서는] 이름이 지시하려면 궁극적으로 기술구에 의존해야 하기 때문이다.

'저 개의 주인'처럼 지시사demonstrative를 포함하는 유형의 기술구를 대안으로 삼아볼 수 있다. 지시사를 활용하여 그의 개를 지시하고 그럼으로써 주인을 지시하는 것이다. 아무런 이름도 사용되지 않는다. 이와 같은 기술구라면 그 자체로는 이름을 포함하지 않으면서 이름의 뜻을 내놓을 수 있겠다. '이this', '저that' 등의 지시사는 언어에서 매우 중요하며, 이름의 사용 없이 기술구를 통한 지시를 행할 때 자주 사용된다. 지시사를 사용하지 않고서는 기술구를 통한 지시는 성립이 어렵다. 따라서 기술구를 통한 지시는 지시사를 통한 지시, 즉 지시사적 지시에 의존하며 그것을 전제한다. 이는 지시사적 지시가 기초적인 것임을 의미한다. 지시사적 지시는 순수하게 기술적인 지시로 분석될 수 없다. 그러므로 지시사는 지시사 없는demonstrative-free 기술구의 축약이 아니다. 지시사는 나중에 자세히 살펴보자. 지금은 이름에 대한 기술 이론이 지시사에는 적용될 수 없다는 점에 주목할 필요가 있다.

결론적으로, 고유 이름이 기술구와 동등할 수 있지만 그렇더라도 결국 기술구에는 언제나 지시사가 삽입된다. 지시사를 기술구로 설명할 수 없기 때문에 지시는 근본적으로 기술적이지 않다. 기술 이론이 이름에 대해 참일지언정, 이 점이 우리가 기본적으로 세계 속 사물을 기술구로 지시한다는 것을 뜻하지는 않는다. 우리가 세계를 지시하는 기본적인 방식은 지시사를 통한 것이다. 그런데 지시사는 기술구와 동등하지 않다. 그러므로 크립키의 공격에 맞선 기술 이론의 승리는 상처뿐인 승리이다. 어떤 지시적 용어들은 비非기술적으로 기능한다는 점을 받아들일 수밖에 없기 때문이다.

제3장 러셀의 한정 기술구 이론

3.1. 비⽅한정 기술구와 한정 기술구

앞 장에서 이름에 대한 기술 이론을 살펴보기는 했으나, 기술구 자체의 분석에 관해서는 별로 이야기하지 못했다. 프레게는 한정 기술구를 고유 이름과 같은 범주에 속하는 것으로 간주한다. 즉, 둘 다 '단칭어'로 간주한다. 단칭어는 단칭어를 뺀 문장의 나머지 부분이 언급하는 개별 대상을 지칭하는 기능을 한다. 단칭어는 뜻과 지시체 모두를 가진다. 그러나 러셀은 이에 동의하지 않는다. 러셀에 따르면 한정 기술구는 단칭어가 아니며, 고유 이름과 유사하지 않다. 그는 한정 기술구가 단칭어와 상당히 다른 의미론적 범주에 속한다고 생각한다. 특히 러셀은 한정 기술구에 지시체가 있다는 점을 부정한다. 그렇기에 러셀은 한정 기술구의 표층 문법 형식이 오해를 불러일으킨다고 믿는다. 이 장에서는 러셀이 왜 이렇게 말하는지를 살펴볼 것이다.

우리가 논할 텍스트 ─ 러셀이 (제1차 세계대전 기간에 반역죄로 감옥에 갇혀) 쓴 『수리철학의 기초*Introduction to Mathematical Philosophy*』의 한 장 ─ 에서 러셀은 먼저 비非한정 기술구를 고찰함으로써 한정 기술구에 관한 자신의 이론을 발전시킨다. 일단 비한정 기술구에 대한 올바른 논리적 분석이 확립된다면 한정 기술구에 대한 분석은 간단히 얻어질 것이다. 그의 핵심 논제는 한정 기술구가 — 그가 이 용어를 쓴 것은 아니지만 — '양화사quantifier'라는 것이다(양화사 개념에 익숙하지 않겠지만 이제부터 그에 대한 설명을 접할 것이다). 그가 텍스트에서 제시한 첫 번째 사례는 '나는 한 사람을 만났다I met a man'라는 문장이다. 비한정 기술구indefinite description가 '한a'이라는 부정관사indefinite article를 가지고 형성되는 기술구라면, 한정 기술구definite description는 '그the'라는 정관사definite article를 가지고 형성되는 기술구이다. 러셀이 제시한 한정 기술구의 사례 중 유명한 것으로는 '프랑스의 그 왕the king of France'이 있다. 이에 대응하는 비한정 기술구로는 '프랑스의 한 왕'이 있겠다. 그렇다면 '나는 한 사람을 만났다'라는 문장은, '만났다'라는 동사에 덧붙여진 '한 사람'이라는 비한정 기술구와 '나'라는 지표 단칭어indexical singular term를 사용하여 형성된 것이다(지표어indexical term는 나중에 다른 장에서 논의된다). '소크라테스는 한 사람이다'라는 문장은 이와 같은 비한정 기술구를 사용하는 또 하나의 사례이다.

프레게는 '그 F' 형식을 가진 표현이 주어-술어 문장에서 주어로 기능하는 고유 이름이라고 믿었다. 한정 기술구를 비한정 기술구로 대체하더라도 문법성은 보존된다. 이 점으로 말미암아 '한 F'를 문장의 주어에 해당하는 고유 이름으로 상정하는 것은 자연스러운 일이 된다. 러셀은 '나는 한 사람을 만났다'라는 문장 안의 '한 사람'이 고유 이름인지를 묻는다. 아래의 구절에서 러셀은 '나는 한 사람을 만났다'라는 문장 속 '한 사람'이 존스를 지시하는지를 의아해한다.

나는 다음을 묻고자 한다. '나는 한 사람을 만났다'를 주장할 때 내가 정말로 주장하는 것은 무엇인가? 논의를 이어가기 위해 나의 주장이 참이고 내가 존스를 실제로 만났다고 가정하자. 내가 주장하는 바가 '나는 존스를 만났다'임이 아닌 것은 분명하다. 내가 '나는 한 사람을 만났지만 그 사람은 존스가 아니었다'고 주장할 수 있으니 말이다. 그 경우, 거짓말을 하는 것이기는 하지만 그때 내가 모순된 주장을 하는 것은 아니다. 내가 한 사람을 만났다고 말할 때 정말로 의미하는 바가 내가 존스를 만났다는 것이어야만 모순일 것이다. 심지어 나의 대화 상대가 외국인이고 존스에 관해 들어본 적 없는 사람이더라도 그가 내 말을 이해할 수 있다는 것 역시 분명하다.[1]

여기서 러셀은 '나는 한 사람을 만났다'가 '나는 존스를 만났다'와 동의적이라는 것에 간단한 반론을 제기한다. 내가 존스를 만났지만 상대에게 거짓말하려고 '나는 존스가 아닌 한 사람을 만났다'를 말한다고 하자. 거짓말하려던 것은 아니지만 내가 존스를 만났다는 것을 잊고 그냥 거짓 문장을 말했을 수도 있다. 내 동기가 어떠했든 간에, 거짓 진술을 하기는 하지만 내가 모순된 주장을 하지는 않는다. '나는 한 사람을 만났다'가 '나는 존스를 만났다'와 같은 것을 의미한다면, 나는 '나는 존스를 만났지만 나는 존스를 만나지 않았다'를 말하는 셈이다. 이것은 너무 서투른 거짓말이다. 존스를 정말 만났을지라도 '나는 한 사람을 만났지만 그 사람이 존스는 아니었다'를 말한 내가 모순된 주장을 하는 것은 아니라는 러셀의 주장은 옳다. 그러므로 이 문장에서 '한 사람'이 '존스'와 같은 것을 의미하는 일은 있을 수 없다. 내가 만났던 사람이 존스일지라도 말이다. '한 사람'의 의미는 내가 만났던 사람의 이름의 의미에 의해 주어질 수 없다. 이는 비한정 기술구가 개인의 이름이 아니라는 점을 보여주는 러셀의 첫 번째 증명이다. '한 사람'과 '존스'가 맺는 관계는 동의어 관계일 수 없으니, 그렇지 않다면 '나는 존스가 아닌 한 사람을 만났다'고 말할 때 나는

• •

1. Bertrand Russell, "Descriptions," in *Philosophy of Language: The Central Topics*, p. 147.

모순된 주장을 하는 셈일 터이다.

이 문제를 문법의 측면에서 바라보아, '한 사람'을 고유 이름으로 상정하지 않을 이유가 '한 사람'이 '존스'와 문법적으로 매우 다른 표현이라는 데 있다고도 볼 수 있다. 그러나 지시체의 측면에서 생각해보면 그 문장의 진리 조건$^{\text{truth condition}}$을 어떻게 결정할지를 두고서는 다른 방식으로 생각하는 것이 자연스럽다. 예를 들어, 그 문장이 참이려면 '나'로 지시되는 누군가와 '한 사람'으로 지시되는 누군가 사이에 만남 관계가 있어야 한다. 이 진술은 나와 내가 만났던 사람을 관련짓는 관계 명제를 표현할 것이며, 그 형식은 'a R b'이다. 그러나 이 점이 참이고 'a'와 'b'가 이름이라면, 겉보기와 달리 '한 사람'은 이름이어야 한다. 그리하여 우리는 논리적으로 '한 사람'이 이름이라고 상정할지 모른다. 문법적으로는 분명히 아닌데도 말이다. 하지만 러셀은 이 추론이 옳지 않다고 생각한다. 이 추론이 옳다면 러셀의 말처럼 '나는 한 사람을 만났지만 그 사람이 존스는 아니었다'라는 진술이 — 내가 존스를 만났다는 가정하에서 — 모순일 터이기 때문이다.

러셀의 두 번째 논점도 첫 번째 논점과 목적이 같다. '나는 한 유니콘을 만났다$^{\text{I met a unicorn}}$'라는 문장을 생각해보자. 우리가 비한정 기술구를 이름이라고 생각한다고 할 때, 그 이름을 유의미하게 만들려면 그 이름이 명명하는 무언가가 반드시 있어야 한다. 그러나 이때 명명이 이루어질 유니콘은 없으며, 그에 따라 이 문장에서 '한 유니콘'이라는 구는 무언가의 이름으로 기능하지 못한다. 그렇지 않다면 그 문장은 — 거짓조차 못 된 채 — 무의미할 것이다. 앞의 사례('나는 한 사람을 만났다')에서는 이름의 담지자일 가능성이 있는, 내가 만났던 사람이 현실에 있었다. 하지만 유니콘 사례에서는 그 이름을 담지할 수 있는 그 무엇도 현실에 없고, 이리하여 그 문장은 무의미할 수밖에 없다. 우리가 만날 수 있는 어떠한 유니콘도 없으니, 당신은 한 유니콘을 만날 수 없다. 여기서 러셀의 요점은 '한 유니콘'이 무언가의 이름이라면, 그 이름은 무언가를 명명할 때에만 유의미할 수 있다는 것이다. 아무것도 명명되지 않으므로 '한 유니콘'은 의미를 결여하겠다. 그렇지만 '한 유니콘'은 의미를 결여하지 않는다. 유의미할 때만 문장은 거짓일 수 있다. 그러므로 '한 유니콘'은 무언가의 이름일 수 없다. 이런 단어들이 표현하는 명제 안으로 들어오는 것은 명명된 대상이 아니다. [정말로 들어오는 것은] 유니콘 개념concept이다. '나는 한 유니콘을 만났다'라는 문장이 표현하는 명제의 구성 요소는 유니콘 개념이다. '나'의 경우에 명제 안으로 들어오는 것은 개념이 아니라 대상이다. 나는 개념이 아니기 때문이다. 하지만 '나는 한 유니콘을 만났다'나 '나는 한 사람을 만났다' 같은 문장은—실제 사람이나 실제 유니콘이 아니라—유니콘 개념이나 사람 개념을 명제 안으로 가지고 들어온다. 이리하여 러셀에 따르면 '나는 한 사람을 만났다'에서 '한 사람'은 개별 사람이 아니라 일반 개념을 지시한다.

명제의 일부분이 삭제되었을 때 명제에 남아 있는 것을 묘사하고자 러셀은 명제 함수propositional function라는 용어를 사용한다. 내가 '나는 존스를 만났다'고 말할 때, 이는 나와 존스를 구성 요소로 하는 일상적 명제[를 표현한]다. 그렇지만 이름을 삭제하고 그 자리에 'x'라는 문자를 넣는다고 할 때, 'x'라는 문자는 어떠한 개체도 지시하지 않는다. 'x'는 문장의 일부가 삭제되고 빈칸으로 남겨졌음을 나타내는 빈자리placeholder이다. 'x는 한 사람 이다'라는 구절을 명제 함수라고 한다. 특정한 무언가를 추가해서 (보통 변항variable이라고 말하는) 'x'를 대체했을 때 문장 전체가 명제를 표현하기 때문이다. 본질적으로 명제 함수는 확정적인 개별 명제가 아니라 명제의 추상적 형식이다. 보통 논리학에서는 이러한 'x'를 자유 변항free variable이라고 부른다. 'x'를 포함하는 구절은 그 변항을 대체하는 이름이 삽입되기 전까지는 명제가 되지 않을 것이다.

명제 함수는 단순할 수도 복합적일 수도 있다. '나는 x를 만났고 x는 사람이다'라는 문장을 논하면서 러셀은 이 문장을 '나는 누군가 내지 무언가를 만났고 그 누군가 내지 무언가는 사람이다'를 의미하는 것으로, 혹은 더 단순하게 '나는 무언가를 만났고 그것은 사람이다'를 의미하는 것으로 간주한다. 그는 고유 이름이 'x'를 대체하여 삽입된다면 그러한 명제 함수가 "때때로 참"이라고 설명한다. 러셀은 관계 형식('a R b')을 이런 명제 함수의 형식('나는 x를 만났다')으로 대체하자고 제안한다. 이에 따라 '나는 x를 만났다'라는 명제 함수에는 자신이 들어가 문장을 참으로 만드는 사례가 있다. 내가 존스를 만났고 '존스'를 그 명제 함수 안에 삽입한다면 그 문장은 참일 것이다. 러셀이 말하기를, 어떤 사람이 '나는 한 사람을 만났다'라고 말할 때 그는 진짜로 개별 사람에 관해 이야기하고 있는 것이 아니다. 러셀에 따르면 사실 그는 어떤 명제 함수에 관해 이야기하면서 그것이 사례를 가진다고 말하는 것이다. 비록 화자 자신은 그 사례가 무엇인지를 모르더라도 말이다. 어떤 이름이든 이 명제 함수 안에 삽입될 수 있다는 점에 주목할 필요가 있다. 그 이름이 진짜 사람을 지시하는 한, 그 함수는 사례를 가지고, 따라서 참이다. 그리하여 명제를 참으로 만들기 위해 존스가 그 명제와 가질 수 있는 관계로는 두 가지가 있다. 그 명제 안의 이름으로 존스가 명명될 수 있는 것이 한 관계이다. 하지만 다른 관계에서 존스는 명제 함수에 의해 명명되지 않으면서도 명제 함수의 사례일 수 있다. 달리 말해 존스는 명시적으로 명명될 수도 있고, '내가 만났던 사람' 같은 일반 명사 내지 술어에 속할 수도 있다. 술어에 속함falling under a predicate은 명명됨being named이라는 관계와는 다른 종류의 것이다. 만일 내가 '이 방 안에 있는 모든 사람은 철학자이다'라고 말한다면, 설령 방에 있는 몇 사람이 '이 방 안에 있는 철학자'라는 술어에 속하더라도 나는 그 누구도 **명명하지** 않는다.

　더 현대적인 용어로 말하자면, 러셀의 견해는 비한정 기술구가 양화사 라는 것이다. 이제 우리는 양화사와 이름이 의미론적으로 전혀 같지 않다는 점을 깨닫게 된다. 예컨대 '아무도no one'라는 양화사 표현을 고려해보자. 이것은 누군가의 이름일 수 없다! 이게 누군가의 이름이라면 '아무도 3미터를 넘[지 않]는다no one is over ten feet'는 '누군가가 3미터를 넘는다someone is over ten feet'를 함축할 것이다. 그렇지만 '누군가someone'도 어떤 사람의 이름이 아니다. 혹시 이름이더라도 대체 누구의 이름이겠는가? 어떤 사람이 '누군 가 내 자전거를 훔쳐 갔다'라고 말할 때 그 말을 참이게 만드는 사람이 있을지언정 화자는 그 범인을 명명하는 것이 아니다. 명명하는 것이라면 누가 훔쳐 갔는지를 알았다는 말이겠다.

이 모든 것은 아리스토텔레스까지 거슬러 올라가는 전통 논리에서 일어난 혁명과 관련이 있다. 과거에는 모든 것이 그저 항term이나 술어였다. 러셀은 이 전통 논리를 거부한다. 프레게가 양화 표현('어떤 것', '모든 것' 등)을 이름과 동일시해서는 안 된다는 것을 논증했듯이 말이다. 양화 표현이 '이차 개념second-level concept'이라는 것이 프레게의 입장이다. 그는 양화 표현이 대상의 이름도 아니고 '사람이다' 같은 [일차] 개념 표현도 아니라고 생각했다. 이차 개념은 일차 개념에 적용된다. 어떤 사람이 '누군가가 사람이다'라고 말할 때 ['누군가'라는] 양화 표현은 이차 명제 함수와 같다. 즉, 그것은 '사람'으로 표현되는 일차 개념에 관해 이야기하는 것이다. 어떤 사람이 '잭은 사람이다'라고 말한다면 그 사람은 잭에 관해 이야기하면서 그가 사람임을 진술하는 것이다. 하지만 어떤 사람이 '누군 가가 사람이다'라고 말한다면, 이때 그는 명제 함수에 관해 이야기하면서 그 명제 함수가 사례를 가진다는 점을 진술하는 것이다. 그가 말하는 바는 "사람이다로 표현되는 일차 개념이 적어도 하나의 사례를 가진다'는 점이다. 그러므로 '나는 한 사람을 만났다'라는 러셀의 예문에 대한 올바른 분석은 "나는 x를 만났고 x는 사람이다'라는 명제 함수가 적어도 하나의 사례를 가진다'이다. 이름을 가지고 존스를 언급하는 것은 이 분석에는 없다. 존스가 그 명제 함수의 사례일지라도 말이다.

이는 존재 진술과 관계가 있다. 어떤 무신론자가 '신은 존재하지 않는다' 라고 말할 때 그가 진짜 말하는 것은 "x가 신이다'라는 명제 함수가 사례를 가지지 않는다'이다. 그는 '신'으로 명명된 어떤 개체에 관해 그가 존재하지 않는다 — 이것은 자기 파기적이겠다 — 고 말하고 있는 것이 아니다. 러셀은 명명된 개체에 관해 참인 부정 존재 진술을 만들 수 없다고 주장한다. [존재 긍정문 내지 부정문의] 화자는 특정 개체에 관해 말하는 것이 아니기 때문이다. 화자는 실제로는 명제 함수에 관해 말하며 그 명제 함수가 사례를 가지지 않는다고 주장한다. [대상의 존재 긍정하거나 부정하는] 진술을 명제 함수에 대한 진술로 환언換言, paraphrase함으로써 우리는 '한 사람', '누군가', '아무도no one' 같은 용어가 모종의 방식으로 지시체를 요구하는 이름처럼 기능한다고 오인하는 일을 피하게 된다. 명제 함수로 지시되는 것은 오직 개념뿐이며, 우리는 개념이 사례를 가지거나 결여한다고 진술한다. 러셀이 궁극적으로 확립하려는 논점은 한정 기술구도 이름이 아니라 양화사라는 것이다. 이와 같은 접근 방식을 택함으로써 러셀은 한정 기술구에서 비롯하는 많은 퍼즐을, 그중에서도 한정 기술구가 비어 있는empty 경우에 생기는 퍼즐을 해소한다.

[이 같은 이론을 발전시키기] 이전에 러셀은 사실 알렉시우스 마이농 Alexius Meinong의 견해에 동조했다. 마이농의 견해에 따르면, 존재하는exist 일상적 대상뿐만 아니라 존립하는subsist 것들이, 즉 독특한 방식으로 존재에 준하는quasi existence 것들이 있다. 사람들이 보통 존재한다고 생각하지 않는 유니콘이나 황금산 같은 것이 존립이라는 이 성질을 가진다. 이 존립 범주 때문에 마이농은 '황금산' 같은 표현이 사물을 지시하며 그 표현이 지시체를 갖기 때문에 뜻도 가진다고 생각한다. 이는 그러한 표현이 뜻을 가지지만 지시체는 가지지 않는다는 프레게의 견해와 반대되는 것이다. 마이농의 견해에서 보자면, '황금산'은 황금산 — 존립하는 것 — 을 지시하기 때문에 유의미하다. 이러한 표현은 마이농의 체계에서 지시체를 부여받을 수 있다. 존립하는 것을 인정하는 이 확장된 존재론을 받아들이는 한 말이다. 러셀은 비어 있는 한정 기술구에 의미를 주려고 하면서도, 마이농의 존재론을 요청하지는 않는 기술 이론을 발전시켜 이와 같은 견해를 피한다. 러셀은 그런 표현이 그 무엇도 지칭denote하지 않는다고 믿는다. 그런 표현이 존재하는 것을 상관물로 가질 때조차 말이다. 이는 러셀이 '한 사람'이라는 구에 관해 제시하는 논점과 같다. 다시 말해 한정

기술구도 이름처럼 기능하는 표현이 전혀 아니다. 지칭하는 것이 없는 경우(예컨대 '황금산')에도, 마이농식으로 무언가가 더 붙는 존재론은 요구되지 않는다. 그런 표현[비어 있는 한정 기술구]은 '한 사람'과 마찬가지로 지칭하는 표현이 아니라 그와 완전히 다른 것이다. 러셀은 한정 기술구도 대상을 지시하거나 지칭하거나 명명하지 않는 명제 함수를 표현한다고 주장한다. 프레게라면 한정 기술구는 양화사로 기능한다고 말할 법하다. 그러므로 양화사가 이름과 다른 까닭에 한정 기술구는 이름과 다르다. 러셀의 새 이론은 한정 기술구가 고유 이름으로 기능한다고 가정하는 프레게 이론의 한 형태이기도 한 마이농의 이론에 반대하면서 발전한다.

3.2. 한정 기술구에 대한 세 가지 이론

러셀의 이론에 대한 철저한 분석을 계속 이어나가기에 앞서, 어떤 것을 인용할 때 따라야 하는 규칙을 러셀이 따르지 않는다는 점에 주목할 필요가 있다. 실로 러셀은 인용을 잘못 사용하기로 악명이 높다. 우리는 러셀보다는 조심스러워야 한다.

러셀의 「한정 기술구^{Definite Description}」와 관련해서 보자면, 한정 기술구에 대한 이론으로는 세 가지가 있다. 러셀이 든 첫 번째 사례인 '프랑스의 그 왕'으로 이 세 이론을 설명할 수 있다. '프랑스의 그 왕'이라는 기술구는 비어 있는 기술구 — 지시체가 없는 기술구 — 이다. 러셀이 사례를 들었을 당시 프랑스에는 왕이 없었기 때문이다. 이 기술구는 비어 있지만 '영국의 그 여왕'만큼이나 유의미한 기술구이다. '영국의 그 여왕'은 지시체가 있지만 말이다. 비어 있되 유의미한 기술구가 있다는 사실은 한정 기술구의 의미가 그 한정 기술구의 지시체와 동일하다는 생각을 논박한다. 만약 지시체와 의미가 동일하다면, ['프랑스의 그 왕'이라는] 첫 번째 사례에는 의미가 없을 것이다.

프레게의 이론은 이 사실과 충돌하지 않는데, 뜻은 있지만 지시체가 없는 표현을 허용하기 때문이다. 물론, 이때 뜻은 유의미함이 놓이는 곳이다. 모든 유의미한 표현은 뜻을 가지며 지시체만을 의미로 가지는 표현은 없다고 프레게가 믿는다는 점은 확실히 말할 수 있다. 자연 언어에 존재하는 모든 표현은 그 의미가 뜻에 있으며, 이때 뜻은 지시체와 독립적이다. 러셀은 자신의 논의에서 프레게의 견해를 절대 고려하지 않는다. 내가 지금 쓴 이 구절만 따로 떼어 읽어 혼란스러워할 독자가 있을 수도 있다. 러셀이 프레게의 이론을 반박하는 주장을 계속 내놓기 때문이다. 뜻과 지시체 이론을 기각한다고 대놓고 말하지는 않지만 러셀은 프레게의 이론이 잘못되었다고 전제한다. 러셀은 의미의 지시 이론을 고수하면서 표현의 의미가 그 지시체일 수밖에 없다고 믿는다.

마이농의 견해를 따르면 '프랑스의 그 왕'은 특유의 존립하는^{subsistent} 엔터티를 지시한다. 존립하는 엔터티의 지시체는 '엘리자베스 여왕 2세'의 지시체와 같은 방식으로 존재하는 어떤 것이 아니다. 마이농의 존재론에서 세계는 존재하는 것과 존재하지 않는 것으로 나뉘며, 존재하지 않는 것들 또한 어떤 종류의 있음^{being}을 가진다. 존재와 존립의 구별을 기반으로 하여 마이농은 '프랑스의 그 왕'이 존립하는 것을 지시한다고 주장할 수 있다. 허구적 인물을 살펴보면 마이농의 견해를 더 쉽게 이해할 수 있다. 마이농에 따르면 '햄릿'이라는 이름은 덴마크의 어떤 존재하는 왕자가 아니라 허구의 인물을 지시한다. 마이농의 이론에서 이런 허구의 인물은 존재하지 않으면서도 있다. 즉, 존립한다. 이에 따라 '햄릿' 같은 이름은 존립하는 엔터티를 지시한다. 이 이론을 통해 우리는 프레게의 뜻과 지시체 구별을 받아들이지 않고도 의미의 지시 이론을 유지할 수 있다. 표현이 그 지시체 때문에 유의미하다면 의미를 확립하기 위해 뜻을 도입할 필요가 없다. 존재하는 지시체를 결여할 때는 항상 존립하는 지시체가 있기 때문이다.

러셀에 따르면 모든 고유 이름과 단칭 표현은 그 지시체에 의해 결정되는 의미를 가진다. 러셀은 지시체와 뜻이라는 2차원 이론을 받아들이지 않은 채, 지시체만으로 어떻게든 해볼 수 있다고 생각한다. 러셀이 주장하기를 겉보기와는 다르게 한정 기술구는 단칭어가 아니며 대상을 지칭하지 않는다. 프레게는 '프랑스의 그 왕' 같은 비어 있는 기술구는 지시체가 없지만 뜻을 가지기 때문에 유의미하다고 생각한다. 마이농은 그와 같은 표현이 존립하는 엔터티를 지시하고 바로 이 방식으로 유의미하다고 생각한다. 러셀은 그와 같은 표현이 애초에 지시 표현이 아니기 때문에 비어 있다는 점은 문제가 되지 않는다고 생각한다.

앞에서 언급했듯이 러셀은 초기에는 마이농주의자였다. 하지만 나중에는 비어 있는 기술구의 지시체를 찾으려는 시도에서 벗어났기에, 수상한 면이 있는 어떤 존립하는 엔터티를 받아들일 필요가 없게 되었다. 러셀은 일상 언어가 논리적으로 오해를 불러일으킨다고 생각하는데, 일상 언어에서는 한정 기술구가 이름의 자리를 차지하기 때문이다. 예를 들어 일상 언어에서는 '프랑스의 그 왕은 대머리이다'와 '버트런드 러셀은 대머리이다'라는 두 문장 모두 주어-술어 문장이다. 앞 문장은 주어가 한정 기술구인 반면 뒤 문장은 주어가 이름이다. 일상 언어는 한정 기술구가 마치 고유 이름으로 기능하는 것처럼 보이게 한다. 논리적으로는 그렇지 않은데도 말이다.

양화사 표현도 이 점을 예증한다. '누군가가 대머리이다'라는 문장은 '버트런드 러셀은 대머리이다'가 그렇듯 주어-술어 명제를 표현하는 것만 같다. 이 두 표현은 문법적으로도 구문적으로도 똑같아 보인다. 그렇지만 '누군가'를 이름이라고 생각하는 것은 상당히 이상하다('누군가야, 이리 와!'). 존스가 실제로 대머리인 상황에서, '누군가가 대머리이다'라는 문장의 '누군가'가 존스를 가리킨다는 주장을 생각해보자. 하지만 '누군가'는 존스의 이름일 수 없는데, 존스만이 유일하게 대머리인 사람일지라도 '누군가가 대머리이지만 그것이 존스는 아니다'라는 문장은 모순이 아니기 때문이다. '누군가가 대머리이다'가 주어-술어의 지위를 가지는 듯한 겉모습은 오해를 불러일으킬 수밖에 없다.

이와 동시에, 마이농이 상정하는 것처럼 '누군가'가 누군지는 잘 모르지만 이상적인, 가능한 어떤 대머리인 개인을 지시한다고 생각하는 것도 그럴듯하지 않다. 러셀은 '누군가' 같은 단어는 논리적으로 단칭어가 아니라고 주장한다. 러셀의 목적 중 하나는 단칭어의 논리적 역할이 무엇인지를 설명하는 데 있다. 이런 종류의 단어가 지시 표현이 전혀 아님을 보았으니, 그 단어들의 의미는 지시체로 이루어질 수 없다. 일상 언어의 결함 때문에 이런 종류의 진술은 주어-술어 형식을 가진다고 잘못 이해된다. 하지만 이런 단어가 단일한 지시체를 결여한다는 사실이 단어가 의미를 결여한다는 것을 의미하지는 않는다.

프레게와 마이농에게는 '프랑스의 그 왕' 같은 표현이, 존재하는 지시체를 결여하지만 왜 의미를 가지는지에 대한 나름의 설명이 있다. 프레게는 뜻-지시체 구별을 사용하고, 마이농은 존재-존립 구별을 요청한다. 러셀은 이 두 생각을 모두 기각한다. 지시하는 표현은 모두 그 지시체에 의해 결정되는 의미를 갖지만, '프랑스의 그 왕' 같은 종류의 표현은 아예 지시적이지 않다는 것이 러셀의 생각이다. 다만 러셀은 자연 언어의 결함으로 말미암아 이런 종류의 표현이 겉보기에 지시적이라는 점은 받아들인다. 자연 언어의 결함에 관한 이 논점은 러셀에게 무척 중요한데, 이 점이 일상 언어가 논리적으로 오해를 불러일으킬 수 있음을 보여주며, 이상적인 논리 언어를 구축하는 문제와 관련하기 때문이다. 『수학 원리*Principia Mathematica*』에서 러셀과 알프레드 노스 화이트헤드*Alfred North Whitehead*는 술어 논리와 본질적으로 똑같은 이상 언어를 만들어냈다. 이상 언어의 발명은 자연 언어가 실용적 목적에는 적합하지만 논리적 목적에는 부족하다는 생각으로 이어졌다. 이 견해는 오랜 시간 표준적인 견해였으며, 루트비히 비트겐슈타인이 나타나 이 견해를 논박하기 전까지 — 비트겐슈타인조차 자신의 『논리철학 논고』에서는 이 견해를 옹호했다 — 20세기 전반기 철학의 틀을 짰다. 이처럼 기술구에 대한 문제에는 광범위한 철학적 함의가 있었다.

러셀이 이 저작을 내놓을 당시의 맥락을 이해하는 것이 중요하다.

순수 논리학에 대한 기여에 더해, 20세기 철학의 올바른 방법론과 언어에 대한 기대는 대부분 기술 이론에 달려 있었다. 러셀의 이론은 사실상 20세기 분석철학 전체의 틀을 짰다. 이 이론의 결과로 나온 20세기 철학의 논의는 철학자들이 이 이론에 동의하는지 동의하지 않는지의 여부를 중심으로 이루어졌다. 러셀이 발전시켰을 당시, 이 이론은 이렇듯 막대한 중요성을 지녔다.

3.3. 비한정 기술구와 동일성

러셀의 입장은 '한 사람' 같은 기술구를 포함하는 진술은 그 진술의 의미가 드러나도록 환언되어야 한다는 것이다. 이는 진술의 형식을 꽤 극적으로 바꿀뿐더러 논리 기호를 도입하기도 한다. 기술구를 포함하는 진술을 환언하고자, 러셀은 명제 함수를 사용하여 문장에서 특정한 표현을 골라내 변항 'x'로 대체한다. '나는 한 사람을 만났다'의 경우, 러셀은 'x'를 '한 사람'에 삽입해 '나는 x를 만났고 x는 사람이다'라는 명제 함수를 만들 것이다. 이때 이 명제 함수에는 적어도 한 사례가 있다고 할 수 있는데, 이 말은 이 명제 함수가 세상에서 적어도 하나의 것에 적용된다는 점을 의미한다. 존스가 이 세계의 모든 것 중 그 명제 함수를 참으로 만들 바로 그 사례이다. 이 문장은 '한 사람'이라는 표현으로 세계의 특정한 개인을 지시하는 듯 보이지만, 이는 원본 문장의 형식이 논리적으로 오해를 불러일으킨 것이다. 러셀이 보기에 이 문장이 정말로 말하고자 하는 바는 이 특정한 명제 함수가 적어도 한 사례를 가진다는 것이다. 러셀은 이 설명 장치를 이용하여 이 문장이 명제 함수에 관한 것임을 철학적으로 명료하게 밝힌다.

오늘날 우리는 러셀의 요점을 표현하는 데 양화사를 사용하는 것이 보통이다. 예를 들어, 다음의 긴 논리적 형식을 보자.

(1) 나는 x를 만났고 x는 사람임을 만족하는 x가 있다.

동일한 명제 함수가 다양하게 변형될 수 있다. 존재적으로 읽을 수도 있다.

(2) 나는 x를 만났고 x는 사람임을 만족하는 x가 존재한다.

양화사에 대한 이론들이 서로 다른 만큼이나 위와 같은 진술이 읽히는 방식도 다양하다. 존재 양화사를 해석할 때, 변항 'x'에 이름을 대입할 수 있음을 기억하면 유용하다. 이렇게 대입한 후, 그 대입이 진술을 참으로 만드는 적어도 하나의 사례가 있을 것이다. 위의 특정한 사례에서는 '존스' 가 진술을 참으로 만든다. 이와 같은 분석은 존재 양화사에 대한 '대입적 해석substitutional interpretation'이라고 불리곤 하는데, 명제 함수를 표현하는 열린 문장에서의 특정한 대입이 그렇게 대입한 결과로 등장한 문장을 참으로 만들기 때문이다. 러셀은 대입적 해석을 가정하는 경향이 있다. '나는 어떤 것을 만났고 그 어떤 것은 사람이다'라는 문장을 통해서 러셀의 해석을 잘 이해할 수 있다. 이 문장에서 개인을 지시하는 단어는 '나'뿐이다. '한 사람'이라는 구는 존재 양화사의 일부가 되었다. 그런 다음 이 구는 내가 사람을 만났다고 주장하게 하는 술어와 결합한다. 양화사구에 의해 [문장으로] 들어온 것은 개념뿐이다. 논점을 더 잘 예증하고자 다음과 같은 비非존재 엔터티를 포함하는 진술을 활용해보자. '나는 한 유니콘을 보았다.' 유니콘이 없으니, 내가 유니콘을 만났을 리 없다. 그렇지만 러셀의 장치를 이용하여 문장을 분석하면, 명제가 유니콘임이라는 속성과 나만을 포함한다는 점이 보인다. 문장이 실제로 (거짓이지만) 말하는 바는 그 속성의 사례가 있고 내가 그 사례를 만났다는 것이다. 이 형식에서 명명된 유니콘은 없다.

러셀 이론의 이점은 완전히 새로운 존재론을 만들지 않으면서도, 존재하지 않는 것에 관해 말하는 방법을 설명할 수 있다는 데 있다. 마이농의 견해로는 '나는 황금산을 올랐다'를 분석하려면 존립하는 황금산이 필요하다. 러셀은 존립하는 것에 관한 완전히 새로운 존재론을 만들기를 피하는데, 그는 이 진술이 실제로는 명제 함수에 관한 진술이라고 생각하기 때문이다. 진정한 이름이 비어 있다면 그 이름은 무의미하겠지만, 러셀은 '황금산'은 진정한 이름이 아니라고 주장한다. 러셀은 프레게가 틀렸다고 가정하는데, 그는 진정한 이름이라면 이름의 의미가 그 이름의 지시체로부터 나온다고 가정하기에 그러하다. 프레게와 반대로 러셀은 이름과 기술구를 날카롭게 구별하기도 한다. 러셀은 한정이든 비한정이든 기술구는 이름과 같은 방식으로 기능하지 않는다고 생각한다.

러셀은 서술^{predication}의 '이다^{is}'와 동일성의 '이다' 사이의 중요한 구별을 몇 개의 단락에서 논한 바 있는데, 여기서 잠시 그 대목을 설명하고자 한다. 이 논점은 러셀의 논증에서는 핵심적이지 않을지언정 분석철학에서는 중대한 의의를 지닌다. 러셀은 '이다'에 두 종류가 있다고 말한다. 동일성의 '이다'와 서술의 '이다'가 그 둘이다. 동일성의 '이다'는 환언하면 'a=b'이다. '개밥바라기는 샛별이다'를 예로 들 수 있다. 그런데 러셀은 우리가 '이다'를 언제나 동일성의 의미로 사용하지는 않는다는 점을 짚는다. '이 탁자는 갈색이다'라는 진술을 보자. 이 탁자는 색상이 갈색이지만 갈색이 이 탁자와 **동일**한 것은 아니다. 세상에는 갈색인 것들이 이 탁자 말고도 아주 많이 있다. 이 탁자가 색상 갈색과 **동일**하다고 주장한다면 이는 터무니없겠다! 러셀에 따르면 '이 책상은 갈색이다'에 나온 이 '이다'는 서술의 '이다'이다. 따라서 '소크라테스는 사람이다$^{Socrates\ is\ human}$'라는 문장에 사용된 '이다'는 '소크라테스는 한 사람이다$^{Socrates\ is\ a\ man}$'라는 문장에서 사용된 '이다'와 전연 다르다. 전자는 서술의 '이다'이고 후자는 동일성의 '이다'이다. 러셀은 동일성의 '이다'를 가진 문장을 다음과 같이 환언한다.

(3) 소크라테스가 x와 동일하며 x는 사람임을 만족하는 x가 있다.

러셀의 요점은 언어에서 두 가지 다른 형식의 '이다'를 의식해야 한다는 점이다. '이다'의 애매성은 일상 언어가 논리적으로 오해의 소지가 있다는 러셀의 논점에 대한 또 다른 증거가 되기도 한다. 이 한 단어 ─ '이다' ─ 가 서술 진술과 동일성 진술 모두에 쓰이기 때문이다. 러셀은 이상 언어에는 이런 애매성이 없으리라고 믿는다.

3.4. 마이농의 존재론에 대한 러셀의 기각

러셀이 열변을 쏟는 아래 구절에는 마이농의 존재론에 대한 강경한 기각이 잘 드러나 있다.

명제 함수라는 장치의 필요성 때문에 많은 논리학자는 비실재적 대상이 있다는 결론까지 와버렸다. 이를테면 마이농은 '황금산', '둥근 사각형' 같은 것들에 관해 말하는 일이 가능하다고 주장한다. 우리가 그것들[황금산과 둥근 사각형]을 주어로 삼는 참인 명제를 만들 수 있으니 이것들[황금산과 둥근 사각형]은 어떤 종류의 논리적 있음을 가져야만 한다. 그렇지 않으면 이것들이 등장하는 명제는 무의미할 것이기 때문이다. 내가 보기에는 가장 추상적인 연구에서조차 보존되어야 하는 실재에 대한 느낌을 이런 이론은 놓친 듯하다. 동물학이 유니콘을 인정할 수 없는 것만큼이나 논리학도 유니콘을 인정해서는 안 된다는 것이 나의 주장이다. 논리학이 무척 추상적이고 일반적인 특징을 다룰지언정, 논리학은 동물학만큼이나 실제 세계와 관련하기 때문이다. 유니콘이 문장학紋章學, heraldry, 문학, 상상 속에서 존재한다고 말하는 것은 가장 한심하고 쓸데없는 얼버무림이다. 문장학 속에서 존재하는 것은 피와 살로 이루어진, 자기가 스스로 움직이고 숨 쉬는 동물이 아니라 그림, 또는 단어로 이루어진 기술구이다. 이와 유사하게 예컨대 햄릿이 [현실 세계와 다른] 자신의 세계, 다시 말해 셰익스피어의 상상 세계에서 존재한다는 주장은, 즉 햄릿이 (이를테면) 나폴레옹이 일상 세계에 존재했던 것만큼이나 참되게 존재한다는 주장은 의도적으로 혼란스러운 어떤 것을 말하고자 하는 것이다. 거의 믿을 수 없을 정도로 혼란을 겪는 주장이라고도 하겠다. 오직 하나의 세계, '실제^{real}' 세계밖에 없다. 셰익스피어의 상상은 이 세계의 일부이며, 「햄릿」을 저술할 당시 가졌던 생각은 진짜^{real}이다. 이 희곡을 읽는 우리가 가진 생각 또한 진짜이다. 하지만 셰익스피어와 독자의 생각과 감정 등만이 진짜이며 이에 더해 객관적 햄릿은 있지 않다는 점이 허구의 핵심이다. 나폴레옹이 역사책의 필자와 독자에게 불러일으킨 그 모든 감정을 고려하더라도 당신은 그 실제 사람에 닿은 것이 아니다. 하지만 햄릿의 경우, 당신은 그의 끝까지 다다른 것이다. 햄릿에 관해 아무도 생각하지 않았다면 햄릿에 관해서도 남는 것은 없었겠지만, 나폴레옹에 관해 아무도 생각하지 않았더라도 결국 누군가는 그를 생각하게 되었을 것이다. 실재에 대한 감각은 논리학에서 필수적이다. 햄릿이 다른 종류의 실재성^{reality}을 가진 양하면서 실재에 대한 감각을 속이는 자가 있다면 그 사람은 우리의 사유에 해를 끼치는 것이다. 실재에 대한 강건한 감각은 유니콘, 황금 산, 둥근 사각형 등의 사이비 대상에 대한 명제를 올바르게 분석할 틀을 짜는 데 대단히 필수적이다.[2]

여기서 우리는 러셀의 요점에 담긴 설득력을 분명히 볼 수 있다. 햄릿이 셰익스피어나 우리의 상상 속에서 존재한다고 말하는 것은 혼란스러운 말하기 방식이다. 러셀이 주장하기를, 햄릿이 상상 속에서 존재하는 것은

● ●
2. Ibid., p. 148.

「햄릿」을 읽고 있는 당신이 존재하는 것과 다르다. '햄릿은 셰익스피어의 상상 속에서 존재한다'는 문장은 기껏해야 셰익스피어가 햄릿이라는 허구의 인물을 발명했다는 점을 의미한다. 이 문장은 '상상'이라는 장소로 가면 우리가 현실reality 속에서 존재하는 것처럼 존재하는, 그곳에 숨어 있는 햄릿을 만날 수 있음을 의미하지 않는다. 일상 언어가 오해를 불러일으키는 또 다른 측면이 여기에 있다. '옆방에 개가 존재한다'는 문장은 독자나 청자로 하여금 그 의미 — 옆방에 가면 그곳에서 개를 볼 수 있다 — 를 이해할 수 있게 한다. 그렇지만 '내 상상 속에 개가 존재한다'는 문장은 상상이 마치 사람들이 찾아갈 수 있는 장소이고, 그곳에 가면 꼬리를 흔들며 짖는 개를 찾을 수 있는 것처럼 보이게 한다. 러셀이 보기에 이 생각은 터무니없다. 개나 유니콘은 방목장에 존재하는 말과 달리 어떤 사람의 상상 속에서 존재하는 것이 아니다.

앞에서 인용한 구절이 마이농의 입장을 논박하는지의 여부는 아직 말할 수 없다. 마이농은 '황금산' 같은 구가 존재를 가진 것들을 지시한다고 말한 적이 없다. 마이농의 논증 전체는 황금산 같은 것들이 [존재가 아니라] 존립한다는 논제에 기초한다. 마이농은 이런 것들이, 보통 사람이 마을과 도시에 존재하는 방식으로 상상 속에 존재한다고 진술한 적이 없다. 사실 러셀은 마이농이 실제로 제안하는 것이 아니라 마이농이 제안한다고 자신이 생각한 것을 비판한다. 하지만 러셀의 이론을 이해하려는 목적에서 나는 존재하지 않는 것을 지시하는 한정 기술구를 어떻게 다루어야 할지에 관해서는 러셀이 옳다고 가정할 것이다. 다시 말해, 이들 한정 기술구에는 아무런 지시체가 없다는 점에 관해서는 러셀이 옳다.

3.5. 러셀 기술 이론의 세부사항

기술 이론은 이제 꽤 단순해졌다. '한 사람'과 같은 비한정 기술구는 존재 양화사와 동치이다. 여기서 독자는 러셀이 한정 기술구를 비한정 기술구와 어떻게 구별하는지 궁금해 할 법하다. '현재 프랑스의 한 왕은 운이 좋다'에 속하는 비한정 기술구에서 시작해보자. 이 문장은 'x는 현재 프랑스의 왕이고 x는 운이 좋음을 만족하는 누군가인 x가 존재한다'로 환언할 수 있다. 그런 다음 러셀은 '프랑스의 그 왕'을 구성 요소로 하는 문장['현재 프랑스의 그 왕은 운이 좋다']을 생각해보라고 한다. [두 문장의] 차이점은 유일성^{uniqueness}이 함축되어 있는지 여부에 있다. '나는 한 사람[어떤 사람]$^{a man}$을 만났다'는 문장의 경우, 문장의 화자는 단 한 명$^{one man}$을 만났다는 점을 논리적으로 함축하지 않는다. '한[어떤]^a'을 가진 그런 기술구는 여러 사람에게 적용될 수 있다. 이에 반해 '그^{the}'를 가진 한정 기술구(예를 들면 '프랑스의 그 왕$^{the king of France}$')는 — 무엇에든 적용된다고 치면 — 한 명의 개인에게만 적용될 수 있다. 이처럼 '한'이 '그'로 대체되면 유일성이 추가된다. 이에 따라 러셀은 한정 기술구도 비한정 기술구와 기본적으로 같은 방식으로 분석해야 한다고 주장한다. 한정 기술구의 분석에서 차이점은 유일성이 추가된다는 점뿐이다. 이들 고려사항을 염두에 두면서 비한정 기술구 분석을 먼저 검토하고, 그다음 한정 기술구 분석을 검토하겠다. '한 F는 G이다'와 '그 F는 G이다'를 생각해보자. 최소한 하나가 F이면서 G인 경우 그리고 오직 그 경우에만 전자는 참이다. 반면, 최소한 하나가 F이면서 G이고 최대한 하나가 F이면서 G인 경우 그리고 오직 그 경우에만 후자는 참이다. 둘 다 '최소한'으로 표현되는 존재를 함축하지만, 후자만이 '최대한'으로 표현되는 유일성을 함축한다. '영국의 그 여왕은 행복하다'는 문장을 분석하는 경우, 우리는 영국에 여왕이 있고 오직 한 명의 영국 여왕이 있으며 그녀가 행복하다고 말할 것이다.

'그 F는 G이다'를 분석하면 다음의 세 연언지가 된다. (1) F인 어떤 것이 존재한다, (2) F인 것이 하나뿐이다, (3) 그것은 G이다. 따라서 '프랑스의 그 왕은 대머리이다'는 문장을 발화하는 당신은, 프랑스의 왕인 어떤 것이 존재하고 프랑스의 왕인 것이 최대한 하나이며 그것이 대머리라고 말하는 것이다.

이것이 '그 F는 G이다'라는 진술을 분석하는 러셀의 일반적인 형식이다. 러셀의 이론은 꽤 간단하다. '그'라는 단어가 존재와 유일성을 의미한다는 점이 기본적인 생각이다. 존재는 최소한 하나를 의미하지만 유일성은 최대한 하나를 의미하고 여기에 특정한 서술('~는 대머리이다')이 붙는다. 이렇듯 한정 기술구에 대한 러셀의 해석은 '그 F'라는 단순한 구에서 보이는 문법적 형식에서 출발한다. 그리고 이 문법적 형식은 존재와 유일성의 연언conjunction으로 환언되는데, 그 결과 조금 더 복잡한 언어 형식이 산출된다. 이 논리적 형식은 일상 언어에서 보이는 형식과 상당히 다르다. 일상 언어에서 '그 F'는 연언이 결코 아니다. 단칭어였던 한정 기술구는 이 분석 안에서 사라지고 그에 따라 한정 기술구가 부여 받는 지시체도 없다.

러셀의 분석에 담긴 다소 전문적인 부분을 잠시 이야기하자면, 유일성을 논리적으로 분석하는 방법으로는 두 가지가 있다. 하나는 '∃!x (Fx ∧ Gx)'라는 표기를 사용한다. 이는 'Fx이고 Gx를 만족하는 유일한 x가 있다'를 의미한다. 이 표기는 유일성을 양화사에 붙박아 넣는 아주 쉽고 편리한 방법이다. 이 방법을 쓰면 별다른 분석 없이 명시적인 유일성을 확보할 수 있다. '!'라는 기호를 유일성을 표현하는 원초적 기호로 사용하는 것이다. 하지만 논리적 어휘에서 유일성을 분석하는 다른 괜찮은 방법도 있다. 다음 문장을 보자.

(4) Fx이고, 모든 y에 대해 Fy라면 x=y이며, Gx임을 만족하는 x가 있다.

이 분석을 조금 더 평이한 언어로 풀면 'x는 프랑스의 왕이고, 모든 대상 y에 대해 y가 프랑스의 왕이면 y는 x와 동일하며, x는 대머리임을 만족하는 x가 존재한다'는 말이다. 이것은 누군가가 유일하게 프랑스의 왕이며 대머리라고 말하는 한 방식이다. 직관적으로 말해서, 프랑스의 왕인 다른 어떤 것이 세계 속에 있다면 그것은 앞엣것과 동일하다는 것이다. 이는 [프랑스의 왕인 것이] 둘 이상일 수 없음을 함축하는데, 다른 어떤 것이 프랑스의 왕이면 그것은 앞엣것일 뿐이기 때문이다. 이것이 동일성 [기호]를 가진 보통의 양화 논리를 사용하여 유일성을 표현하는 표준적인 방법이다. 이는 [러셀의] 이론을 이해하는 데 필수적이지는 않다만, 유일성의 의미를 분석하는 한 가지 방식이다. 유일성은 '최대한'을 의미할 뿐이다. 표준 논리를 사용하는 이론의 이 부분이 러셀의 기본적인 생각에 본질적이지는 않다. 유일성이 무엇인지를 설명하는 한 방식에 불과하다.

앞서 보았듯이 러셀은 한정 기술구가 어떤 점에서는 고유 이름처럼 보일지라도 고유 이름이 아니라고 생각한다. 일단 문법이 논리적으로 오해를 불러일으킨다는 점을 깨닫는다면 언어철학자는 논리적으로 오해를 불러일으키지 않는 이론을 얻을 수 있다. 러셀이 주장하는 바, 문장을 완전히 분석했다면 우리는 의미 이론 내에 단어의 지시체 말고는 그 어떤 것도 상정할 필요가 없다. 진정한 고유 이름에 관해 러셀은 일종의 밀주의자[Millian]이다. 표현은 결국 그것이 지시하는 바를 지시하는 덕택에 의미하는 바를 의미한다고 믿기 때문이다.

한정 기술구를 고유 이름이라고 믿지 않는 러셀에게 고유 이름이란 무엇이냐는 의문이 든다. 러셀은 고유 이름이 있다고 분명히 생각하지만, 고유 이름에 대해 특이한 기준을 세운다. 앞서 말했듯이, 언어 속 고유 이름처럼 보이는 단어가 실제로는 고유 이름이 아니며, 이는 언어가 논리적으로 오해의 소지가 있기 때문이라는 점이 러셀의 논점 가운데 하나이다. 따라서 '버트런드 러셀' 같은 이름은 고유 이름이 전연 아니지만 언어 속에 등장할 것이다. 러셀은 이름에 대한 기술 이론을 옹호하며, 이 같은 이름이 기술구와 동등하다고 여긴다. 그는 이름을 환언하여 기술구로 바꾸고(이를테면 『수학 원리』의 저자) 이 기술구를 자신의 기술 이론으로 분석한 다음, 이름으로서의 그 이름을 제거한다. 러셀에 따르면 일상

언어의 이름 중 어떤 것도 논리적 고유 이름이 아니다. 이들 모두가 가짜 이름 — 이름처럼 보이지만 실제로는 이름이 아닌 것 — 이다. 자연 언어에서 고유 이름으로 간주되는 표준적인 단어는 전부 위장된 한정 기술구이며, 이렇듯 위장된 한정 기술구는 기술 이론을 통해 분석되어 없어진다는 것이 러셀의 견해이다. 이들 기술구는 그 지시체 덕택에 의미를 가지는 것이 아니다. 그러니 일상적 고유 이름도 마찬가지이다.

러셀은 지시체 덕택에 의미를 지니는 단어도 있다고 믿는다. 그런 단어를 러셀은 **논리적 고유 이름**^{logically proper name}이라고 한다. 논리적 고유 이름은 그 지시체 덕택에 유의미하다. 다만 [러셀에 따르면] 일상적 이름은 그 지시체 덕택에 유의미한 것이 아니기에 논리적 고유 이름이 아니다. 고유 이름이라는 논리적 범주가 있기는 하나, 우리가 이름이라고 부르는 그 어떤 일상 표현도 해당 범주에 속하지 않는다. 문법적으로 조금 더 보수적인 프레게와 마이농의 견해에 비해 러셀의 견해는 다소 특이하다. 러셀은 심지어, 언어에 오해의 소지가 너무 많아서 겉보기와는 달리 언어에 진짜 고유 이름은 담겨 있지 않다고도 생각한다! 다음 발췌문에서 러셀은 자신이 이름으로 의미하는 바를 이야기한다.

이름은 주어로만 등장할 수 있는 어떤 것, 예를 들면 '개인의' 혹은 '특정한' 것으로 정의되는 종류의 어떤 것을 의미로 하는 단순 기호이다. '단순' 기호란 기호를 부분으로 가지지 않는 기호를 말한다. 이에 따라 '스콧'은 기호인데, 부분(즉, 개별 글자)을 가지지만 이 부분들은 기호가 아니기 때문이다. 이에 반해 『웨이벌리^{Waverly}』의 그 저자'를 보면, 이 구를 이루는 개별 단어들은 기호인 부분이기 때문에 이 구는 단순 기호가 아니다. …… 다음의 둘을 비교해보자. (1) **이름.** 이름은 그 의미인 개인을 직접 지칭하며 이 의미를 다른 모든 단어의 의미와 무관하게 그 자체로 가진다. (2) **기술구.** 기술구는 의미가 이미 고정된 여러 단어로 구성되며, 구성의 결과를 어떻게 간주하든지 간에 이 결과가 바로 기술구의 '의미'이다. 기술구를 포함하는 명제는 [그 기술구를] 이름으로 대체한 명제와 동일하지 않다. 그 이름이 기술구가 기술하는 것과 똑같은 대상을 명명하더라도 말이다. '스콧은 『웨이벌리』의 그 저자이다'가 '스콧은 스콧이다'와 다른 명제임은 자명하다. 전자는 문학사의 사실이고 후자는 사소한 동어반복[truism]이다. '『웨이벌리』의 그 저자'의 자리에 스콧 말고 다른 사람을 넣는다면 이 명제는 거짓이 될 터이니, 더 이상 같은 명제가 아닐 것임은 확실하다.[3]

여기서 러셀의 생각은 고유 이름이 어떤 분석이나 부분을 지니지 않는 단순 기호라는 점이다. 고유 이름은 그것이 지칭하는 것 덕택에만 그것이 의미하는 바를 의미한다. 이름을 기술구로(또는 기술구를 이름으로) 대체한다면 [처음] 표현한 명제를 보존하지 못하기 때문에 이 같은 의미에서 한정 기술구는 고유 이름이 결코 아니다. 이 대체는 그럴듯하지 않다. 한정 기술구와 이름은 완전히 다른 종류의 의미를 지닌, 완전히 다른 유형의 표현이기에 그러하다.

러셀은 '직접 지칭'이라는 개념도 이용한다. 직접 지칭은 진짜 이름이 어떻게 아무런 기술구도 통하지 않고 직접 그 담지자를 지칭하는지를 말해준다. 이름은 대상을 짚는 기술구를 표현하지 않는다. 이름은 담지자를 직접 지칭하며 담지자가 곧 이름의 의미이다. 이처럼 이름이 지시체 덕택에 그리고 지시체 덕택에만 의미가 있다고 믿기 때문에 러셀은 밀주의자이다.

러셀은 「한정 기술구」에서 무엇이 고유 이름인지에 관해 아무 말도 하지 않았다는 점은 주목할 만하다. 반면, 다른 글에서 러셀은 논리적 고유 이름이 지시사임을 암시한다. 지시사는 감각 자료[sense data]를 직접 지시할 수 있기 때문이다. 러셀에 따르면, 물질적 대상이 존재하지 않을 수 있기 때문에(지각자는 환영을 볼 수 있다) 우리는 물질적 대상을 직접

3. Ibid., pp. 150-151.

지시할 수 없다. 그리하여 '지금 당신이 보는 검은 천' 같은 주관적 감각 자료를 지시하는 구만이 논리적 고유 이름이다. 러셀은 지시사만이 논리적 고유 이름이며 지시사는 감각 자료만을 지시할 수 있다고 본다. 이 견해가 이상해 보이는 것도 당연하다. 보통은 지시사를 이름으로 분류하지 않는다. 당신이 보는 감각 자료를 고유 이름으로 불러본 게 대체 언제인가? 이를테면, 살면서 감각 자료를 '정우성'으로 지시해본 적 있는가?

프레게에 대한 논의를 돌이켜보면 러셀의 밀적 이론에 관해 몇 가지 의문이 들 수 있다. 예컨대, 논리적 고유 이름이라는 러셀의 생각은 동일성 진술에서 어떻게 작동할까? 러셀은 절대 이를 논하지 않는다. 아마 존재 물음에 깊이 몰두했기 때문에 그랬을 것이다. 프레게의 주요 관심사는 동일성이다. 러셀은 여기서 동일성 진술에 관해 말하는 바가 없다. 한 사물의 두 논리적 고유 이름이 같은 의미를 가진다고 러셀은 가정한다. 고유 이름의 의미는 담지자이기 때문이다. 러셀은 두 논리적 고유 이름을 연결하는 동일성 진술은 동어반복일 수밖에 없다는 입장에 선다. 러셀은 개밥바라기와 샛별에 관한 물음을 피하는 식으로 명백한 반론을 피한다.

동의적이지 않은 두 논리적 고유 이름은 러셀의 체계에서 같은 대상을 지시할 수 없다는 것이, 두 논리적 고유 이름을 연결하는 동일성 진술을 처리하는 러셀의 방안이다. 여러 이름이 같은 사물을 지시하면서 의미가 다를 수 있는 경우는 그 이름들이 진짜 이름이 아닐 때뿐이다. 러셀이 논리적 고유 이름을 정의하였듯, 진짜 이름이라면 공지칭하는 이름들은 의미가 다를 수 없다. 동일성 진술은 감각 자료를 지시하는 지시사를 포함해야 한다. 그 지시체가 서로 다른 두 외양이라면 동일성 진술이 거짓일 것임은 물론이다. 지각자가 저녁에 개밥바라기에서 이끌어낸 감각 자료는 아침에 샛별에서 이끌어낸 감각 자료와 다르다. 완전히 다른 감각 자료를 나타내기 때문에 '개밥바라기'와 '샛별'은 논리적 고유 이름에 대한 러셀의 엄격한 기준에 부합하지 않는다. 러셀에게 '개밥바라기'는 이름이 아니지만 '밝게 빛나는 한 점의 이 감각 자료'는 이름이다. 정보적이면서 일상적 이름을 포함하는 동일성 진술은 러셀의 체계 안에 없다.

많은 논의를 불러일으킨 러셀 이론의 중요한 귀결 중 하나는 그가 진릿값를 다루는 방식이다. 러셀에 따르면 '프랑스의 그 왕은 대머리이다'라는 문장의 진릿값은 거짓이다. 그러나 마이농식의 존립하는 프랑스 왕이 머리카락을 가질 때에만 이 진술이 거짓이라고 가정하는 것이 자연스럽다. 러셀은 전혀 그렇게 생각하지 않는다. 프랑스의 그 왕이 존재하지 않기 때문에 '프랑스의 그 왕'이라는 기술구를 포함하는 어떤 진술도 거짓이라고 러셀은 믿는다. 진릿값을 다루는 이 같은 방식에 의하면 '셜록 홈즈는 탐정이다'라는 문장도 거짓이다. 이 문장이 셜록 홈즈의 진짜 존재를 논리적으로 함축하기 때문이다. P. F. 스트로슨^{P. F. Strawson}이 「지시에 관하여^{On Referring}」라는 논문에서 반대하는 논점도 이것이다. 대머리이거나 대머리가 아닌 프랑스 왕은 없는 까닭에 스트로슨은 이들 진술이 참도 거짓도 아니라고 주장한다. '프랑스의 그 왕은 대머리이다'라는 문장이 참일 수 있는 방법은 프랑스의 그 왕이 대머리일 때뿐이며, 거짓일 수 있는 방법도 프랑스의 그 왕이 머리카락을 가질 때뿐이다. 그런데 어느 경우도 사실이 아니기 때문에 '프랑스의 그 왕은 대머리이다'라는 진술은 참도 거짓도 아니어야 한다. 하지만 러셀의 분석은 그 진술이 곧장 거짓임을 함축한다.

3.6. 러셀 이론의 문제

러셀의 분석을 앞 절에서 설명했으나 아직 그 분석이 옳은지 그른지는 따져보지 않았다. 앞 절에서 논의한 바는 다음 구절에 잘 요약되어 있다.

상황에 따라 의미가 달라지는 몇몇 단어와 '이것', '저것'을 예외로
하면, 심지어 단어로 표현될 수 있는 모든 지식에는 엄밀한 의미의

이름이 나타나지 않는다고 말할 수 있다. 이름으로 보이는 것은 사실 기술구이다. 우리는 호메로스^{Homer}가 존재했는지를 유의미하게 물을 수 있다. '호메로스'가 이름이라면 불가능할 것이다. '그 아무개^{the} $^{so-and-so}$가 존재한다'라는 명제는 참이든 거짓이든 유의미하다. 이와 달리 a가 그 아무개라면(여기서 'a'는 이름이다), 'a가 존재한다'라는 표현은 무의미하다. 한정이든 비한정이든 기술구에 관해서만이 존재를 유의미하게 주장할 수 있다. 'a'가 이름일 때 'a'는 무언가를 명명해야만 하기 때문이다. 즉, 아무것도 명명하지 않는 표현은 이름이 아니며, 그에 따라 이름으로 의도된 것이라면[다른 의도가 없다면] 의미가 비어 있는 기호에 불과하다. 반면에 '프랑스의 그 왕' 같은 기술구는 아무것도 묘사하지 않는다고 해서 그냥 무의미해져 버리지 않는다. 기술구는 **복합** 기호이니, [복합 기호를] 구성하는 요소 기호로부터 그 의미가 도출된다. 따라서 호메로스가 존재했는지 물을 때 우리는 '호메로스'라는 단어를 축약된 기술구로 사용하는 것이다. 즉, '호메로스'를 (말하자면) 『일리아스^{Iliad}』와 『오디세이아^{Odyssey}』의 그 저자'로 대체할 것이다. 고유 이름처럼 보이는 것을 사용하는 대부분의 경우에 마찬가지 이야기를 할 수 있겠다.[4]

여기서 러셀의 요점은 세 가지다. [첫째,] 러셀이 정의하기를 이름은 그 의미가 지시체인 단순 기호이다. 지시체 없는 이름은 의미를 결여한다. [둘째,] 지시체 없는 이름은 이름이 아니기 때문에 이름을 '비어 있다'고 하는 것은 용어상의 모순이다. [셋째,] 러셀은 기술구가 양화사이며 일상적 '이름'이 기술구와 동치라고도 믿는다. 일상적 고유 이름이 이름처럼 보이는 까닭은 자연 언어가 원래 엄밀하지 않기 때문이지 다른 이유는 없다.

진정한 이름이라는 러셀의 개념이 존재 진술에 어떤 귀결을 가져올지는

• •

4. Ibid., pp. 153−154.

분명하다. 존재 진술은 이름을 포함하지 않을 때조차 이름을 포함하는 것처럼 보이기 때문에 오해를 아주 많이 불러일으킨다. 'a가 존재한다' 같은 진술은 'a'라는 고유 이름을 포함하는 것처럼 보인다. 이런 유형의 진술에는 두 가지 가능성이 있다. 첫 번째 가능성이란 이런 것이다. 'a'라는 이름이 무언가를 지시한다면 'a'의 의미는 'a'가 지시체를 가진다는 점을 보증한다. 그러므로 'a'에 '존재한다'를 더하는 것은 동어반복이다. 러셀의 체계에서 이름은 존재하는 것만을 지시할 것이기 때문이다. 이 점을 예증하는 사례도 만들 수 있다. 어떤 사람이 밖을 쳐다보고 하늘의 색을 지시하면서 '저 파란색이 존재한다'고 말할 때 그 사람은 그 파란색이 존재함을 안다. 파란색이 감각 자료의 일부이기 때문이다. 그 색이 존재한다고 덧붙이는 것은 불필요하다. ['저 파란색'이라는] 이름을 파악하는 것만으로 [파란색의 존재가] 이해되니 말이다.

두 번째 가능성은 ['a'라는] 이름이 아무것도 지시하지 않을 때 발생한다. 'a'가 아무것도 지시하지 않을 때, 'a가 존재한다'라는 진술은 'a'라는 무의미한 부분을 포함하기에 무의미해야 한다. 이에 따라 진짜 진술은 아닌 것이다. 'a가 존재하지 않는다'라는 문장을 생각해보자. 'a'라는 이름이 무언가를 지시하지 않으므로 'a'는 비어 있다고 할 수 있다. 'a'가 지시체를 결여하고 그리하여 무의미하기 때문에 'a가 존재하지 않는다'는 참일 수 없다. 진술처럼 보이지만 지시체가 없으니 이런 문제가 발생한다. 러셀에 따르면 존재 진술은 이름에 적용될 수 없다. 이와 달리 존재 진술이 기술구에는 적용될 수 있는데, 기술구가 의미 있기 위해서 반드시 지시체를 필요로 하지는 않기 때문이다. 존재 진술은 절대 이름을 포함하지 않을 것이다. 러셀의 체계에서 이름은 의미 있으려면 [무언가를] 지시해야만 한다. 따라서 이름의 지시체는 항상 존재해야 하기 때문에 이름의 지시체가 존재한다고 말하는 것은 사소하다.

러셀의 제안은 상당히 급진적이다. 문장 뒤에 명제가 있고 각 명제에는 일종의 내재된 논리적 형식이 있다는 생각이 배후에 깔려 있다. 마치 일상

언어의 문장이 장막처럼 명제를 덮고 있어서 명제의 진짜 형식이 오인되고 있다는 것이다. 철학자가 할 일은 [문장이라는] 장막 안으로 들어가서 명제의 진짜 본성을 파악하는 것이다. 그러면 철학자는 [명제의 진짜] 본성을 반영하는 표기법을 고안할 수 있다. 러셀의 제안은 철학자가 일상 언어 배후에 숨은 실제 구조를 드러내는, 논리적으로 완벽한 언어를 고안할 필요가 있다는 생각으로 이어진다. 'a가 존재한다'는 문장은 'a가 빨갛다' 같은 주어-술어 문장인 듯 보이나, 사실 양화 문장이다. 그러므로 그 기저에 있는 명제는 'a가 빨갛다'라는 문장이 표현하는 명제와 완전히 다른 종류의 것이다. 러셀의 기술구 분석이 그토록 중요한 이유 중 하나는 논리적으로 완벽한 언어를 만들 가능성을 논의하기 시작했다는 데 있다. 논리적으로 완벽한 언어는 철학의 모든 문제를 해결할 것이라고 많은 철학자들이 믿었다. 특히, 논리적으로 완벽한 언어는 존재론적 문제들을 해결함으로써 마이농의 어슴푸레한 존재론으로부터 벗어날 수 있게 해줄 수 있다.

예를 들어 신이 완전하고 [비존재보다는] 존재가 완전하기에 신이 존재해야 한다는 존재론적 신 존재 증명을 생각해보자. 러셀에 따르면 이는 존재가 술어임을 전제한다. 다시 말해 '신이 존재한다' 같은 주어-술어 문장이 '신'으로 명명되는 무언가에 술어를 할당한다[고 전제한다]. 러셀과 프레게는 둘 다 이 문장이 주어-술어 문장이 아니라고 생각한다. '존재한다' 라는 단어는 술어가 아니기 때문이다. 빨강임과는 다르게, 존재는 술어 내지 사물의 속성이 아니라는 생각이다. 오히려 존재는 명제 함수의 속성인 이차 개념이다. 그러므로 앞의 존재론적 논증은 불건전하다. 철학의 문제를 해결하려면 명제의 숨겨진 형식을 반영하도록 언어를 뜯어고쳐야 한다.

3.7. 일차 등장과 이차 등장

지금껏 '그 F는 G이다' 형식의 문장만을 살펴보았다. 러셀이 '그 F는

'G가 아니다' 형식의 문장은 어떻게 다루는지도 살펴보자. 러셀이 주장하기를 '그 F는 G가 아니다' 같은 문장은 애매하다. 그의 요점을 이해하려면 '아니다not'가 술어에 적용되는 사례, 예컨대 '영국의 그 여왕은 임신하지 않았다The queen of England is not pregnant'를 생각해볼 수 있다. 이때 우리는 여왕 폐하에게 임신하지 않음이라는 속성을 귀속시킨다. 그런데 이처럼 부정 기호를 'G' 바로 앞에 위치시키지 말고, 문장의 맨 앞에 위치시킨다면 '영국의 여왕이 임신했다는 것은 사실이 아니다It is not the case that the queen of England is pregnant'라는 문장을 만들 수 있다. 이 문장을 러셀의 분석으로 번역한다면 존재 절clause의 부정, 즉 '최소한 하나의 것이 영국 여왕이라는 점은 사실이 아니다It is not the case that at least one thing is a queen of England'를 얻게 된다. 이것은 영국의 여왕이 존재한다는 것이 사실이 아니라는 점을 표현하는 명제이다.

이제 '최소한 하나의 프랑스 왕이 있다는 것은 사실이 아니다It is not the case that there is at least one king of France'처럼 기술구가 비어 있는 사례를 살펴보자. 이 진술은 프랑스의 왕이 있다는 존재 진술을 부정하므로 참이 된다. 최소한 하나의 프랑스 왕이 있다는 것은 사실이 아니기 때문에 '프랑스의 그 왕은 대머리가 아니다The king of France is not bald'는 이런 방식으로[부정 기호를 문장의 맨 앞에 위치시키는 방식으로] 해석될 때 참일 것이다. 이와 반대로 첫 번째 방식으로[프랑스의 그 왕에게 대머리가 아님 속성을 귀속시키는 방식으로] 해석하면 그 진술은 참이 아닐 것이다. 이 두 명제의 진릿값은 다르다. 따라서 문장의 참이나 거짓은 부정 기호가 [문장의] 어느 부분에 삽입되는지에 의존한다. 두 번째 방식의 경우에 부정되는 것은 문장 전체이나, 첫 번째 방식의 경우에 부정되는 것은 술어뿐이다.

'영국의 여왕이 있고 그녀가 임신했다는 것은 사실이 아니다It is not the case that there is a queen of England and she is pregnant'라는 문장을 생각해보자. 영국의 여왕이 있기 때문에 이 문장은 거짓이다. 그렇지만 '아니다'가 술어 앞에 위치하면 (영국의 그 여왕이 임신하지 않았기 때문에) 이 문장은 참일 것이다. 러셀은 이런 애매성을 다루고자 일차 등장primary occurrence과 이차 등장secondary occurrence이라는 개념을 도입한다. 기술구의 일차 등장은 부정 기호가 술어 앞에 위치할 때 발생한다. 기술구의 이차 등장은 부정 기호가 그 기술구를 포함하는 문장 전체에 적용될 때 발생한다. 이 점을 더 분명하게 예증하려면 논리학에서 말하는 부정의 범위 개념을 생각해보면 된다. 일차 등장에서 부정은 좁은 범위narrow scope를 가지나, 이차 등장에서는 부정이 넓은 범위wide scope를 가져서 기술구까지 적용된다. 범위는 그저 무엇을 부정에 포함시키는지의 문제일 따름이다. 명제 전체를 부정하는 가? 아니면 술어에 해당하는 일부만을 부정하는가?

부정에 관한 이 논점은 필연성에도 적용된다. 부정과 마찬가지로 필연성에도 같은 종류의 애매성이 있다. '영국의 그 여왕이 필연적으로 임신했다The queen of England is necessarily pregnant'라는 문장을 어떻게 읽어야 할지 의문일 수 있다. '오직 하나의 영국 여왕이 존재하고 그녀가 임신했다는 것은 필연적이다Necessarily there exists a queen of England and only one and she's pregnant'로 읽을 수도 있지만, '오직 하나의 영국 여왕이 존재하고 그녀가 필연적으로 임신했다There exists a queen of England and only one and she's necessarily pregnant'로 읽을 수도 있으니 말이다. 전자의 경우에 양상 연산자modal operator는 넓은 범위를 가지지만, 후자의 경우에 양상 연산자는 좁은 범위를 가진다. 두 독해는 서로 다른 진릿값을 가질 수 있다. 기술구를 포함하는 문장에 부정, 필연성, 가능성 같은 종류의 연산자가 나타나면 그 범위는 연산자와 기술구 간의 논리적 상호작용을 결정한다. 문장이 다수의 연산자를 포함한다면 이 상호작용은 꽤 복잡해질 수 있다.

이것으로 러셀의 기술 이론에 대한 논의를 마무리하겠다. 다음 장에서는 러셀에게 제기될 수 있는 몇 가지 비판을 살펴보도록 하자.

제4장 도넬란의 구별

4.1. 서론

지금까지의 논의를 요약해보면 우리는 기술구에 대한 주요 이론 둘, 즉 프레게와 러셀의 이론을 검토하였다. 프레게의 이론에서 기술구는 사물을 지시하는 고유 이름이다. 러셀의 이론에서 논리적 고유 이름은 [무언가를] 지시하지만 기술구는 [아무것도] 지시하지 않는다. 기술구는 양화사로 분석된다. 기술구가 아무것도 지시하지 않는 경우, 두 이론은 각기 다른 결과를 내놓는다. 러셀이 보기에, 지시체가 없는 기술구를 사용해 만든 진술(예를 들면 '프랑스의 그 왕은 대머리이다')은 언제나 거짓이다. 이 진술이 존재를 주장하기 때문이다. 이 문장이 표현하는 바에는 프랑스의 왕이 존재한다는 명제가 포함되며, 프랑스에는 왕이 없기 때문에 이 문장의 진릿값은 거짓이다. 프레게에 따르면 이런 문장은 참도 거짓도 아니다. 기술구가 어떤 것을 지시할 때, 그 기술구가 지시하는 대상에 술어가 적용된다면 그 문장은 참이다. 문장이 거짓일 조건은, 기술구에 의해 지시된 것이 술어를 만족하지 못할 때이다. 하지만 기술구가 그 어떤 것도 지시하지 않는다면, 문장은 참일 수도 거짓일 수도 없다. 그러므로 모든 명제가 참이거나 거짓 중 하나이지는 않다. 스트로슨은 자신의 논문 「지시에 관하여」에서 '진릿값 공백truth-value gap' 개념을 명확히 한 것으로 유명하다. 이름을 포함하는 사례를 보면 이 논점이 더욱 명확해진다. 진술 속에서 사용된 일상적 고유 이름을 생각해보자. 그 이름이 아무것도 지시하지 않는다면 그 술어를 만족시키지 못할 지시체 자체가 없기 때문에 우리는 그 진술을 거짓이라고 결론짓지 않을 테다. 그 진술은 참도 거짓도 아니다. 이 두 이론은 한정 기술구가 등장하는 모든 상황에서 한정 기술구의 의미에 대한 일률적인 설명을 내놓도록 의도되었다. 이들은 기술구 '내부의 논리'에 대한 이론이다.

곧 보겠지만 키스 도넬란Keith Donnellan은 양측 모두에 동의하지 않는다. 도넬란에 따르면 한정 기술구의 의미론에 대한 이런 획일적인 설명으로는 한정 기술구가 쓰이는 모든 진술을 분석할 수 없다. 도넬란은 한정 기술구가 두 다른 방식으로 기능할 수 있다고 말한다. 어떤 진술에서는 러셀이 주장하는 방식으로 기능하며, 다른 진술에서는 프레게와 스트로슨이 주장하는 방식으로 기능한다. 도넬란은 이들의 견해를 완전히 기각하는 것은 아니지만 둘 중 어떤 이론도 모든 한정 기술구의 의미론을 다루지는 못한다고 생각한다.

도넬란에 따르면 진릿값과 관련해서 세 번째 가능성이 있다. 러셀은 비어 있는 기술구가 거짓 문장을 만들어낸다고 생각한다. 프레게는 비어 있는 기술구가 참도 거짓도 아닌 문장을 만들어낸다고 생각한다. 도넬란은 비어 있는 기술구가 참인 진술을 만들어낼 수 있다고 생각한다. 도넬란이 내놓는 세 번째 가능성이 바로 이것이다. 그 이유는 논의를 진행하는 과정에서 드러날 것이다.

도넬란이 자신의 예시를 통해 보이려는 전반적인 요점은, 기술구가 러셀이나 프레게/스트로슨의 획일적인 설명에서 인식했던 것보다 더 다양한 방식으로 작동할 수 있다는 점이다. 이제껏 검토한 이론들은 언어의 의미론^{semantics}만을 분석했다. 도넬란은 언어에 대한 더 완전한 이론을 확보하려면 언어의 **화용론**^{pragmatics}도 포함해야 한다고 믿는다. 의미론이 언어를 화자에게서 독립적인 것으로 보아 추상적으로 분석하는 반면, 화용론은 구체적 발화 상황 속에 있는 화자와의 관계에서 언어를 검토한다. 도넬란의 비판은, 언어를 이해하고자 발화 행위를 분석하는 전반적인 움직임의 일부를 이룬다. 우리는 단어 자체만이 아니라 화자가 그 단어로 무엇을 하는지를 보아야 한다. 발화 행위 속 기술구의 역할을 검토한다면, 소통 행위 속에서 기술구가 어떻게 기능하는지에 대한 우리의 견해가 바뀔 것이라고 도넬란은 믿는다.

4.2. 지시적 사용과 속성적 사용

도넬란은 스트로슨과 프레게의 견해를 기술구에 대한 **지시적**^{referential} 견해라고 부른다. 스트로슨과 프레게는 기술구를 이름과 비슷한 지시 장치라고 보기 때문이다. 한정 기술구가 양화사라는 것은 러셀의 입장이므로 러셀의 이론을 기술구에 대한 **양화사** 견해라고 부를 수 있겠다. 하지만 도넬란은 이를 **속성적**^{attributive} 견해라고 부르길 택한다. 다음의 구절은 도넬란이 이 말을 어떻게 이해하고 있는지를 보여준다.

> 내가 염두에 두고 있는 한정 기술구의 두 가지 사용을 속성적 사용과
> 지시적 사용이라고 부르겠다. 자신의 주장에서 한정 기술구를 속성적으
> 로 사용하는 화자는 누군가 내지 무언가가 이러저러하다고 진술한다.
> 반면, 자신의 주장에서 한정 기술구를 지시적으로 사용하는 화자는
> 자신이 이야기하는 누군가 내지 무엇인가를 청자가 골라낼 수 있게
> 하려고 기술구를 사용하며, 그 사람 내지 그 사물에 대한 어떤 것을
> 진술한다. 첫 번째 경우 한정 기술구는 필수적으로 등장한다고 말할

수 있다. 화자가 그 기술구에 들어맞는 무언가가 내지 누군가에 관해 어떤 것을 주장하고자 하기 때문이다. 하지만 지시적으로 사용되는 경우 한정 기술구는 어떤 특정한 일 — 한 사람 내지 사물에 주의를 집중시키는 역할 — 을 위한 도구일 뿐이다. 그리고 일반적으로 다른 기술구나 이름처럼 이와 똑같은 일을 하는 다른 장치도 전부 마찬가지로 기능할 것이다. 속성적 사용에서는 이러저러함이라는 속성이 가장 중요한 반면, 지시적 사용에서는 그렇지 않다.[1]

속성적 사용은 한정 기술구 속 술어 'F'가 어떤 특정한 것이 아니라 그 술어를 만족시키는 모든 것에 적용되도록 사용되는 문장에서 나타난다. 세계 속 어떤 사물이 정말로 그 술어를 만족한다는 사실이 필수적이고 가장 중요하다. 속성적 사용이라는 도넬란의 개념으로 '프랑스의 그 왕은 대머리이다'라는 문장을 바꿔 말하면 '그것이 누구이든 유일하게 프랑스의 왕인 사람은 대머리이다'일 것이다. 어쩌면 이 문장은 그 자리를 누가 차지하더라도 프랑스의 왕이라는 자리가 대머리를 유발한다는 믿음에서 주장된 것일지 모른다. 이 문장이 참인지 여부를 결정하려면 세계 속에서 '프랑스의 그 왕'이라는 기술구를 만족하는 누군가를 찾아 그 사람이 대머리인지를 결정해야 한다. 이 분석이 기술구의 의미론을 러셀의 방식대로 분석한다는 점은 명백하다.

지시적 사용은 기술구가 청자로 하여금 무언가를 식별할 수 있게 특정한 대상을 골라낼 때 등장한다. 이때 기술구는 청자의 주의를 올바른 쪽으로 향하게 만드는 도구일 뿐이다. 관심의 대상이 화자 바로 앞에 있고 청자가 잘 볼 수 있는 곳에 있는 가장 단순한 사례를 들어보자. 기술구는 화자가 염두에 두는 특정한 대상을 청자에게 보여주는 데

1. Keith Donnellan, "Reference and Definite Descriptions," in *Philosophy of Language: The Central Topics*, p. 157.

사용된다. 여기서 이 기술구는 필수적이지도 않고 그렇게 중요하지도 않은데, 여러 다른 식별 방식도 마찬가지로 작동할 수 있기 때문이다. 학생들로 가득 찬 교실에 한 남학생이 초록색 셔츠를 입고 있는 상황을 상상해보라. 한 여학생이 그 남학생에 관해 다음과 같은 여러 방식으로 진술할 수 있을 것이다. '초록색 셔츠를 입은 저 남자는 슬퍼 보인다', '(손가락으로 가리키며) 저 남자는 슬퍼 보인다', '빌리는 슬퍼 보인다'. 이 중 아무 진술이나 사용할 수 있지만, 어떤 진술이 청자의 주의를 올바른 사람에게 가장 효과적으로 향하게 할 수 있을지에 따라 화자는 하나를 택할 것이다. 이 여학생의 목적은 특정 개인을 식별하여 그에 관해 언급하는 것이었다. 그녀는 기술구 자체는 별로 신경 쓰지 않았을 것이다. 그녀는 그 남자의 슬퍼 보이는 인상을 지목하려고 했을 뿐이니, 지칭 방식 자체는 무엇이든 상관없다.

도넬란의 요점은 화자가 여러 다른 소통 의도를 가진 아주 다양한 발화 상황이 있다는 점이다. 도넬란에 따르면 기술구는 발화 행위 배후에 있는 의도에 따라 다르게 기능한다. 이 논점을 더 명확하게 예증하기 위해 도넬란은 사고 실험을 하나 제시한다. 범죄 현상에서 스미스의 시체와 마주한 형사를 상상해보라. 시체의 상태가 너무나 훼손되어 '스미스의 살인자는 제정신이 아니군!'이라고 형사가 말한다. 이렇게 말할 때 형사는 살인자의 신원을 알지 못한다. 이 진술은 '스미스의 살인자가 누구이든, 그 사람은 틀림없이 제정신이 아니다'로 바꿔 말할 수 있다. 이는 속성적 사용을 보여주는 훌륭한 사례이다. 이 진술을 참인 것으로 확립하려면 형사는 스미스를 살해한 사람을 찾아내어 그 사람이 제정신인지를 규명해야 한다. 형사가 구체적인 개인을 염두에 두는 것은 분명히 아니다. 그렇기에 '스미스의 살인자가 누구이든'이라는 양화사구가 사용된다.

동일한 기술구가 지시적으로도 사용될 수 있다. 존스가 스미스를 살해한 혐의로 재판을 받는다고 가정해보자. 존스가 재판 내내 괴상하게 행동하는 것을 배심원 한 명이 알아채고 존스를 가리키며 '스미스의 살인자는 제정신이 아니다'라고 말한다. 그 배심원은 존스를 식별하는 데 성공한다. 배심원은 존스를 지목해 그에 대해 언급하고 싶었던 것이다. 여기서는 앞서 사용된 양화사구가 딱히 적합하지 않다.

　이제 존스가 재판을 받고 괴상하게 행동했지만 실은 스미스의 살인자가 아닌 경우를 생각해보자. 도넬란이 생각하기에 배심원은 존스가 스미스의 살인자가 아닌데도 존스를 여전히 식별하는데, 이는 배심원이 존스를 지시하고 그가 제정신이 아니라는 점을 말하려고 의도했음을 청자가 이해하기 때문이다. 존스가 **정말로** 제정신이 아니지만 스미스의 살인자는 아닐 수도 있다. 이 경우에도 배심원은 존스에 관해 참인 무언가를 말했다. 존스는 제정신이 아니며 화자가 그를 집어냈기 때문이다. 상황, 그리고 자신이 사용한 기술구의 참 거짓 여부와 관계없이 배심원은 '스미스의 살인자'라는 한정 기술구를 사용해 문제의 개인을 식별하는 데 성공한다. 배심원이 이뤄낸 지시에서 기술구 자체는 전혀 중요하지 않으며, 지시체가 반드시 해당 기술구를 만족하지는 않아도 된다. (상황에 따라) 존스에게 적용되지 않는다면 기술구에는 결함이 있겠으나, 배심원은 여전히 그 기술구를 사용해 특정 개인을 식별해낸다. 마치 이 기술구는 양화사구 또는 누군가를 골라내는 지시사 **둘 중** 하나로서 기능할 수 있는 것처럼 보인다. 배심원은 한 개인을 식별하고 그에 대해 진술함으로써 자신의 지시적 의도를 성공해낸다. 이와 달리 형사의 경우에는, 러셀 이론의 계보를 따라서 분석될 수 있는 어떤 것을 형사가 말했다고 해석하는 편이 가장 적합하다.

　같은 논점을 예증하고자 도넬란이 사용한 다른 사고 실험도 있다. 당신이 참석한 파티에 어떤 유명한 철학자가 있는 상황을 상상해보자. 철학자는 마티니처럼 보이는 것을 마시고 있다. 철학자를 보며 당신은 '마티니를 마시고 있는 그 사람은 유명한 철학자야'라고 말한다. 그런데 그 사람이 유명한 철학자이기는 하지만 사실 마티니가 아니라 마티니 잔에 담긴 물을 마시고 있었다고 하자. 이때 당신은 철학자에 관해 참인 무언가를 말했으나, 당신이 사용한 ['마티니를 마시고 있는 그 사람'이라는] 기술구는 그에게 적용되지 않는다. 그럼에도 해당 기술구는 당신이 지시하려 했던 사람을 가리키는 기능을 여전히 할 수 있다.

이제 속성적 사용을 예증하는 비슷한 경우를 생각해볼 수 있다. 참석자들이 술을 마시지 않기를 원하는 파티의 주최자가 '마티니를 마시고 있는 그 사람은 누구지?'하고 말하는 상황을 상상해보자. 이전 사례의 당신과 달리, 그녀는 특정 개인을 식별하려는 것이 아니다. 마티니를 마시는 사람이 누구인지를 밝혀내려는 것이다. 마티니처럼 보이는 것을 마시는 사람이 사실 마티니를 마시지 않고 있다면 그녀는 신경 쓰지 않을 것이다. 그녀의 발화 행위에는 ['마티니를 마시고 있는 그 사람'이라는] 기술구를 만족하는 누군가의 존재가 필요하다. 이 기술구에 들어맞는 사람이 파티에 있었다면 그녀는 기술구를 사용해서 자신의 목표를 달성했을 것이다. 해당 기술구를 사용하여 그녀는 '그것이 누구이든 마티니를 마시고 있는 사람'을 의미한다. 어느 특정 개인을 염두에 두지 않는다.

사실 마티니를 마시고는 있지만 유명한 철학자가 아닌 다른 사람이 옆방에 있을 수도 있다. 이때 기술구를 속성적으로 해석하면 '마티니를 마시는 그 사람은 유명한 철학자이다'라는 진술은 거짓이다. 옆방에서 마티니를 마시고 있는 그 사람을 지시하려고 의도한 것이 아닐지라도, 그가 우연히 당신의 기술구에 들어맞기 때문이다. 당신의 지시는 마티니 마시는 사람이라고 옳지 않게 기술한 사람에 관한 것이었다. 물론 그 사람에 관해 참인 무언가를 말하기도 했지만 말이다.

이 두 사례를 이해하는 가장 좋은 방법은 화자의 의도를 알아내는 것이다. 스스로에게 한번 물어보자. 화자의 의도가 특정 개인을 식별하려는 것인가? 아니면 그것이 누구든지 간에 특정한 기술구를 만족시키는 사람에 관해 이야기하려는 것인가? 한정 기술구의 사용은 때로는 배후에 있는 일반적인 (속성적) 의도를 가질 것이나, 때로는 단칭적인 (지시적) 의도를 가질 것이다. 이 모든 것은 화자가 전달하기를 의도하는 바에 달려 있다.

도넬란은 논증의 핵심 부분을 반복하며 논의를 이어간다. 뒤이어 나오는 각각의 사례들은 속성적 사용과 지시적 사용에 담긴 의도의 차이를 보여준다. 이것이 모든 사례를 이해하는 도넬란의 근본적인 방식이다. 대상이 기술구에 들어맞는 것이 중요하지 않다면 지시적 사용이다. 반면에 대상이 기술구에 들어맞는 것이 중요하다면 속성적 사용이다. 그리하여 우리는 우리가 지시하고 있는 바를 참되게 기술하지 않고도 기술구를 사용하여 무언가를 실제로 지시할 수 있다. 지시의 성공은 정확한 기술에 의존하지 않는다.

지금까지의 논의를 요약해보자. 도넬란의 논증에서 핵심은 지시적 사용과 속성적 사용의 구별이다. 그는 우리가 방금 묘사한 사고 실험들을 통해 이 구별을 예증한다. 일반적인 의도를 가지고 '스미스의 살인자'를 말하면 화자는 기술구를 속성적으로 사용한다. 이 기술구를 사용하는 화자는 어떤 특정한 사람도 염두에 두지 않는다. '누구이든 그 살인자는 틀림없이 제정신이 아니다'로 화자는 같은 말을 할 수 있다. 반면, 특정 개인을 염두에 두고 기술구를 사용해서 그 개인을 골라낸다면 화자는 기술구를 지시적으로 사용한다. 도넬란의 주요 논증은 기술구의 이런 두 사용 — 속성적 사용의 일반성과 지시적 사용의 특수성 — 을 다룬다. 도넬란에 따르면 이 구별의 한 가지 귀결은, 기술구를 지시적으로 사용할 때 발화 행위는 해당 기술구의 참 거짓 여부와 무관하게 성공적일 수 있다는 점이다. 스미스의 살인자 사례를 다시 생각해보자. 존스가 살인자가 아닐지라도 배심원은 '스미스의 살인자는 제정신이 아니다'라고 말하면서 여전히 존스를 식별할 수 있다. 속성적 사용과 달리, 기술구의 내용은 지시적 사용에서 별로 중요하지 않다. 지시적 사용에서 기술구는 부차적이며 한 개인을 식별해내려는 도구에 불과하다. 도넬란은 러셀의 이론과 프레게/스트로슨의 이론이 옳지 않다고 생각한다. 두 이론 모두 기술구 사용의 이중성을 인정하지 않기 때문이다.

도넬란은 논문의 남은 부분에서 이 기본 요점의 다양한 귀결을 이야기한다. 두 사용 간의 구별을 이해한다면 도넬란이 제시하는 논증의 골자를 이해할 수 있다. 한 가지 분명한 점은, 특정 사물이 지목되는 경우에 지시적 사용이 일어나며 속성적 사용에서는 어떤 일반 개념을 포함하는 언급을 한다는 점이다. 이는 ('누구든지'에서 드러나듯) 양화 명제와 ('이 개인'에서 드러나듯) 개별 명제 간의 차이와 같다. 이 구별은 이름과 기술구 간의 차이를 말할 때 러셀이 논의하는 구별과 비슷하다. 러셀에 대한 우리의 이해를 이용하면 도넬란의 구별도 다른 방식으로 설명할 수 있다. 도넬란은 한정 기술구의 어떤 사용[지시적 사용]이 러셀적 의미에서 이름과 유사하지만, 다른 사용[속성적 사용]이 명제 함수와 유사하다고 생각한다. 그럼에도 표현 자체는 사용에 따라 [달라지는 것이 아니라] 한결같아 보인다.

도넬란의 구별을 받아들이면, 두 사용 모두에서 화자가 지시하는(또는 지시하려는) 개인이 기술구를 만족한다고 전제하지만, 기술구를 만족하지 않는 개인에 대해서 [러셀과는] 다른 결과가 나온다. 기술구가 속성적이지만 누구도 그것을 만족하지 않는다면 진술은 참일 수 없다. 러셀에 따르면 이런 진술은 그저 거짓이다. 예컨대 러셀의 기술 이론에 따르면, 프랑스의 왕 같은 것은 없기 때문에 '프랑스의 그 왕은 대머리이다'는 거짓이다. ['프랑스의 그 왕'이라는] 기술구를 속성적으로 사용하지만 그 기술구에 들어맞는 무언가가 있다는 함축이 거짓으로 드러난다면, 그 진술은 참일 수 없으니 거짓이어야 한다. 이와 달리 도넬란에 따르면, 지시적 사용의 경우에서 진술은 의도된 지시체가 해당 기술구를 만족시키는지 여부와 무관하게 여전히 참인 무언가를 말한다. 존스가 실은 스미스의 살인자가 아니더라도 존스가 진짜 제정신이 아닐 수 있는 것처럼 말이다.

심지어 화자는 자신이 사용하는 기술구가 지시하려는 개인에게 적용된다고 믿지 않으면서 그 사람을 지시할 수 있는 사례들도 있다. 대부분의 경우에 화자는 기술구가 [지시하려는] 개인에게 적용된다고 생각할 것이다(예컨대, 피고석에 앉아있는 존스가 살인자라고, 파티에 있는 그 사람이 마티니를 마시고 있다고 생각할 것이다). 그러나 자신의 기술구가 참이 아님을 알지만 화자는 그 기술구를 사용하여 어떻게든 개인을 식별할 사례가 있을 수 있다는 점을 도넬란은 보여준다. 도넬란이 제시하는 가짜 왕의 사례를 생각해보자. 그 사례에서 화자는 왕으로 보이는 사람을 왕위 찬탈자라고 믿기에 그가 진짜 왕이 아니라고 믿는다. 하지만 자신 외의 온 국민이 그를 정당한 왕이라고 생각하기 때문에 화자는 여전히 다른 사람들과 같은 방식으로 (가령 '그 왕이 집무실에 있는가?'라고 말하며) 그를 지시한다. 화자는 자신이 말하려는 개인을 왕이라고 믿지 않으나 어쨌거나 왕에 걸맞은 기술구를 사용한다. 거짓 기술구를 통해 지시적 사용을 성공적으로 해낸다.

문장의 청자마저 기술구를 믿지 않을 수 있다. 예를 들면 왕이라고 여겨지는 사람 주변에서 그를 왕이라고 생각하는 이들을 제외한 나머지 사람들은 전부 그 사람을 왕위 찬탈자라고 생각한다. 문제에 휘말리지 않으려 사람들은 여전히 '그 왕'으로 그 사람을 지시한다. 궁전에 있는 모든 사람은 '그 왕'이라는 기술구로 왕위 찬탈자를 지시할 것이며, 그가 왕이 아님을 알지만 '그 왕'이라는 기술구를 계속 사용할 것이다. 이때 원래의 화자가 '그 왕이 집무실에 있는가?'라고 묻는다면 궁전에 있는 모든 사람은 화자가 누구를 지시하는지 안다. 그 사기꾼을 왕이라고 믿지 않는데도 말이다. 이처럼 화자와 청자는 '그 왕'이라는 기술구가 거짓임을 알지만, 거짓일 때조차 이 기술구는 여전히 지시에 성공한다.

4.3. 지칭하기와 지시하기

이상의 논의를 마친 도넬란은 나아가 **지칭하기**denoting와 **지시하기**referring 를 구별한다. 존스가 무죄라고 가정할 때, 도넬란은 '스미스의 살인자'라는 기술구가 존스 아닌 누군가를 지칭할 수 있음을 부인하지 않는다. 배심원이 거짓 기술구로 존스를 지시하고는 있지만 도넬란은 그 기술구가 존스 아닌 다른 사람을 지칭할 수 있음을 받아들인다. 스미스를 실제로 살해한 사람이 브라운이라고 해보자. 그러면 '스미스의 살인자'는 브라운을 지칭한다. 이때 배심원은 '스미스의 살인자'를 말함으로써 존스를 지시하나, 배심원의 기술구는 브라운을 지칭한다. 도넬란은 지칭에 대한 이 같은 생각을 러셀한테서 빌려온다. 도넬란에 따르면, 화자는 기술구로 지칭되는 사람이 아닌 누군가를 그 기술구로 지시할 수 있다. 따라서 지시하기는 지칭하기와 구별된다.

지칭은 의미론적 개념이다. 즉, 지칭은 '스미스의 살인자'라는 구에 대한 엄밀하고도 문자적인 해석이다. 이는 화자가 그 구를 사용해서 지시하는 사물 내지 사람에 대한 화용론적인 개념이 아니다. 이로부터 화용론적 물음과 의미론적 물음 사이의 구별이 드러난다. 결과적으로 도넬란은 자신의 우선적인 관심사가 어떻게 특정한 상황에서 개별 화자가 청자에게 메시지를 전달하느냐는 화용론적 물음임을 인정하는 셈이다. 기술구를 그 자체로 고려하면, 그게 무엇이든 기술구에 들어맞는 것이 (의미론적으로) 지칭되며 그에 따라 기술구는 '속성적으로' 기능한다. 따라서 화자는 특정한 개인(브라운)을 의미론적으로 지칭하는 기술구를 사용하여 다른 개인(존스)을 화용론적으로 지시할 수 있다. 도넬란은 의미론적 지칭에 대해 두 해석이 있다고 주장하는 것이 아니다. 그는 지칭이 러셀의 이론을 따르지만 지칭체가 아닌 다른 무언가를 화자가 지시하는 화용론적 사용이 있다고 생각한다.

사실 도넬란은 「지시와 한정 기술구^{Reference and Definite Descriptions}」의 한 지점에서 자신이 러셀의 의미론적 이론을 반대하지 않는다고 분명히 진술한다.

개별 문장 속 한정 기술구가 지시 기능을 하는 표현이라고 무조건적으로 말할 수는 없는 듯하다(지시하는 데 사용될 수 있다고 말하는 것은 물론 가능하다). 보통 한정 기술구가 지시적으로 사용되는지 속성적으로 사용되는지 여부는 개별 사례에서 화자의 의도에 달려 있다. '스미스의 살인자'는 '스미스의 살인자가 제정신이 아니다'라는 문장 안에서 두 방식 중 무엇으로든 사용될 수 있다. 어느 쪽이든 그것을 문장에 담긴 애매성으로 설명하는 것은 그럴듯하지 않아 보인다. 내가 보기에 해당 문장의 문법적 구조는 기술구가 지시적으로 사용되든 속성적으로 사용되든 동일하다. 즉, 구문론적으로 애매하지 않다. 단어의 의미에 담긴 애매성이라고 생각하는 것도 전혀 매력적이지 않은 듯하다. 이는 의미론적으로도 애매하지 않은 것처럼 보인다. (아마 이 문장이 화용론적으로 애매하다고는 말할 수 있겠다. 말하자면 해당 기술구가 수행하는 역할의 구별은 화자의 의도에 달려 있다.)[2]

이 구절은 도넬란의 논증이 지닌 의의를 보여준다는 점에서 아주 중요하다. 여기서 그는 기술구 안에 의미론적 애매성이 없다고 주장한다. 도넬란이 의미론적 애매성이라는 말로 뜻하는 바는 단어가 언어에서 실제로 의미하는 것 — 단어의 논리적 분석 — 이다. 화자가 기술구를 두 다른 방식으로 사용하더라도 기술구 안에는 의미론적 애매성이 없다. 그러므로 결국 도넬란은 기술구가 언제나 의미론적으로 속성적이라는 점을, 즉 러셀적이라는 점을 인정한다. 나중에 다루겠지만, 도넬란에게 제기되는 주요 비판 가운데 하나는 러셀의 이론에 대한 그의 비판이 유효하지 않다는 것이다. 도넬란이 의미론적 문제에 화용론적 구별을 적용하려 들기 때문이다. 따라서 이 구절의 중요성을 이해하는 것은 현재의 논의에서 특히 중요하다.

● ●
2. Ibid., p. 164.

4.4. 진릿값 공백

도넬란은 논문의 후반부에서 스트로슨에 반대하는 주요 논점 몇 개를 제시한다. 스트로슨은 비어 있는 기술구를 지시적으로 사용하는 화자가 참도 거짓도 아닌 무언가를 말한다고 주장했는데, 도넬란이 보기에 이는 틀렸다. 지시에 실패하는 기술구를 사용해도 화자는 참인 무언가를 말할 수 있다. 스미스의 살인자가 존재하지 않고 그저 알 수 없는 사고가 났으며, 화자가 존스를 지시하면서 '스미스의 살인자는 제정신이 아니야!'라고 소리친다고 하자. 이때 스트로슨은 화자의 발화가 참도 거짓도 아니라고 생각한다. 반면 도넬란은 존스가 실제로 제정신이 아니라고 가정했을 때, 화자가 존스에 관해[의] 참인 무언가를 말한다고 생각한다.

어떤 사례에서는 스트로슨의 의견에 동의한다고 말하며 도넬란은 논의를 이어간다. 당신이 기술구를 사용하여 대상을 지시하는 데 완전히 실패하는 경우도 있을 것이다. 먼저 어느 구경꾼이 막대기를 든 것처럼 보이는 남자를 보고 '막대기를 든 그 남자가 숨을 헐떡인다'고 말하는 사례를 상상해보자. 남자가 그곳에 있기는 하지만 막대기가 아니라 소총을 들고 있다고 가정해보자. 도넬란은 소총을 든 남자가 구경꾼의 기술구에 들어맞지 않지만 여전히 구경꾼이 그 남자를 지시한다고 생각한다. 하지만 구경꾼은 걸어다니는 남자의 환각을 보고 있을 수도 있다. 구경꾼이 나무나 돌을 막대기 든 남자로 착각했을지도 모르지만, 이런 경우에도 도넬란은 구경꾼이 무언가를 성공적으로 지시한다고 믿는다. 그러나 이 지시 능력은 어디에선가 끝나게 마련이다. 구경꾼이 보는 막대기 든 남자가 완전히 환각이고 그곳에는 나무나 돌조차 없는 빈 공간이라면, 도넬란은 그가 무엇이든 — 남자든, 돌이든, 나무든, 공간의 일부이든 — 지시하는 데 실패한다고 생각한다. 지시적으로 말해서 구경꾼은 완전히 운이 다했다. 발화가 참도 거짓도 아니라고 말하는 스트로슨은 이런 경우에는 옳다. 여기서 화자의 지시 의도는 완전히 무효화된다. 이런 종류의 사례에서 진릿값에 대한 물음은 발생하지 않는다.

　그리하여 도넬란은 무언가를 지시하려고 하지만 결국 어떤 지시도 이루어지지 않는 경우가 분명 있다고 생각한다. 이 같은 근본적인 지시 실패는 화자가 참도 거짓도 아닌 무언가를 말할 수 있다는 점을 보여준다. 물론 러셀의 이론에서 이런 진술은 거짓인 명제를 표현하는 것이 당연하다. 도넬란은 중간점을 취한다. 그는 화자가 언제나 참이거나 거짓인 무언가를 말하는 것은 아니라고 생각한다. 그럼에도 도넬란은 스트로슨이 진릿값 공백이 얼마나 자주 발생하는지를 과장한다고 생각한다. 러셀과 스트로슨 둘 다 지시가 실패하는 특정한 경우에 관해 잘못을 저질렀다. 다른 경우에서는 옳았을지라도 말이다.

　스트로슨에 관해 결론짓는 지점에서 그랬듯이, 도넬란은 자신의 견해와 러셀의 견해 사이에서 어떤 공통점을 본다. 도넬란은 러셀의 이론이 기술구의 지시적 사용을 인식하지 못했기 때문에 불완전하다고 믿지만, 여전히 자신의 기술구 개념이 러셀의 이름 개념과 비슷하다고 생각한다. 러셀은 진정한 이름을 특정 대상에 대한 꼬리표로 간주한다. 기술구는 그렇지 않다. 그리하여 러셀은 이름과 기술구를 확실하게 구별한다. 러셀의 체계에서 진정한 이름은 대상에 대해 그저 꼬리표로 기능할 뿐 결코 대상을 기술하지 않는다. 도넬란은 기술구의 지시적 사용에서 기술구의 내용이 아무 역할도 하지 않는다고 믿기 때문에 자신의 구별을 러셀의 구별에 대응시킬 수 있다고 생각한다. 도넬란은 지시적으로 사용되는 기술구를 대상에 대한 단순한 꼬리표로 간주한다. 그런 기술구는 이름과 비슷하다. 지시적으로 사용되는 기술구가 대상을 옳게 기술하는지는 중요하지 않다. 대상에 꼬리표가 성공적으로 붙기 때문이다. 도넬란의 체계에서 지시적으로 사용되는 기술구는 겉보기에만 기술구이다. 지시적으로 사용되는 기술구는 기술함으로써 지시하는 것이 아니라 꼬리표를 붙이거나 가리키기만 하기 때문이다. 이처럼 지시적으로 사용되는 기술구는 러셀적 의미에서 이름처럼 기능하기에 대상이 기술구를 만족시키는지 여부는 중요하지 않다. 기술구가 부정확하더라도 지시에 성공하는 까닭에 그러하다. 지시적 사용에서 기술구의 내용은 부차적이며 기술구가 지시 기능을 수행하는 데 없어도 무방하다.

도넬란이 논문에서 제시한 사례는 아니지만 이를 잘 예증하는 또 다른 사례가 몇 개 있다. 이들 사례에서 기술구는 이름으로 기능하나 지시하는 것을 옳게 기술하지는 않는다는 점이 아주 분명히 드러난다. '신성 로마 제국the Holy Roman Empire'을 생각해보라. 이 악명 높은 기술구는 신성하지도 않거니와 로마도 아니지만 제국도 아닌 무언가를 지시한다. '신성 로마 제국'은 기술적 내용을 통해 지시하지 않는다. 이들 ['신성', '로마', '제국'이 라는] 단어는 실제의 서술적 의미가 철저히 제거된 무엇을 나타낸다. '유럽 공동체the European Community'나 '미합중국the United States', '돼지 농가 훈장the Grand Order of Pig Farmers'(방금 지어냈다!) 같은 기술구와 비교해보라. 이들 기술구 속 단어는 무언가를 지시하는 꼬리표가 되었으며 그 기술적 의미와 는 무관하다. 도넬란의 지시적 사용이 바로 이와 같다.

4.5. 도넬란의 구별에 대한 평가

도넬란의 주장이 얼마나 설득력 있는지 가늠하려면, [기술구가 아닌] 다른 유형의 표현을 문장 내에 사용할 경우 발생할 수 있는 특정 사례를 고려하는 것이 중요하다. 도넬란의 사고 실험, 그러니까 파티에서 마티니를 마시는 것처럼 보이는 유명한 철학자에 관한 사고 실험과 유사한 상황을 가정해보자. 이번에는 파티의 유명한 철학자가 어떤 개인, 이를테면 제리 포더Jerry Fodor라고 상상해보자. 파티 주최자는 철학자 크립키에 대해 들어본 적이 있고, 그가 누구인지도 들었다고 가정하자. 게다가 주최자에게는 크립키가 이 파티에 참석했다고 믿을 만한 이유가 있다. 이제, 사람들과 철학 이야기를 나누는 포더를 주최자가 보았다고 하자. 주최자는 이 사람이 크립키임이 분명하다는 믿음을 형성하고는 '크립키는 매우 활발하다'고 말한다. 당연하게도 주최자는 자신 앞에 누가 있는지를 잘못 판단했다. 하지만 물음이 하나 떠오른다. 주최자가 '크립키'라는 이름으로 지시한 사람은 누구인가? 주최자가 '크립키'로 포더를 지시하는 데 성공했으며 포더에 관한 참인 언급을 했다고 말하고 싶을지 모른다. 주최자가 사용한 이름에 그 지시체가 '들어맞지'는 않더라도 말이다. 어쩌면 크립키가 다른 방에 기절해있어서, 전혀 활발하지 않을지도 모른다. 그렇다면 주최자가 크립키를 지시하고 그에 관해 거짓 진술을 한 것일까? 도넬란을 따라서 이런 사례가 이름의 지시적 사용을 예증한다고 말할 수 있다. 여기서 정확성은 그다지 중요하지 않다. 어떤 의미에서 주최자는 자기 앞의 사람, 즉 포더를 지시하지 않았는가? 의미론적으로 '크립키'라는 이름은 크립키를 지칭하는 반면, 화용론적으로 주최자는 포더를 지시한 듯 보인다. '크립키'라는 이름에는 크립키만을 지칭하도록 하는 특정 의미가 있는데, 주최자는 이 이름으로 크립키가 아닌 누군가를 지시했다. 달리 말해, 주최자는 이름의 실제 규약적 의미에 들어맞지 않는 방식으로 이름을 사용했다.

이러니 도넬란이 혹시라도 「지시와 이름」이라는 논문을 썼더라면, 자신이 기술구에 대해 말했던 모든 것을 이름에 대해서도 똑같이 말할 수 있었을 것처럼 보인다. 이름에는 지시적 사용과 속성적 사용, 두 사용이 있고 지시는 지칭과 구별되어야 하는 등을 말이다. 그러나 화자가 단어를 오용하는 방식이, 이름에 대한 특정한 의미론적 이론이 거짓임을 밝힌다고 한다면 이 논증에는 무엇인가 문제가 있는 것 같다. 만약 도넬란의 반론이 고유 이름에 대한 이론에 적용될 수 있을지 묻는다면, 그 반론이 지시사에 적용되는지도 생각해야 한다. 동물원에서 여행객이 한 동물 앞에서 '저 영양은 갈색이다'라고 말하는 상황을 가정해보자. 하지만 동물은 영양이 아니라 사슴과에 속하는 다른 종이다. 화자가 어떤 의미에서는 지시하는 데 성공했더라도, 그 화자가 짚어낸 동물은 자신이 사용한 지시사에 들어맞지 않는다. 화자가 지시사를 오용한 것은 파티 주최자가 '크립키'라는 이름을 오용한 것과 똑같다. 여행객이 의도한 지시체는 본인 앞에 있는 동물이지만 그가 추정한 바와 달리 그 동물은 영양이 아니다. 그렇다면 지시사가 지칭하는 바 — 그런 것이 있다면 — 외의 무언가를 지시하는 데 해당 지시사를 사용하는 것이 가능한 셈이다. 러셀과 스트로슨에 따르면 이런 지시사는 지칭체가 없으므로 비어 있다. 그러나 그 동물이 영양이 아니라도 여행객은 여전히 자신 앞에 있는 동물에 대해 참인 무언가를 성공적으로 말할 수 있다.

도넬란의 논의가 이름과 지시사에 적용되므로, 도넬란의 논의를 모든 표현에 적용할 수 있는 듯 보인다. 대중문화에서 언어적 오용의 사례는 무수히 많은데, 특히 화자가 특정 단어를 교양 있어 보이려 사용하지만 오히려 그와 같은 사용이 화자의 무지를 드러내는 경우가 있다. 어떤 화자는 '사심 없는disinterested'과 '관심 없는uninterested'을 서로 교체 가능한 단어로 여기는데, '관심 없는'은 어떤 것에 흥미가 없다는 뜻인 반면 '사심 없는'은 어떤 것에 대해 [이해관계가 없어] 공평하다는 뜻이다. 테니스 경기에 사심 없는 관람자가 꼭 흥미 없는 관람자인 것은 아니다. 반대로 사심 없는 관람자는 [테니스에] 매우 흥미를 보이는 관람자일 수 있다. 단지 [입장이] 공평할 뿐이다. 누군가 '나는 그 사안에 대해 완전히 사심 없다'고 말할 수 있다. 이 흔한 실수를 아는 청자는 화자가 단어를 오용했다는 점으로부터 화자가 말하려고 하는 바 — '나는 그 사안에 대해 흥미가 전혀 없다' — 를 추론해낼 수 있다. 이처럼 단어의 오용으로도 참인 것을 전달할 수 있다. 만약 굉장히 똑똑하다면 우리는 도넬란식 사례를 양화사에 대해서, 아니면 '그리고'와 '아닌' 같은 거의 모든 단어에 대해서도 만들 수 있다. 특정한 규약적 의미(지칭체)를 가진 단어를 발화하면서 그 단어를 틀리게 사용하는 화자의 사례를 만들어내기만 하면 된다. 화자가 단어를 적용하려고 하는 것에 그 단어가 적용되지 않지만, 청자는 화자가 전달하려고 하는 바가 무엇인지를 이해한다. 그에 따라 발화 행위는 성공한다.

언어 속 어떤 표현도 이런 엇나간 방식으로 사용될 수 있다. 내가 양화사를 헷갈리는 경향이 있다는 점(나는 내가 말하고 있는 언어에 익숙하지 않을 수 있다)을 안다면 당신은 이따금씩 내가 '누군가'을 사용하는 경우를 '아무도'로 해석할 수 있다. 내가 '누군가 저 방에 있다'고 말할 때 (특히 그 방이 명백하게 비어 있다면) 당신은 방에 아무도 없다는 나의 인상을 내가 전달하려 한다고 해석할 수 있다.

이 요점의 의의는 도넬란식 사례를 만들어내는 것이 어떤 종류의 표현에 대한 의미론적 이론을 약화시킬 수 있는지 여부와 관련된다. 특정 이론이 한 단어에 대해 포착하고 확립한 의미론적 정의가 있는 경우, 사람들이 그 단어를 오용한다는 점에 주목한다고 해서 해당 이론이 약화되는가? 그렇지 않다. 단어의 오용은 단어의 의미론적 지위를 변하게 하지도, 그 의미에 대한 특정 이론이 틀렸음을 보이지도 않는다. 사람들은 도넬란이 설명하는 방식으로 단어를 오용할 수 있지만, 이는 그 오용이 흥미로운 언어적 이중성을 확립한다는 것을 의미하지 않는다. 한국어를 외국어로 사용하는 화자가 언어를 잘 이해하지 못해서 '그리고'를 사용하여 '모든'을 의미하더라도, '그리고'의 오용이 '그리고'의 의미를 바꾸거나 진리함수적 문장 연결사로서의 '그리고'에 대한 이론이 잘못되었다거나 지나치게 단순화되었음을 보이지는 않는다. 외국인이 '그리고'를 틀리게 사용했다고 해서 '그리고'의 뜻이 애매하다고 말하겠는가? 그렇지 않다. '그리고'에 문장 연결사와 보편 양화사라는 두 가지 사용이 있다고 말하지도 않을 것이다. 앞서 인용한 구절에서 도넬란도 인정했지만, 그는 아무런 의미론적 애매성을 지적하지 않는다. 하지만 그렇다면 도넬란은 순수하게 화용론적인 사항만을 고려했기 때문에 이 고려 사항은 의미론적 물음과 연관조차 되지 않는다. 도넬란의 화용론적 요점은 어떤 단어가 실제로 의미하는 바와 완전히 분리된 무엇인가를 전달하고자 화자가 그 단어를 사용할 수 있다는 데 있다. 이에 따라 화자는 브라운을 지칭하는 단어('스미스의 살인자')로 존스에 관한 믿음을 표현할 수 있다. 도넬란의 요점은 순수하게 화용론적이며 어떤 의미론적 이론도 약화시키지 않는다. 러셀과 스트로슨의 이론이 의미론적 이론이라고 제시되었으니, 도넬란의 요점은 이들 이론과 무관하다. 도넬란의 논의에도 불구하고 러셀은 기술구의 의미론에 대해서는 전적으로 옳다. 기술구는 언제나 그 기술구에 들어맞는 것을 의미론적으로 지칭한다. 화자가 기술구를 틀리게 사용해 단칭 지시를 할 수는 있지만, 그렇더라도 러셀이 내놓은 의미론적 이론이 틀렸다는 것은 아니다.

4.6. 함축과 함의

도넬란의 입장을 추가로 평가하고자 스테판 닐Stephen Neale의 책 『기술구 Descriptions』에서 일부를 발췌하여 몇 가지 논점을 살펴보겠다.[3] 이 발췌문에서 닐은 폴 그라이스Paul Grice가 발전시킨 개념을 몇 가지 이용한다. 이들 개념은 그 자체로 중요하므로 잠시 이것을 설명하겠다. 그라이스의 논문이 다루는 개념 중 어쩌면 가장 잘 알려진 것으로는 '대화적 함의conversational implicature'가 있다. 졸업생을 위한 추천서를 요청받은 교수의 사례를 이용하여 대화적 함의 개념을 설명해보자.

관계자분께,
존 스미스는 필체가 아주 좋습니다.
진심을 담아,
김대충 교수 드림

---

3. Stephen Neale, *Descriptions*, excerpted in *Philosophy of Language: The Central Topics*, p. 170.

스미스의 지원서를 검토하는 위원회는 이 추천서로부터 스미스가 특출한 철학적 재능을 가졌다는 점을 추론하지 않을 것이다. 위원회는 교수가 스미스를 탐탁지 않아 한다는 점을 추론할 것이다. 위원회가 스미스의 지원서 전체를 검토하고 면접을 본 후, 스미스가 훌륭한 지원자라고 결정했다고 가정해보자. 그러고는 위원 중 한 명이 추천서를 쓴 사람에게 왜 스미스가 형편없는 학생이라고 했는지 묻자, 교수는 화를 내며 '형편없다고 말한 적 없다. 나는 스미스의 필체가 좋다고 말했을 뿐이다. 사실 나는 스미스가 우수한 학생이라고 생각한다'고 대답한다. 교수가 스미스의 철학적 재능에 대해 거짓인 무언가를 말한 것은 전혀 아니다. 사실 교수는 전적으로 참인 무언가를 말했다. 스미스는 명필가이기도 하니 말이다. 그러나 교수가 무책임하게도 거짓인 무언가를 함의했다는 점은 확실하다. 교수가 대놓고 거짓말하지는 않았지만 극히 거짓된 인상을 준 것은 분명하다. 사실에 비추어서는 책임이 없을지라도 교수에게는 도의적 책임이 있다.

이 사례는 맥락이 주어졌을 때 진술이 무엇을 시사하는지와 관련한 대화적 함의를 예증한다. 편지에는 존 스미스가 형편없는 철학과 학생이라는 점을 논리적으로 함축하는 그 어떤 것도 적혀있지 않다. 하지만 추천서라는 맥락이 주어지면, 교수는 이를 대화적으로 함의한다. 원래 문장을 이 대화적 함의로 합당하게 환언할 수 있다. 이 맥락에서 '존 스미스는 필체가 좋다'고 말하는 것은 '존 스미스는 형편없는 철학과 학생이다'라고 말하는 것과 다름없다. 대화적 함의 개념은 문장을 발화할 때 화자가 엄밀하게 말하는 바, 그리고 발화하는 가운데 화자가 함축한 바 사이의 차이를 드러낸다. 따라서 화자가 문장을 발화하는 경우, 대화적으로 의도된 명제와 문자적으로 표현된 명제, 두 명제가 있다. 이 둘은 일치할 수도 그렇지 않을 수도 있다.

닐은 자신의 책에서 이 차이를 개괄한다. 표현된 명제는 특정 언어 속 해당 문장의 의미와 밀접하게 관련하고, 의도된 명제는 발화 행위에 관해 기대되는 바와 맥락에 의존한다. 표현된 명제와 의도된 명제는 서로 논리적 연관이 없는 전연 다른 명제일 수 있다. 이처럼 대화적 함의에서 명제는 단어로 직접 표현되지 않고 대화적으로 함의된다. 이 논점은 철학적으로 굉장히 중요한데, 다양한 주제에서 제기된 여러 철학적 주장을 약화시키기 때문이다. 문장의 발화가 엄밀히 말해 거짓인지, 특정 맥락에서 오해의 소지가 있는지 구별하는 것은 매우 중요하다. 특정 맥락에서 한 말이 오해를 불러일으킨다고 해서 그 말이 거짓인 것은 아니다. 그곳에 개가 있다는 데에 아무런 의심도 없으면서 '문가에 개가 있는 것처럼 보인다'라고 말하면 이는 오해를 불러일으킨다. 하지만 사물이 당신에게 어떻게 보이는지에 대해서는 여전히 참일 수 있다.

널이 말하는 도넬란의 주요 문제점은 도넬란이 이 구별을 무시한다는 점이다. 도넬란은 러셀의 한정 기술구 분석이 충분하지 않다고 말한다. 지시적 사용과 관련한 도넬란의 사례를 다루지 않는다는 이유에서 말이다. 널은 도넬란의 화용론적 요점이 의미론에 어떤 영향도 주지 않는다고 보기 때문에 이 같은 형식의 주장을 기각한다. 널이 언급하지는 않지만, 도넬란이 자신의 원래 논문에서 바로 이 구별을 인정한 구절을 논한 바 있다. 그 구절에서 도넬란은 한정 기술구를 포함한 문장은 구문론적으로도 의미론적으로도 애매하지 않다고 분명하게 진술한다. 그럼에도 여전히 도넬란은 한정 기술구의 의미를 설명하는 러셀에게 무엇인가 잘못이 있다고 생각한다. 문제는 도넬란이 어떻게 이를 인정하면서 자신의 논증을 유지할 수 있느냐이다. 도넬란은 자신의 두 화용론적 사용으로 러셀의 의미론적 분석에서 잘못된 점을 어떻게든 보일 수 있다고 생각하지만, 자신의 생각이 의미론과 관련이 없다는 점은 도넬란 자신도 인정한다.

속성적 사용에 대해 러셀의 이론이 옳다고 하자. 그러면 속성적으로 사용될 때 기술구는 양화사 표현이다. 도넬란에 따르면 한정 기술구에 의미론적 애매성은 없다. 그러므로 지시적으로 사용되든 속성적으로 사용되든 한정 기술구는 정확히 같은 의미를 가진다. 만일 그렇다면 러셀의 이론은 두 경우 모두에 올바른 의미를 내놓는다고 상정해야만 한다. 단어의 오용이 단어의 의미 분석을 약화시킬 수 없다는 점은 이미 살펴보았다. 따라서 도넬란은 러셀의 의미론적 이론을 위협할 만한 어떤 것도 짚어내지 못했다. 속성적 사용에 대해 러셀이 옳다면 지시적 사용에 대해서도 러셀이 옳아야 한다. 반대자인 닐이 강력히 밀어붙이는 논점 — 의미론적 애매성은 없다는 논점 — 을 도넬란이 이미 인정하고 있다는 것은 흥미롭다. 그럼에도 도넬란은 이 인정에 어떤 의의가 있는지를 알지 못하는 듯하다.

도넬란의 논증이 그라이스의 구별, 즉 표현된 명제와 의도된 명제 사이의 구별에 관심을 기울일 필요를 보인다고 닐은 믿는다. 어째서 이 구별이 중요한지를 이해하려면 도넬란의 사례를 다시 보아야 한다. '스미스의 살인자' 사례를 다시 살펴보자. 존스는 피고석에 앉아 있는 사람이다. 존스의 이상한 행동을 본 배심원은 존스가 제정신이 아니라는 자신의 믿음을 표현하고자 하며, 그리하여 '스미스의 살인자는 제정신이 아니다!' 라고 말한다. 의도된 명제는 존스, 즉 피고석에 앉아 있는 사람이 제정신이 아니라는 것이다. 존스가 스미스를 살해했다는 것은 객관적인 사실이 아니지만 말이다. 의도된 명제는 도넬란의 지시적 사용과 일맥상통한다. 하지만 문장 자체('스미스의 살인자는 제정신이 아니다!')가 표현하는 명제는 스미스의 살인자가 제정신이 아니라는 것이다. 이것은 참일 수도 참이 아닐 수도 있다. 존스가 제정신이 아니고 진짜 살인자(브라운)는 제정신이라고 가정하면, 의도된 명제(존스는 제정신이 아니라는 명제)는 참일 것이나 표현된 명제[브라운은 제정신이 아니라는 명제]는 거짓이다. 그라이스의 구별을 참고하여 도넬란의 사례를 분석하면 사례에 등장하는 문장의 발화'와 결부되는' 두 다른 명제가 있음을 알 수 있다. 두 명제는 서로 다른 개인에 관여하며 진릿값에 있어 다를 수 있다.

필체 사례도 표현된 명제와 의도된 명제 사이의 구별을 예증한다. 필체 사례에서 표현된 명제는 존 스미스가 좋은 필체를 가졌다는 것이며, 의도된meant(또는 의도된 듯한) 명제는 존 스미스가 좋은 철학자가 아니라는 것이다. 이 두 명제는 전연 다르다. 화자는 특정 명제를 전달하는 데에 이들 단어를 사용할 수 있지만, 발화된 실제 단어는 해당 명제를 의미^{mean}하지 않을 수 있다. 도넬란이 진정 증명한 것은, 화자가 문장을 사용하여 문장이 표현하지 않는 명제를 의도할 수 있다는 점 — 그리하여 단어 자체가 담고 있지 않은 정보를 전달할 수 있다는 점 — 이다.

이를 더 일반적으로 생각해보면, 많은 언어 사용에 바로 이 같은 특성이 있음을 알 수 있다. 반어법을 예로 들어보자. 한 화자가 어떤 것을 반어적으로 말한다면 — 가령 '당신 정말 똑똑하군요'라고 비꼬아 말했다면 — 표현된 명제는 의도된 명제와 상반된다. 하지만 반어법의 가능성이 ['당신 정말 똑똑하군요'라는] 문장의 의미 분석을 많든 적든 바꾸어 놓는다는 주장은 이상하다. 반어법은 표현된 명제가 의도된 명제와 같지 않다는 사실에 의존한다. 이렇듯 반어법은 문자적 의미$^{literal\ meaning}$와 화자 의미$^{speaker\ meaning}$ 간의 복잡한 관계 속에서 [표현된 명제와 의도된 명제의] 구별이 알아서 작동함을 보여주는 또 다른 사례이다. 이때 한 명제는 다른 한 명제의 부정이다.

과장 및 과장법도 이 구별을 예증한다. 과장법^{hyperbole}은 과장^{exaggeration}을 사용하여 특정 요점을 전달한다. 과장법 진술을 문자 그대로 해석하는 사람은 오해하는 것이다. 아주 키가 큰 사람을 묘사하면서 '저 남자는 키가 6미터는 된다'라고 말하더라도, 대다수의 청자는 남자가 실제로 6미터라고 생각하지 않을 것이다. 문장이 의미하는 바와 그 문장을 특정 방식으로 사용하여 화자가 의미하는 바는 다르다. 은유법도 이 점을 잘 보여준다. '줄리엣은 태양이다'라고 말하는 로미오를 두고 '태양'이라는 단어의 숨겨진 의미론적 애매성을 발견했다고 주장하는 것은 이상하다. 언어를 사용하여 전달하는 메시지와 단어 자체의 문자적 의미를 동일시해서는 안 된다. 때로 단어를 사용하여 그 단어가 실제로 의미하지 않는 바를 의미할 수 있다는 점은 실로 언어의 본질이다.

이로써 도넬란에 대한 논의가 마무리되는데, 러셀의 이론에 대해서는 아직 할 말이 있다. 앞서 논의한 이유로 인해 도넬란의 러셀 비판이 잘못된 것처럼 보이기는 하지만, 러셀 이론에 대한 다른 반론은 아직 있다. 이들 반론을 간략히 훑어보자.

4.7. 러셀의 이론에 대한 추가 반론

첫 번째는 비어 있는 기술구가 참도 거짓도 아닌 진술을 만든다는 스트로슨의 반론이다. 러셀의 이론에 따르면, '그 F는 G이다'라는 문장은 존재 명제 — 한 F가 존재한다는 명제 — 를 표현한다. F가 없다면 이 문장은 거짓 명제를 표현한다. 러셀의 진릿값 할당이 직관적으로 틀렸다는 것이 스트로슨의 논점이다. 이 문장이 진릿값을 가지는 명제를 표현하지 못한다고 말하는 것이 더 자연스럽게 들린다. 프랑스의 왕이 없다면 '프랑스의 그 왕은 대머리이다'를 거짓이라고 말하는 것은 바람직하지 않다. 프랑스의 왕이 있고 그가 머리숱이 많은 경우에만 '프랑스의 그 왕은 대머리이다'가 거짓일 수 있다. 그러니 기술구가 비어 있다면 이 진술은 참도 거짓도 아니라고 스트로슨은 주장한다.

또 다른 유형의 예시를 보면 이 비판이 더 명확해진다. '황금산은 황금으로 이루어져 있다'를 생각해보라. 이 진술은 선험적으로 참인 듯하다. 그러나 러셀의 이론에 따르면, 황금산이 없기 때문에 이 진술은 그냥 거짓이다. 이 진술은 러셀의 이론에 전혀 들어맞지 않는다. 겉보기와 달리 이 진술이 거짓임을 보인 바 있기에 러셀은 이것이 그저 일상 언어의 문제라고 답할지 모른다. 러셀의 대답에 관해 몇 가지 할 말이 있다. '황금산은 황금으로 이루어져 있다' 같은 문장이 엄밀히 말해 거짓임을 고수하는 것은 항상 가능하다. 일상에서 우리는 이들 진술을 거짓이라 하지 않지만 이들은 거짓이다. 회의주의는 아무도 아는 것이 없음을 보이려 한다. 회의주의에 의하면, '나는 내가 이 단어를 읽고 있음을 안다'는 말은 거짓이다. 이 문장을 거짓이라고 말하는 것은 아주 이상해 보이지만, 그 문장이 엄밀히 말해 거짓이라고 주장하는 것은 가능하다. 마찬가지로 '황금산은 황금으로 이루어져 있다' 같은 문장이 실지로 거짓임을 고수할 수 있다. 상식에서는 참으로 보이지만 말이다. 그럼에도 러셀의 입장은 여전히 받아들이기 어렵다는 인상을 남기기에 이 분석이 옳은지를 자문하게 한다.

두 번째 반론은 '황금산'과 '프랑스의 그 왕'이 문장이 아니라 구라는 것이다. '황금산'과 '프랑스의 그 왕'은 실제 문장이 아니라 문장의 부분이다. 문법적으로 보자면, 이들 구는 이름이나 지시사처럼 발화의 일부를 구성한다. 어떤 화자가 '저 개'나 '솔 크립키'만을 말한다면 그는 문장의 한 부분만을 발화하는 것이니 결국 아무것도 말하지 않는다. 반면 러셀은 기술구가 완전한 문장이라고 본다. 기술구는 존재와 유일성에 대한 주장으로 확장되니 말이다. 어느 화자가 '바깥의 그 남자'라고만 말한다면 우리는 그가 완전한 명제를 아직 표현하지 않았다고 생각할 것이다. 그런데 러셀의 이론에서는 바깥의 남자가 딱 한 명 존재한다고 이미 말해버린 셈이다. 화자가 실제로 완전한 문장을 말한 적이 없으므로 이는 이상하다. 게다가 기술 이론을 이름에 적용하여 러셀의 방식으로 기술구를 분석한다면, 이름을 말하는 것만으로도 이미 완전한 명제 — 한 F가 유일하게 존재한다는 명제 — 를 표현하게 된다. 허나 '에릭 클랩튼'이라고만 말해도 내가 진릿값을 지닌 무언가를 말하게 되는가?

이들 반론은 둘 다 한정 기술구가 러셀의 생각보다 더 이름과 유사하다는 점을 보여준다. 한정 기술구는 주어로 사용되어 서술되는 속성을 지닌 무언가를 식별한다. 진술이 참인지 거짓인지 여부는 기술구로 식별되는 사물이 귀속된 속성을 가지는지 여부에 달려 있다. 이때 기술구는 문장보다 이름과 더 유사하다. 기술구는 전체 문장이 아니라 문장의 부분 — 주어 부분 — 처럼 보인다. 이번에도 러셀의 분석이 올바른지 의문을 품게 된다.

비직설법^{nonindicative} 문장은 러셀의 이론에 더 많은 우려를 제기한다. '프랑스의 그 왕을 죽여라!' 같은 명령문의 사례를 생각해보자. 러셀의 이론을 이용하자면 이 문장을 '프랑스의 유일한 왕이 있다를 죽여라!'로 환언해야 할 것이다. 이 환언을 보면 무의미하고 잘못 형성되었으며 문법에 도 맞지 않는다는 점을 단박에 지적할 수 있다. '프랑스의 그 왕'이라는 한정 기술구를 러셀의 환언으로 대체해 버리면 '프랑스의 그 왕을 죽여라!' 라는 문장은 무의미해진다. 러셀의 이론은 이 사례에 기계적으로 적용될 수 없다. 기술구가 등장하는 명령문을 어떻게 다룰 것인지를 러셀은 논의하 지 않는다. 원래의 명령문을 '프랑스의 그 왕이 죽어 있음을 사실이게 하라!'로 바꾸는 것은 소용없다. 왜냐하면 이는 명령을 따르는 사람으로 하여금 프랑스의 유일한 왕이 존재함을 사실이게끔 만들 것이다. 왕을 죽이라는 명령과는 정반대이다.

명령문 때문에 생기는 이 문제와 긴밀하게 관련하는 다른 문제가 '조지 4세는 『웨이벌리』의 그 저자가 담배를 피웠는지를 궁금해했다'라는 문장 을 통해 드러난다. '『웨이벌리』의 그 저자'라는 기술구를 러셀의 환언으로 대체하면, 조지 4세는 『웨이벌리』의 저자가 딱 한 명 존재하며 그가 담배를 피웠는지를 궁금해했다는 명제를 얻게 된다. 그러나 『웨이벌리』의 저자가 딱 한 명 존재하는지를 조지 4세가 궁금해한 적은 없었을 것이다. 그가 궁금해한 것은 『웨이벌리』의 저자가 담배를 피웠는지 여부뿐이다. 조지 4세는 문제의 저자가 존재한다는 것을 당연시했다. 명제적 태도 문맥 — 이 경우에는 '~를 궁금해한다' — 안에 등장하는 한정 기술구에 러셀의 이론을 적용하면 틀린 분석을 얻게 된다. 이러니 기술구의 모든 등장이 러셀의 이론에 들어맞지는 않는다.

세 번째 반론은 기술구가 기능하더라도 근본적으로 불완전할 수 있다는 사실에서 비롯한다. '그 탁자'라는 기술구와 '그 탁자는 비어 있다'라는 문장을 생각해보자. 이 문장을 러셀의 이론을 따라 분석하면 두 번째 연언지, 즉 '오직 하나의 탁자가 존재한다'에서 문제가 발생한다. 원래의 진술은 세계에 오직 하나의 탁자만이 존재한다는 것을 함축하지 않는다! 그렇게 해석한다면 이 진술은 거짓이다. 불완전한 기술구를 러셀의 이론으로 분석하면 유일성 절은 뜬금없이 거짓으로 드러난다.

러셀로 하여금 이들 문제를 피해가도록 할 방책이 있다. 몇몇 사람은 '그 탁자' 같은 구가 실제로는 지시사라고 주장한다. 그리하여 '그^{the} 탁자는 비어 있다'는 '저^{that} 탁자가 비어 있다'를 의미한다. 이 환언을 이용한다면 유일성의 문제를 피해갈 수 있다. 맥락이 지시 대상을 골라내기 때문이다. 이런 기술구는 지시사임이 드러나고, 그에 따라 러셀의 이론으로 분석되지 않는다. 하지만 이는 러셀의 분석이 모든 기술구를 다루지는 않음을 인정하는 셈이다. 지시사는 한 대상을 골라내는 단칭 지시 장치이지, 양화사구가 아니다. 어떤 문법상의 한정 기술구가 양화사와 유사하지 않으므로, 모든 한정 기술구가 양화사와 유사하다는 러셀의 주장은 틀렸다.

이번에는 '폰지$^{the\ Fonz}$'나 '에이스$^{the\ Ace}$', '시츄에이션$^{the\ Situation}$'처럼 이름과 유사하나 변질된 기술구를 생각해보자. 아마 러셀은 이것들이 기술구임을 단호히 부인할 테지만, 이것들은 기술구 같기도 하고 명백히 이름 같기도 하다. '자한당'은 어떤가?

러셀이 직면하는 마지막 문제는 '전자$^{the\ former}$' 및 '후자$^{the\ latter}$'와 관련한다. 어떻게 이를 양화사구로 분석할 것인가? '잭과 질이 언덕을 올랐는데 전자는 넘어졌고 후자는 주저앉았다'는 문장을 생각해보자. 여기서 이들 'the'에 러셀의 이론을 적용하여 환언하는 것은 거의 불가능하다. 한번 시도하여 확인해보라.

러셀의 이론은 대부분 맞지만 더 넓은 범위로 확장시키려 하면 여러 난점이 수면 위로 드러난다. 이들 난점을 어떻게 다룰 것인지는 언어철학의 풀리지 않은 난제이다.

제5장 카플란의 지시사 이론

5.1. 내포와 외연

앞서 이름과 기술구를 탐구하면서 언어적 지시에서의 기초적인 역할에 주목하여 지시사를 언급한 적이 있다. 이제 데이비드 카플란^{David Kaplan}의 글에 초점을 맞추어 지시사를 집중적으로 살펴볼 텐데, 그 전에 가능 세계 의미론을 둘러볼 필요가 있다. 이 주제를 소개하기 위해 우연히 참인 일상 문장의 사례를 하나 들어보자.

(1) 라파엘 나달은 2010년에 세계 최고의 테니스 선수였다.

이 문장은 참이다. 하지만 이 문장은 참이 아닐 수도 있었는데, 다른 누군가 (이를테면 로저 페더러가) 그해 세계 최고의 테니스 선수일 수 있었기 때문이다. 모든 가능 세계를 고려해보면 그중에는 나달이 최고의 선수가 아닌 가능 세계가 있다. 페더러가 2010년에 최고인 가능 세계에서 나달에 관한 저 문장은 거짓이다. 우연적 문장은 현실 세계에서는 참이지만 다른 가능 세계에서는 거짓일 수 있다.

　우연적 문장, 그리고 우연적 문장이 진릿값을 갖는 가능 세계에 관해 말할 때 논리학자와 철학자가 사용하는 특정한 용어가 있다. 한 세계에서 우연적 문장이 갖는 진릿값을 문장의 외연extension이라고 한다. 문장의 의미, 즉 문장이 표현하는 명제는 문장의 내포intension이다. 현실 세계의 한국어 문장이 가지는 하나의 내포에는 가능 세계마다 다른 여러 외연이 있다. 내포와 외연이라는 개념은 프레게가 말하는 문장의 뜻(생각)과 지시체(진릿값) 개념과 유사하다. 세계마다 진릿값 외연은 달라지는 반면 내포는 변치 않는다.

　카플란은 조금 더 이론적인 방식으로 내포와 외연을 설명한다. 카플란은 문장의 내포를 가능 세계에서 진릿값으로의 함수로 규정한다. 따라서 내포는 수학의 함수처럼 기능하는데, 이때 논항argument은 세계이며 함숫값은 진릿값이다. 예컨대 2+3=5와 같은 덧셈 등식에서 덧셈 함수의 논항은 2와 3이며 두 논항에 대한 함숫값은 5이다. 이와 비슷하게 '라파엘 나달은 2010년에 세계 최고의 테니스 선수였다'의 내포인 함수가 현실 세계를 논항으로 가질 때 함숫값은 참True이고, 다른 세계를 논항으로 가질 때 함숫값은 거짓False이다. 문장의 의미는 세계에서 진릿값으로의 함수로 간주된다. 내포는 세계에 맞추어 외연을 결정한다.

　주어진 문장이 표현하는, 세계에서 진릿값으로의 함수를 구체화하는 과정에서 우리는 해당 문장의 진리 조건을 결정한다. 한 문장의 진리 조건은 그 문장이 참인 세계들의 집합이다. 따라서 방금 사례로 든 문장은 나달이 최고인 세계에서만 참이다. 가능 세계 의미론자는 의미를 세계에서 진릿값으로의 함수로 설명한다. 의미를 진리 조건의 측면에서 해명하는 셈이다. 이런 생각을 문장의 부분, 가령 한정 기술구까지 확장해볼 수 있다. '이중초점 안경을 발명한 그 사람'이라는 한정 기술구를 보자. 완전한 문장처럼 이 기술구에도 특정 내포와 외연이 있으며, 이때 외연은 기술구의 지시체이다. 현실 세계에서 이 기술구의 지시체(외연)는 벤저민 프랭클린이다. 하지만 다른 가능 세계에서 [이 기술구의] 외연은 벤저민 프랭클린이 아닐 수 있다. 벤저민 프랭클린이 아닌 다른 사람이 이중초점 안경을 발명했을 수 있기 때문이다. 기술구의 내포는 다른 세계마다 다른 대상을 외연으로 결정한다. 이는 마치 문장의 내포가 다른 세계마다 다른 진릿값을 [외연으로] 결정하는 것과 같다. 문장의 의미가 세계에서 외연으로의 함수이듯, 한정 기술구의 의미도 세계에서 외연으로의 함수이다. 차이가 있다면, 문장의 외연은 진릿값이지만 기술구의 외연은 대상이라는 점이다. '이중초점 안경을 발명한 그 사람'이라는 이 한정 기술구의 경우, 현실 세계에서 내포에 대응하는 외연은 벤저민 프랭클린이다. 그러나 동일한 내포가 다른 세계에서는 토머스 제퍼슨을 외연으로 내놓을 수도 있다. 외연은 세계에 따라 달라지지만 내포는 고정되어 있다. 이것이 우연성을 이야기하는 한 방식이다. 이중초점 안경을 발명한 사람이 벤저민 프랭클린이었다는 것은 우연이다.

그렇지만 필연성도 고려해야 한다. '2+2=4'라는 문장은 모든 세계에 대해 똑같은 외연을 갖는 내포를 표현한다. 이 명제는 필연적으로 참이기 때문이다. 2+2가 4 외의 다른 것과 동일한 세계는 없다. 이 함수는 어떤 세계를 대입하더라도 똑같은 함숫값을 내놓는다. 어느 세계를 보든 2+2=4이다. 여기서 내포는 세계에서 진릿값으로의 상수 함수이다. 세계마다 함숫값이 달라지지 않으니 말이다. 반면에 '2+2=5'라고 적는다면 이는 모든 세계에서 거짓을 진릿값으로 가질 텐데, 2+2=5인 세계는 **없기** 때문이다.

한정 기술구가 그 담지자에 대해 필연적으로 참인 경우도 있다. 이 책의 2장에서 크립키를 논할 때 그중 하나를 언급한 바 있다. 이를테면 '3 다음에 오는 수'는 어느 세계에서나 하나의 수만을 지시하는데, 모든 가능 세계에서 3 다음에 오는 수는 4여야만 하기에 그렇다. 크립키식으로 표현하자면 이 기술구는 모든 세계에서 동일한 지시체를 갖기 때문에 고정 지시어이다. 이 용어를 사용해 '나달은 최고이다'를 진릿값 참에 대한 비고정 지시어, '2+2=4'를 진릿값 참에 대한 고정 지시어라고 말할 수 있다. 이에 따라 고정 지시어인 한정 기술구가 있으며, 고정 지시어인 한정 기술구는 비고정 지시어인 한정 기술구와 본질적으로 같은 방식으로 기능한다. 말하자면 둘 다 세계에서 외연으로의 함수로 작동하는 내포와 결부된다. 차이가 있다면, 고정 지시어[인 한정 기술구]는 상수 함수를 표현하는 반면 비고정 지시어[인 한정 기술구]는 가변 함수를 표현한다.

　한정 기술구를 포함하는 문장이 표현하는 명제 하나를 만들어보자. 문장이 표현하는 생각, 즉 명제는 문장 속 여러 단어의 내포로 구성된다. 기술구의 내포는 개념 F임 같은 무엇일 것이다. 그러므로 '그 F'에 대응하는 명제의 구성 요소는 유일하게 F임이라는 개념일 터이고, 문장 속 다른 표현에는 그에 대응하는 다른 요소가 있을 것이다. 이런 명제는 가능 세계 의미론에 부합한다. 한 세계에서 F라는 개념을 유일하게 만족하는 대상을 결정함으로써 외연은 결정되는데, 앞의 사례에서는 현실 세계의 벤저민 프랭클린이 그 외연에 해당한다. 하지만 벤저민 프랭클린은 이 명제의 요소가 아니다. F라는 개념만이 명제의 요소이며, 인물 자체는 세계의 요소이다. 명제는 지시체나 외연이 아닌 개념이나 내포 혹은 뜻으로 이루어져 있다. 지시체는 명제 속이 아니라 객관적 세계 안에 존재한다. 명제 속에 지시체를 위한 자리는 없다. 프레게식 가능 세계 의미론자에게 명제는 외연이 아니라 내포로 이루어져 있다.

5.2. 카플란의 지표사 이론

카플란은 언어에 지표사indexical가 존재한다는 이유를 들어, 가능 세계 의미론이 그려놓은 의미 그림에 동의하지 않는다. 카플란은 지표사를 다른 방식으로 분석해야 하며, 지표사의 의미를 드러내려면 의미 개념을 완전히 다르게 구상할 필요가 있다고 생각한다. 논문의 첫머리에서 카플란은 직접 지시 의미론이라는 생각을 도입한다.

　　이와 같은 단어[프레게식 뜻을 매개하지 않고 직접 지시하는 단칭어]
가 있다면, 이들 단어를 포함하는 문장이 표현하는 명제는 개체에
직접 관여한다. '개별 개념'이나 '제시 방식' 같은 방법을 통해서 [간접적
으로] 관여한다고 배웠지만 그렇지 않다. 이처럼 여겨지는 단칭어를
(있다면) 직접 지시어라고, 이처럼 여겨지는 명제를 (있다면) 단칭 명제
라고 하자. 직접 지시를 자신의 고유한 의미론으로 삼는 단칭어가
없더라도 우리가 이들 단칭어를 도입하자는 결정을 내릴 수 있을까?
우리에게 직접 지시어가 없고 직접 지시어를 도입하지 않더라도 단칭
명제가 필요하거나 쓸모 있을까?[1]

　카플란은 단칭 명제singular proposition를 전통적 정의와 반대로 정의한다.
[카플란에 따르면] 단칭 명제는 '벤저민 프랭클린'에 대응하는 개념이나
내포가 아니라 벤저민 프랭클린이라는 실제 사람을 포함한다. 개념이
일반 명제general proposition의 구성 요소인 것과 마찬가지로 실재하는 벤저민
프랭클린은 단칭 명제의 구성 요소이다. 이는 고전적인 프레게식 모델과
아주 상반되는데, 현실의 구체적 개인이 명제 속에 있으니 말이다. 이
같은 생각은, 특정 단어(진정한 이름)가 그 단어의 지시체를 명제 속에
도입한다는 러셀의 견해와 비슷한 노선에 있다. 러셀은 개념을 도입하는
단어(이를테면 기술구)와 대상을 도입하는 단어(이를테면 논리적 고유
이름)를 날카롭게 구별한다. 카플란은 단칭 명제가 구체적 개인을 포함한
다고 생각하니, 프레게식 의미론 대신 러셀식 의미론으로 회귀하자는
셈이다. 직접 지시어가 문장 속에 등장할 때 단칭 명제는 프레게식 뜻의

●●
1.　David Kaplan, "Demonstratives," in *Philosophy of Language: The Central Topics*, p.
　　181.

매개 없이 지시 대상을 포함한다. 카플란은 지표사에 관해서는 이 견해가 옳다고 생각한다.

프레게식 서사에서 단어는 뜻을 표현하고 뜻이 지시체, 그러니까 특정 개체를 결정한다. 따라서 개체를 지시하는 단어는 뜻을 표현함으로써 간접적으로 개체를 지시한다. 뜻은 명제 속에 들어가는 명제 요소이다. 뜻은 특정 개체의 개념이 됨으로써 지시체를 결정하지만, 이 개체는 명제의 요소가 아니다. 단어가 개체를 지칭하는 것은 이 같은 표현 관계의 간접적 결과이다. 직접 지시 서사는 이와 사뭇 다르다. 단어와 지시 관계와 개체, 이 셋뿐이다. 여기서는 표현 관계와 뜻이 — 뜻이 지시체를 결정하는 부분과 함께 — 빠진다. 나중에 카플란이 언어 장치를 몇 개 들여오기는 하지만 명제 요소는 개체만으로 구성된다. 개체는 곧 명제 요소인데, 이런 까닭에 카플란은 이 관계를 동일성이라고 말한다. 지시된 개별 사물은 명제 요소와 문자 그대로 동일하다. 단어는 뜻을 거치는 매개된 방식으로 개체를 지시하는 것이 아니라 직접 지시한다. 명제 요소가 곧 의미이므로, 의미는 언어 밖 세계에 거주하는 개체임이 드러난다.

프레게식 모델과 직접 지시 모델의 가장 큰 차이 하나는, 프레게식 모델에서는 하나의 지시체에 여러 뜻이 대응할 수 있다는 점이다. 반면, 카플란의 모델에서는 뜻이 개체를 결정하는 것이 아니라 개체가 뜻을 결정하기 때문에 하나의 지시체에 여러 뜻이 대응할 수 없다. [카플란의 모델에서] 명제 요소는 지시체에 의해 결정되는 의미이며, [명제 요소와 의미 간의] 관계는 동일성에 불과하다. 이에 따라 각 지시체에는 하나의 뜻만 있을 수 있으니, 공지시적 단어는 같은 뜻을 지녀야만 한다. 같은 대상을 지시하지만 다른 뜻을 지닌 두 단어를 포함하는 프레게식 사례가 카플란의 모델에서는 다루어지지 않는다. 그러나 수차례 논의했듯이, 이름의 의미에 관한 이 같은 설명은 프레게의 동일성 문제에 직면한다. 직접 지시 모델은 몇 가지 측면에서 매력적이지만, 동일성 문제를 해결하려면 뜻과 지시체라는 장치가 필요하다고 프레게는 생각했다. 카플란은 자신의 논문에서 프레게의 문제를 다루는 대신에 다른 물음에 집중한다. 그럼에도 동일성 문제는 계속 염두에 둘 필요가 있다. '샛별'과 '개밥바라기' 등의 사례를 지시체만으로 처리하기는 표면상 불가능해 보인다. 여하튼 이것은 직접 지시 이론의 난점이다.

지표사란 무엇인가? 지표사는 지시사를 부분 집합으로 포함한다. 지시사에는 '이것', '저것' 등의 단어가 있는데, 보통은 가리키는 동작을 수반한다. 지표사에는 '여기', '저기', '당신', '그', '나', '지금' 등의 단어가 있다. 특정 맥락에서 사용되어 해당 맥락에 지시체를 의존한다는 점이 지표사에 관해 기초적인 생각이다. 이런 까닭에 지표사를 맥락 의존적 표현이라고 할 수 있다. 이리하여 지표사는 이름 및 한정 기술구와 다르다. 몇몇 한정 기술구가 지표사를 포함하기는 하지만 말이다. 카플란은 대용어$^{ana-phoric}$로 사용되는 지표사 — '존은 가게에 갔고, 거기서 그는 샌드위치를 샀다'의 '그'처럼 — 는 다루지 않겠다는 단서 조항도 단다. 카플란이 논의하려는 지표사는 ('존'으로부터 지시체를 빌린 '그'와 달리) 선행 단칭 지시로부터 지시체를 빌리지 않고 사용되는 지표사이다. 이들 지표사의 의미를 이해하는 것이 카플란의 관심사이다. 직접 지시 개념이 여기서 중대한 역할을 맡는다.

5.3. 지표사에 관한 두 원칙

카플란은 지표사에 관한 두 원칙으로 논의를 이끌어갈 것이라고 말한다. 첫 번째는 지표사가 맥락 의존적이라는 원칙이다. 지표사의 지시체는 지표사가 발화되는 맥락에 의존한다. 라파엘 나달이 '나는 덥다'라고 말한다면, 발화의 맥락은 화자를 포함하기 때문에 그는 자신을 지시하게 된다. 반대로 독자 당신이 '나는 덥다'라고 말한다면, 맥락이 다르기 때문에 '나'는 당신, 그러니까 독자를 지시한다. 한정 기술구와 고유 이름에는 이런 맥락 의존성이 없다. 당신이 '라파엘 나달'이라고 말한다면, 나달 자신이 '라파엘 나달'을 말할 때와 동일한 사람을 지시한다. 당신은 본인을 지시하지 않는다!

두 번째는 지표사가 직접 지시어라는 원칙이다. 지표적 문장에 의해 표현된 명제가 단칭 명제인 경우에 직접 지시어라고 한다. 한 화자가 '나는 덥다'라고 말한다면 이 문장에 의해 표현된 명제는 화자('나'가 지시하는 사람)와 더움이라는 속성으로 구성될 것이다. 러셀과 밀이 이름을 직접 지시어라고 생각했던 것처럼, 카플란은 지표사가 직접 지시어라고 생각한다. 이때 지시는 대상을 유일하게 식별하는 기술적 개념을 통해 이루어지지 않는다.

지표사에 관한 카플란의 견해는 이름에 관한 크립키의 견해와 아주 유사하다. 둘 다 해당 표현의 지시체를 기술구가 결정한다는 기술 이론에 반대하기 때문이다. 카플란은 이름과 지표사를 둘 다 직접 지시어라고 간주한다. 따라서 의미론의 측면에서 보면, 지표사는 러셀이 말하는 이름과 비슷하다. 이름이 고정 지시어이므로 지표사도 고정 지시어라는 점이 따라 나올 것이다. 실제로 카플란은 지표사가 고정 지시어라고 생각한다. 그러나 카플란은 '고정 지시어'라는 용어를 사용하면 자신이 믿기에 구별되어야 하는 별개의 두 개념을 혼동할 것이라고 생각한다.

고정 지시어인 기술구는 비고정 지시어인 기술구와 의미론의 측면에서 다르지 않다. 고정 기술구도 직접 지시어가 아니다. 명제 요소는 이전과 마찬가지로 개념이다. '3 다음에 오는 수'라는 고정 지시어가 표현하는 명제 요소는 3 다음에 오는 수라는 개념일 것이다. 수 4 자체가 아니다. 이 고정 지시어의 경우, 명제 요소는 (개체가 아니라) 개념이다. 그러므로 고정 지시어는 직접 지시 장치가 아니다. 고정 지시어는 단칭 명제가 아니라 일반 명제를 만들어낸다. 일반 명제의 요소는 (기술구의 의미인) 일반 개념과 서술되는 무엇으로 이루어진다. 크립키의 기원 필연성 사례를 생각해보면 이 점은 더 명료해진다. O라는 기원을 가진 한 사람을 생각해보

자. '기원 O를 가진 그 사람'에 대응하는 명제 요소는 바로 기원 O를 가짐이라는 일반 개념이다. 의미론의 측면에서 보자면, 기술구가 이런 방식 — 일반 개념을 명제 요소로 하는 방식 — 으로 기능하는 때는 해당 기술구가 고정적이지 않을 때이다. 그러므로 '기원 O를 가진 그 사람'이라는 표현이 고정 지시어라는 사실로부터 이 표현이 직접 지시어라는 점은 따라 나오지 않는다. 기술구는 이름과 유사하지 않아도 고정적일 수 있다. 카플란의 글에는 이 논점을 설명하는 또 다른 구절이 있다.

> 내가 보기에 [직접 지시어가 무엇인지에 관한] 직관적인 생각은, 모든 가능한 상황에서 같은 대상을 지시하는 것으로 드러나는 표현이 아니라, 모든 가능한 상황에서 지시체가 현실의 지시체로 고정된다는 점을 직접 제공하는 의미론적 규칙을 가진 표현이다. 흔한 경우에 이런 의미론적 규칙은, 현실의 지시체를 결정하는 방식은 제공하지만 다른 명제 요소를 결정하는 방식은 제공하지 않음으로써 암묵적으로만 이를 행할 것이다.[2]

모든 가능한 상황에서 동일한 대상을 지시하는 것이 직접 지시어라는 생각은, 직접 지시에 관한 카플란의 생각과 다르다. 고정 지시는 언어의 규칙과 무관하게 개체의 본질에서 생겨날 수 있다. 고정 지시는 형이상학적 사실로부터 귀결될 수 있다. 기원은 형이상학적으로 필연적이지만 의미론적인 개념은 아니다. 개체의 본질은 수의 본성과 인간의 본성에서 비롯하는 무엇이다. 반면에 직접 지시는 언어의 일부라는 그 지위에서 비롯한, 표현의 속성이어야 한다. 표현이 직접 지시적인지 여부를 결정하는 것은 그 표현이 지닌 의미의 일부로서 의미론적 규칙이다.

이 논의와 관련하여, 크립키는 『이름과 필연』에서 용어를 몇 개 도입한

2. Ibid., p. 187.

다. 형이상학적 사실의 문제로서 모든 가능 세계에서 같은 대상을 지시하는 표현 — 예를 들면 '3 다음에 오는 수'나 '기원 O를 가진 그 사람' — 은 사실상의de facto 고정 지시어라고 일컬어진다. 이와 달리, 의미 내지 의미론적 규칙 때문에 모든 가능 세계에서 같은 대상을 지시하는 표현은 적법한de jure 고정 지시어이다. 크립키가 보기에, 이름은 적법한 고정 지시어이지만 고정 기술구는 사실상의 고정 지시어이다. 카플란도 비슷하게 고정성과 직접 지시의 구별을 믿는다. 고정성은 직접 지시와 동일한 개념이 아니다. 직접 지시하지 않는 고정 기술구가 있으니 말이다. 카플란의 글을 다시 보자.

> 만일 내가 이미지를 고정하기 위해 점차 형이상학적으로 접근하게 된다면, 평가 수단 — 주어진 맥락에서 말해지는 것 — 을 명제로 삼아보자. 명제를 가능 세계의 집합이 아니라, 가능 세계를 표현하는 문장과 비슷해 보이는 구조화된 것으로 생각해보자는 것이다. 문장 안에 담긴 단칭어의 각 등장마다 그에 대응하는 요소가 명제 안에 있을 것이다. 각 평가 상황마다, 명제의 요소는 해당 상황에서 명제를 평가하는 것과 관련한 대상을 결정한다. 일반적인 경우에 명제의 요소는 논리적 합성을 따르는 여러 속성으로부터 구성된, 어떤 복합적인 종류의 것이다. 하지만 직접 지시적인 단칭어의 경우에 명제 요소는 대상 자체일 뿐이다. 그러므로 요소가 모든 상황에서 같은 대상을 결정하는 것으로 드러나는 것은 아니며, (고정 지시어에 대응하는) 요소가 곧 대상이다. [요소가 대상을] 애초에 결정할 일이 없다.[3]

이 단락에서 고정성과 직접 지시는 분명하게 구별된다. 직접 지시어에 대응하는 명제는 단칭 명제이다. 기술구는 직접 지시어가 아니기 때문에

---

3. Ibid.

고정 기술구에 대응하는 명제는 일반 명제이다. 카플란이 사용하는 용어는 러셀의 용어와 유사하다. 러셀이라면 한정 기술구를 포함하는 문장은 양화사 문장과 동치이기 때문에 한정 기술구를 포함하는 문장이 일반 명제를 표현한다고 말할 것이다. 이 문장에 의해 표현되는 일반 명제는 단칭 명제처럼 보일 수 있다. 문법적으로는 단칭 문장이기 때문이다. 그러나 논리적으로는 일반 명제이므로 이는 문법적 착시이다. 하지만 일반 명제가 아니라 단칭 명제를 표현하는, 러셀이 이름이라고 부르는 표현 — 카플란이 직접 지시어라고 부르는 표현 — 이 없는 것은 아니다. 명제의 단칭성은 개별 사물을 요소로서 포함하는 명제를 표상할 때 포착된다. 고정성은 모든 세계에서 같은 지시체를 가진다는 생각일 뿐이나, 직접 지시는 대응하는 명제의 요소가 무엇인지에 관한 생각이다. 고정성은 양상적 개념인 반면, 직접 지시는 의미론적 개념이다.

이 문제를 화자의 관점에서 고찰한다면 우리는 화자가 서로 다른 유형의 명제를 파악할 때 이해하는 바가 무엇인지를 물을 수 있다. 고정적이든 비고정적이든 기술구의 경우, 화자는 개념으로 구성된 일반적인 무엇을 파악한다. 이와 달리 직접 지시어의 경우, 화자는 개체를 파악하고, 자신이 파악한 명제의 내용 속에 그 개체가 등장한다는 사실을 파악한다. 화자가 '이 방은 좋다'라고 말한다면, 그 순간 화자의 마음 속 명제는 현실의 특정한 방을 포함한다. 어떤 의미에서 그 방은 화자 마음의 일부이며, 화자가 파악한 명제의 일부이다. 이러한 이론의 한 가지 귀결은, 그와 같은 방이 없을 때 (예컨대 환각 상태일 때) 화자가 파악하는 명제는 없다는 점이다. ['이 방'이라는] 지시사를 사용했기 때문에 화자는 존재하지 않는 방을 (표면적으로는) 직접 지시했다. 이때 화자가 성공적으로 표현한 단칭 명제는 없다. 그러니 [이 이론에 의하면] 특정 환각을 보고 '저것은 F이다'라고 말하는 사람은 단칭 명제를 진짜로 표현한 것은 아니지만 자신이 단칭 명제를 표현한다고 생각하는 것이 가능해진다. 당신이 호랑이의 환각을 보면서 '저 호랑이는 무섭게 생겼다'고 하는 상황을 예로 들자.

호랑이가 없으니 당신은 존재하는 특정 호랑이를 포함하는 명제를 표현하는 데 실패했다. 단칭 명제는 대상에 의존하기 때문에 화자가 의도한 대상이 존재하지 않는다면 단칭 명제도 존재할 수 없다. 이에 따라 직접 지시는 명제에 대한 착시를 초래할 수 있다. 그러나 이는 순수한 일반 명제의 경우에는 일어날 수 없는 일이다.

5.4. 사용 맥락과 평가 상황

고정 지시와 직접 지시의 차이를 더욱 뚜렷이 하기 위해 카플란은 사용 맥락context of use과 평가 상황conditions of evaluation을 구별한다. 이 구별은 매우 중요하다. 사용 맥락은 문장이 발화될 수 있는 시간과 장소, 그리고 발화하는 사람으로 구성된다. 평가 상황은 명제가 참 또는 거짓일 수 있는 가능 세계이다. 이 두 개념을 아주 분명히 구별해야 하는데, 서로 다른 사용 맥락이 서로 다른 지시체를 산출하는 까닭에 이를 구별하기가 어려울 수 있다. 내가 '나'라고 말할 때 나는 나를 지시하며, 당신이 '나'라고 말할 때 당신은 당신을 지시한다. 이처럼 같은 지표사도 사용 맥락이 다르면 다른 지시체를 내놓는다. 이처럼 서로 다른 사용 맥락은 서로 다른 진릿값을 산출할 수 있다. 나는 내가 어떻다고 말하는 것일 수 있지만 당신은 당신이 어떻다고 말하는 것이 아닐 수 있으니 말이다.

기술구(이를테면 '이중초점 안경을 발명한 그 사람')가 서로 다른 가능 세계에서 서로 다른 지시체를 갖는 경우가 위와 같은 상황인지를 궁금해할지 모르겠다. 두 경우 모두 내포는 변치 않으나 외연이 각기 다르지 않은가? 카플란의 요점은 외연의 이 두 가지 의존을 구별해야 한다는 점이다. 맥락에의 의존과 세계에의 의존을 헷갈리면 안 된다. '나는 존재하지 않는다'라는 문장을 생각해보라. 화자가 '나는 존재하지 않는다'고 말할 때 이것은 참인 발화가 절대 될 수 없다. 이 문장은 그것을 발화하는 사람이 존재하지 않으면서 발화될 수 없기 때문이다. 맥락은 화자를 포함하기 때문에 어떤 사용 맥락에서도 이 문장은 항상 거짓이다. 어떤 맥락에서든 누군가 '나는 존재한다'고 말한다면 이는 항상 참이다(데카르트의 '나는 생각한다^{cogito}'에 담긴 요점과는 비교할 것). 발화되는 어느 맥락에서든 참일 수밖에 없다는 의미에서 이 문장은 필연적으로 참이다. 하지만 '나는 존재한다'라는 문장을 발화하는 화자가 존재한다는 명제는 필연적으로 참이 아니다. 이 문장을 발화하는 누구나 그렇듯, 그 사람은 태어나지 않을 수 있었다. '나는 존재한다'라는 문장을 발화하는 화자가 살아 있지 않은 가능 세계가 있다. 누구도 필연적으로 존재하지 않는다. (어쩌면 신을 제외하고, 신이 존재한다면 말이다.) 이렇게 사용 맥락과 평가 상황 사이에는 큰 차이가 있다. 일단 명제가 표현되면 평가 상황은 그 명제와 관련하지만, 애초에 어떤 명제가 표현될 것인지는 사용 맥락이 관련한다. 따라서 맥락은 '나'를 사용함으로써 어떤 명제가 표현되는지를 결정하는 반면, 상황은 그렇게 표현된 특정 명제가 세계 속에서 참인지를 결정한다.

이런 이유로 카플란은 사용 맥락과 평가 상황을 확고히 구별한다. 그리고 가능 세계 의미론이 이 구별을 흐린다는 점을 첫 번째 논점으로 내세우며 카플란은 가능 세계 의미론에 반대한다. 가능 세계 의미론은 평가 상황과 사용 맥락 사이의 차이를 인지하지 못하는데, 이는 기술구와 내포를 가능 세계와 관련해서만 이야기하기 때문이다. 가능 세계 의미론에서는 한 내포에 대해 서로 다른 상황이 서로 다른 외연을 내놓는 평가 상황밖에 주어지지 않는다. 사용 맥락이라는 개념은 없다. 어떤 경우에 무엇이 말해졌는지를 고정하는 맥락이라는 개념이 아니라 가능한 상황에서 외연이 변화한다는 양상적 개념을 다룬다. 그 결과, 가능 세계 의미론은 언어를 전부 맥락 독립적으로 취급한다. (가능 세계 의미론은 표준 형식 논리학을 본뜬 언어를 다루며 이런 언어에는 지표사가 없으니 언어를 전부 맥락 독립적으로 취급하는 것이 놀랄 일은 아니다.)

맥락 의존성에 대한 이 논의는 카플란이 특성^{character}과 내용^{content}이라고 부르는 둘 사이의 구별로 나아간다. 이것이 카플란 이론의 핵심이다. 이제껏 진행해온 논의는 특성과 내용이라는 이 두 개념으로 표현할 수 있다. 다행히 이 구별은 앞서 본 카플란의 몇몇 논점보다 이해하기가 쉽다. '나', '여기', '지금' 같은 단어의 의미를 살펴보자. 이런 단어가 언제 발화되든 의미하는 바가 '특성'이다. 이는 언어 속에서 그 단어가 의미하는 바, 즉 어휘적 의미^{lexical meaning}이다. 대략적으로 말해, 누군가 '나'라는 단어를 발화할 때 그 단어가 화자 — 그것이 누구든 — 를 지시함을 명시하는 것이 이 의미 내지 특성이다. '여기'라는 단어는 당신이 있는 장소 — 그것이 어디이든 — 를 지시할 때 사용하는 단어이다. '거기'와 '지금'에 대해서도 비슷한 정의가 주어진다. 특성은 이런 지표적 표현의 의미를 포착하는데, 특정 맥락 속에서 발화될 때 이 표현으로 지시하는 것을 결정하는 것이 특성이기 때문이다. 본질적으로 특성은 단어의 사전적 의미이다. 단어가 어떤 맥락에서 사용되더라도 단어의 특성은 같다는 점에 유의할 필요가 있다. 잭이 '나'라고 하든 존이 '나'라고 하든 발화 맥락은 상이하지만, 두 맥락에서 '나'라는 단어의 의미는 같기 때문에 특성도 같다.

특성은 프레게식 뜻과 관련이 깊어 보인다. 뜻은 단어의 언어적 의미에 대응하니 말이다. 하지만 특성과 프레게식 뜻 사이에는 큰 차이가 있다. 특성은 그 자체가 지시체를 결정하지 않는 반면, 프레게식 뜻은 지시체를 결정한다. 예를 들어, 존이 '나'라고 말하고 잭도 '나'라고 말할 때 이 둘은 '나'라는 단어로 같은 특성을 발화하지만 같은 지시체를 갖지는 않는다. 이처럼 특성은 지시체를 결정하지 않는다. 따라서 지표사의 의미는 프레게식으로 이해되는 뜻이 아니다. 지표사의 지시체를 결정하는 데에는 지표사의 사용 맥락도 작용한다. 지시체 결정은 특성만으로 이뤄질 수 없다. 어떤 화자가 '나'라고 말함으로써 특정 장소를 성공적으로 지시할 수 없다는 것은 당연하다. 화자는 올바른 언어적 의미로 단어를 사용해야 한다. 하지만 특성은 너무 일반적이고 불특정해서 맥락의 보충 없이는 유일한 지시체를 고정할 수 없다. 결과적으로 특성과 맥락이 함께 지시체를 결정한다. 이 두 요소는 함께 작동함으로써 화자가 지시하는 바를 고정한다. 그렇기에 특성은 뜻과 매우 다르다. 뜻의 경우에는 사용 맥락을 끌어들일 필요 없이 뜻이 지시체를 결정한다. 앞서 보았듯, 프레게에 따르면 뜻은 사용 맥락과 무관하게 지시체를 결정한다. 반면 뜻과 달리, 특성은 지시체를 결정하기 위해 사용 맥락과 상호 작용해야 한다.

지표적 발화의 완전한 의미는 특성만으로 구성될 수 없다. 만약 구성될 수 있다면 문장의 완전한 의미는 해당 문장이 표현하는 명제를 결정하지 않을 것이다. 표현된 명제는 특성과는 구별되는 무엇이다. 카플란은 문장에 의해 표현된 명제를 문장의 내용이라고 한다. 내가 '나는 덥다'고 말하고 당신이 '나는 덥다'고 말할 때, 우리 둘은 서로 다른 내용을 표현한다. 각자가 다른 사람에 관해 말하고 있기 때문이다. 맥락이 어떻든 문장이 표현하는 특성은 동일하기에, 당신과 내가 발화한 문장의 특성은 정확히 똑같다. 그러나 두 맥락에서 문장이 표현한 명제적 내용은 상이하다. 내용은 특성과 맥락 모두의 결과물이다. 내용은 지시체를 포함하지만 특성은 지시체를 포함하지 않는다. 서로 다른 가능 세계에서 진릿값을 갖는 것은 내용이지만, 맥락과의 상호작용을 통해 내용을 만들어내는 것은 특성이다. 특성은 그 자체만으로는 진릿값을 갖지 못한다.

내용과 특성이 구별되는 또 다른 이유는, 서로 다른 특성을 가진 문장으로 동일한 내용을 표현할 수 있다는 점이다. '나는 덥다'라는 문장의 발화는 특정한 특성으로 어떤 내용을 표현하는데, 이 문장을 발화한 사람을 향해서 '당신은 덥다'라는 문장을 누군가 발화한다면 앞의 문장과 똑같은 내용을 표현할 수 있다. 이 두 발화에서 명제와 내용은 같지만 특성은 서로 다르다. 이처럼 특성이 내용을 결정하지도, 내용이 특성을 결정하지도 않는다. 이 둘은 지표적 발화의 두 가지 독립적인 의미론적 차원이다.

따라서 지표적 발화의 완전한 의미에는 두 부분 내지 측면, 즉 특성과 내용이 있다. '의미' 혹은 '뜻'이라고 하는 단일하고 간단한 것은 없다. 지표적 발화에는 두 개의 다른 의미론적 차원이 있기 때문이다. 카플란이 제시하는 그림에서 지표사는 뜻 자체가 두 가지 측면을 가지는 반면, 프레게의 그림에는 한 측면 — 프레게식의 뜻 — 만 있다. 이는 프레게식 뜻이 지시체를 결정하는 것으로 상정되기 때문이다. 그러나 지표사의 경우 지시체는 맥락 의존적이기 때문에 지표사의 일상적인 어휘적 의미가 지시체를 결정하지는 않는다.

맥락 의존성은 카플란이 제시하는 지표사 이론의 중심축이다. 이 이론의 다른 모든 측면은 이 중심점에 기인한다. 카플란이 말하기를, 표현의 언어적 의미가 언제나 지시체를 결정하는 뜻이라고 상정한 프레게는 틀렸다. 맥락 독립적인 한정 기술구에 적용되면 프레게의 이론은 완벽하게 작동한다. 한정 기술구의 지시체를 결정하는 것이 곧 기술구의 언어적 의미를 구성한다. 그러나 지표사의 경우, 이 둘[지시체를 결정하는 것과 언어적 의미를 구성하는 것]은 일치하지 않는다. 프레게식 뜻, 그리고 이 뜻에서 유래한 가능 세계 내포는 지표적 표현을 담아낼 수 없다. 이들 이론은 순수 한정 기술구의 경우를 본뜬 것인데, 지표사는 순수 기술구와 전연 다르다. 지표사는 직접 지시적이고 맥락 의존적인 반면, 기술구는 직접 지시적이지도 맥락 의존적이지도 않다.

5.5. 가능 세계, 의미, 지표사

'영국의 그 여왕은 임신했다'와 '나는 임신했다'라는 두 문장을 생각해보자. 엘리자베스 2세가 두 번째 문장을 발화하는 상황을 상상해본다면 이들 문장의 의미를 더 잘 이해할 수 있겠다. 그녀는 자신을 '나'라는 단어로 지시하지만 본인이 '영국의 그 여왕'의 지시체이기도 하다. 이러하니 우리는 우연히 일치하는 지시체를 갖게 된다. 이 두 문장이 동의적일 수 없는 많은 이유에 관해서는 이미 논의한 바 있다. 이제는 카플란이 생각하는 이 두 문장의 본질적인 차이에 관심을 가져보자. 첫 번째 문장은 의미를 표현하며 이 의미는 내포이다. 내포는 가능 세계에서 진릿값으로의 함수이다. 한정 기술구만을 고려하면, 한정 기술구는 가능 세계에서 대상으로의 함수를 표현할 것이다. 현실 세계에서 이 함수는 엘리자베스 2세라는 대상을 [함숫값으로] 내놓는다. 그러나 다른 가능 세계에서 해당 기술구는 다른 개체를 지시할 수 있다. 엘리자베스 2세가 영국의 현재 여왕이라는 것이 필연적이지는 않으니 말이다. '영국의 그 여왕'이 비고정 지시어이므로 이 기술구의 의미에 대응하는 내포는 다른 가능 세계에서 다른 대상을 결정하겠다. 이 기술구가 완전히 맥락 독립적이라는 점에 주목할 필요가 있다. '영국의 그 여왕'이라는 기술구가 어떤 맥락에서 발화되는지는 중요하지 않다. [한 세계 안에서는] 같은 지시체를 가질 것이기 때문이다. 특정 가능 세계가 논항으로 주어졌을 때 특정 대상을 결정하는 무언가가 내포라는 점이 중요하다. 카플란의 용어로 말하자면 기술구가 어떤 대상을 지시하는지를 고정하는 것은 특정 평가 상황인데, 이는 가변적이다.

카플란은 이 모델[가능 세계 의미론]이 특정 유형의 표현에만 적용된다고 주장한다. 지표사는 이 모델이 적용되지 않는 일군의 표현이다. 앞의 사례로 돌아가면, 카플란은 '영국의 그 여왕'이라는 기술구가 직접 지시하지 않는 비고정 지시어라고 믿는다. 이 기술구에 대응하는 명제 요소는 개별 개념이지 특정 대상(세계 속의 현실적 대상)이 아니다. 이 기술구는 (러셀적 의미에서) 직접 지시어가 아니다. 카플란은 지표사가 그와 같은 내포, 즉 맥락 독립적인 내포를 표현할 수 없으므로 지표사의 의미가 가능 세계에서 외연으로의 함수로 이해될 수는 없다고 말한다. '나는 임신했다'라는 문장의 의미는 특성(카플란이 말하는 전문적인 의미의 '특성')이다. 특성은 가능 세계에서 외연으로의 [함수, 즉] 내포가 아니다. 다시 말해, 특성은 세계에 적용되어 해당 세계 안에서 표현의 외연을 결정하는 무언가가 아니다. 이를테면 '나'라는 단어의 의미는 '나'라는 단어를 사용하는 모든 사람에게 공통적이며, 이에 따라 어떤 가능 세계를 들여다보고 그 세계에서 '나'라는 단어의 지시체가 무엇인지를 결정하는 것은 불가능하다. '나'라는 단어는 맥락을 고려하지 않으면 아무 지시체도 갖지 않는다.

특성은 가능 세계 의미론의 고전적 내포와 아주 다르다. '나는 임신했다'라는 문장을 그 자체로 고려하면 아무 명제도 표현하지 않는다. 명제는 꼭 참이거나 거짓이어야만 한다. 그런데 '나는 임신했다'라는 문장은 그 자체로 참도 거짓도 아니다. 먼저 맥락 속에서 발화되어야 한다. 한 남성이 '나는 임신했다'고 말한다면 이는 확실히 참이 아니다. 임신한 여성이 그 문장을 말한다면 참이다. 특성만으로는 명제를 결정하지 못한다. 이리하여 특성은 세계에서 외연으로의 함수가 아니다. 때에 따라 지표적 문장도 명제를 표현할 수 있으나, 명제적인 무엇을 산출하려면 특성에 더해 맥락이 추가되어야 한다. 특성과 맥락의 결합이 명제를 결정한다. 카플란은 다음의 방정식을 제시한다.

특성+맥락=내용

내용은 말해진 것, 진술된 것, 주장된 것, 그러니까 명제이다. 내용은 특성과 같지 않다. 내용은 특성이 맥락과 결합하여 산출하는 무엇이다. 화자가 구체적인 맥락에서 특정 문장을 사용하여 진술하는 것이 내용이다. 이 내용은 고전적 내포 개념에 대응하지만, 내용을 산출하는 특성은 그렇지 않다. 특성은 맥락에서 내용으로의 함수로 이해되어야 한다. 이때 함수는 세계에서 진릿값으로의 함수가 아니다. 이 함수는 표현이 발화될 때 말해지는 것[내용]과 맥락 사이의 관계를 표현하는 무엇이다. 특성은 당신이 말하는 바를 (맥락과 함께) 결정하지, 당신이 말하는 바가 참인지 거짓인지 여부를 결정하지는 않는다. 당신이 말하는 바가 참인지 거짓인지 여부는 평가 상황에 달려 있다. 특성 함수는 맥락을 논항으로 하여 내용을 함숫값으로 산출하는 반면, 내용 함수는 세계를 논항으로 하여 진릿값을 함숫값으로 산출한다.

그리하여 아주 딴판인 함수 둘이 지표적 발화에 관여한다. 카플란의 논문을 관통하는 요점은 바로 이 둘을 혼동하지 말아야 한다는 것이다. 어떤 경우에는('영국의 그 여왕은 임신했다') 기술구의 고정된 내포가 여러 상황과 결합하여 특정 외연(가령 특정 세계에서 '영국의 그 여왕'이 지시하는 사람)을 내놓는다. 그러나 다른 경우에('나는 임신했다') 고정된 내포는 없으며 서로 다른 맥락에서 서로 다른 명제가 표현되기에 '나'의 지시체는 달라질 수 있다. 우리는 맥락이 외연에 기여하는 방식과 상황이 외연에 기여하는 방식을 혼동하지 말아야 한다. '영국의 그 여왕' 같은 한정 기술구는 맥락 독립적인 반면, '나' 같은 지표사는 맥락 의존적이다. 따라서 지표사를 사용하여 말해지는 것은 맥락에 의존하는 반면, 기술구를 사용하여 말해지는 것은 맥락에 의존하지 않는다. 기술구는 맥락에서 자유로운 반면, 지표사는 맥락 안에 깊숙이 들어가 있다.

특성과 내용의 구별로부터 많은 귀결이 따라 나온다. 모든 의미가 내포는 아니라는 점이 하나의 귀결이다. 그렇다면 고전적인 가능 세계 의미론에 기반하는 완전한 의미 이론은 있을 수 없다. 특성 유형의 의미와 내용 유형의 의미라는 두 종류의 어휘적 의미가 있다. 내포에 기초하는 고전적 의미론에서는 한 유형의 의미 — 프레게식 뜻 — 밖에 없다. 그러나 카플란에 따르면 상호 환원될 수 없는 구별되는 두 유형의 의미가 있다. 따라서 '나는 임신했다'라는 문장의 발화 의미는 두 단계로 주어진다. 1단계에서 특성, 즉 맥락에서 내용으로의 함수가 주어지고 2단계에서 내용, 즉 세계에서 진릿값으로의 함수가 주어진다. 이런 식의 이론은 '이중 측면 의미론'이라고 불리기도 한다. 이는 프레게의 1차원적인 그림을 거부한다. 「뜻과 지시체에 관하여」를 집필하던 프레게는 지표사를 염두에 두지 않았다. 「생각The Thought」이라는 이후 저작에서야 지표사를 논의하고 이 문제를 제기한다. 「뜻과 지시체에 관하여」에서 뜻과 지시체에 관한 이론을 제시하면서는 지표사를 주의 깊게 살펴보지 않았다. 프레게는 수학의 언어에 주로 관심을 가졌는데, 수학의 언어는 맥락 독립적 언어이다. 이 때문에 프레게가 든 사례는 전부 1차원적 의미론에 적합한, 맥락 독립적인 이름과 기술구였다.

카플란이 지적하듯, 의미론적 합성성^{compositionality}에는 두 종류가 있다. 복합 표현의 의미는 특성 합성성과 내용 합성성이라는 두 가지 방식을 통해 그 부분에 의존할 수 있다. 이 점을 예증하는 사례 하나를 보자. 영국의 여왕이 '나는 임신했다'고 말하고 다른 화자가 '그녀는 임신했다'고 말한다면, 지표사는 ['나'에서 '그녀'로] 바뀐다. '나는 임신했다'의 특성은 '그녀는 임신했다'의 특성과 다르다. 하지만 내용이 똑같으므로 전체 문장의 내용, 즉 문장에 의해 표현된 명제는 단어의 구체적 특성에 의존하지 않는다. 이 경우에는 같은 내용이 다른 특성을 가진다. 그러나 같은 특성이 다른 내용을 가지는 경우도 있다. 특성과 내용은 그 어떤 간단한 방식으로도 연관되지 않는다. 적어도 프레게가 상정한 방식으로는 아니다. 의미의 다른 두 차원이 있기에 두 종류의 합성성이 있다. 다른 종류의 의미 단위가 함께 결합하여 복합 표현을 산출한다.

여기서 용어상의 문제가 발생한다. 누군가는 프레게식 의미 이론도 2차원이라고 생각할 수 있기 때문이다. 러셀의 이론과 비교하면 프레게의 이론은 2차원이다. 러셀은 오직 하나의 차원, 즉 지시체 차원만 있다고 생각하는 까닭에 말이다. 러셀은 이름의 지시체라는 단순한 차원을 넘어서는 의미와 관련한 모든 것을 기술 이론으로 처리한다. 러셀에게 모든 원초적 표현은 무언가를 지칭함으로써 의미하는 바를 의미한다. 러셀의 체계에서 술어 표현은 보편자를 지칭한다(가령 '빨강'이라는 술어는 빨강 보편자를 지칭한다). 궁극적으로 보면 지시체밖에 없으므로 러셀식 의미론은 1차원적이다. 프레게의 견해에는 뜻과 지시체가 있으므로 프레게의 견해를 2차원적이라고 생각하는 것은 옳게 보인다. 하지만 이러한 가정은 잘못된 기초를 토대로 하는데, 프레게의 견해에서 지시체는 의미를 구성하지 않기 때문이다. 프레게의 이론에서는 뜻이 의미이고 오직 뜻만이 의미이다. 지시체는 의미 바깥에 있는 것이며, 이로 인해 지시체가 없더라도 단어가 유의미할 수 있다. 프레게의 이론이 지시체를 넘어서는 의미 차원을 인식하기는 했으나, 뜻이 모든 작업을 다 하기 때문에 프레게의 의미 이론은 여전히 1차원적이다. 각각의 차원을 어떻게 이해하는지에 따라 카플란의 이론을 2차원 내지 3차원적이라고 규정할 수 있다. 카플란의 의미 이론은 2차원 — 특성과 내용 — 을 가지며, 누군가 문장을 발화할 때 그가 의미하는 바에 관한 직관적인 생각에 그 둘 모두가 대응한다. 그러면서 지시체의 차원도 있다. 이에 따라 우리는 프레게의 이론을 2차원 적으로 간주할 때와 마찬가지로 [카플란의 이론을] 3차원적이라고 말할 수 있다. 중요한 것은 카플란이 프레게적 뜻을 둘로 쪼갠다는 점이며 그리하여 추가적인 의미 차원을 도입한다는 점이다.

5.6. '오늘'과 '어제'에 대한 카플란의 견해

마지막으로 카플란은 '오늘'과 '어제'라는 단어에 관해 이야기한다. 이 논의는 결국 카플란에게 까다로운 문제를 제기한다. 내가 어느 날 '오늘 비가 내린다'고 말한다고 하자. 나는 어떻게 오늘 말했던 것을 내일 똑같이 말할 수 있을까? 내가 내일 '오늘 비가 내린다'고 말한다고 하자. 그렇다면 나는 '오늘 비가 내린다'고 오늘 말했던 바와 동일한 것을 내일 말하는가? 첫째 날이 화요일이었다고 하자. 그러면 '오늘'의 첫 번째 사용은 화요일을 지시하며 두 번째 사용은 수요일을 지시한다. 따라서 나는 같은 것을 말하지 않는다. 첫 번째 경우에 나는 화요일을 지시했으나 두 번째 경우에는 수요일을 지시했다. 같은 지표적 표현으로 연이어 같은 날을 지시할 수 없다. 내가 화요일에 말했던 것을 수요일에도 말하려면 나는 '어제 비가 내렸다'고 말해야만 한다.

명백하게도, '오늘'과 '어제'라는 단어는 동의어가 아니다. 같은 것을 지시할 때조차 다른 의미를 지닌다. 그럼에도 두 문장이 같은 것을 말한다는 점은 직관적으로 알 수 있다. 이는 같은 언어적 의미를 가진다는 점에서 두 문장이 같은 것을 말한다는 게 아니다. '오늘 비가 내린다'와 '어제 비가 내렸다'는 문장은 동일한 언어적 의미를 갖지 않으니 말이다. 하지만 이들 문장은 화자의 맥락에 따라 서로 같은 것을 말할 수 있다. 카플란의 용어로 말하자면 서로 다른 특성을 가진 두 문장은 같은 것을 말할 수 있다. 무엇이 이를 가능하게 하는가? 카플란은 두 표현['오늘'과 '어제']이 동일한 지시체를 가지기 때문이라고 주장할 것이다. 그러나 여러 차례 확인했듯, 두 표현의 지시체가 같다는 것이 곧 두 표현이 같은 명제 요소를 가진다는 점을 의미하지는 않는다. 이를테면 우리는 '샛별'과 '개밥바라기' 라는 이름이 같은 것을 말하지 않는다는 점을 안다. 누군가 '샛별은 행성이 다'라고 말할 때, [우리가 그 사람을 두고] 그가 개밥바라기를 행성이라고 말했다고 보고한다면 잘못일 것이다. 하지만 날짜와 관련한 지표사의 경우, 같은 것을 말하고자 먼저 사용한 단어('오늘')와 다른 의미를 가지는 단어('어제')를 사용하는 것은 불가피하다. 말해진 바를 같게 유지하려면 의미를 바꿔야 한다! 뭔가 일이 이상한 방향으로 흘러간다. 단어의 의미가 해당 단어를 사용함으로써 말해지는 바와 상당히 근본적인 수준에서 분리되기 때문이다. 문제는 카플란이 이처럼 말해지는 바what is said라는 생각을 포착할 수 있는 자원을 가지고 있느냐는 점이다. 말해진 바는 특성인가, 아니면 내용인가? 말해진 바는 특성과 다르기 때문에 특성일 수 없다. 그렇지만 내용이 지시체의 문제일 뿐이라면 말해진 바가 어떻게 내용일 수 있겠는가? 다음 장에서는 이 점을 더 자세히 들여다볼 것이다.

제6장 에반스와 지시사 이해

6.1. 지표사에 대한 프레게식 이론

카플란은 지표사를 이용해 프레게의 의미 이론을 논박한다. 적어도 지표사에 관해서는 프레게가 틀렸다고 말이다. 특히 프레게의 뜻 개념은 지표사에 적용될 수 없다. 하지만 가렛 에반스^{Gareth Evans}는 이 결론에 의문을 던지며 지표사에 대한 프레게식 해석을 발전시킬 수 있다고 주장한다. 그런 이론이라면 지표사에 뜻과 지시체 이론을 적용할 수 있을 것이다. 그러나 이 목적을 위해 지표사의 뜻을 지표사의 규약적 언어적 의미(특성)와 동일시해서는 안 된다. 그렇게 되면 뜻은 지시체를 결정하지 않을 것이기 때문이다. 여러 사람은 똑같은 지표사를 똑같은 의미로 사용하더라도 각자 다른 것을 지시할 수 있다. 뜻이 지시체를 결정하는 지표사 이론을 만들고자 한다면, 뜻을 지표사의 표준적 규약적 의미와 동일시해서는 안 된다. 지표사에 대한 프레게식 이론을 확립하려면 지표사의 규약적 의미, 즉 카플란식 특성에서 한 걸음 더 나아간 뜻을 찾아야만 한다. 이 뜻이란 도대체 무엇인가?

뜻이 특성일 수 없다면 내용일 수는 있는가? 그럴 수도 없다. 뜻은 카플란이 말하는 내용과 동일할 수 없다. 프레게의 체계에서 뜻은 지시체와 절대 동일하지 않으며 하나의 지시체에는 항상 여러 뜻이 대응하기 때문이다. 카플란에게 내용이란 곧 지시체만으로 구성된 단칭 명제이다. 이에 따라 뜻은 지시체와 동일할 수 없다. 그렇게 되면 한 지시체에는 딱 하나의 뜻만 있을 것이니 말이다. 누군가가 발화한 지표사의 뜻은 지표사의 특성과도, 내용과도 동일하지 않을 터이다. 이러니 에반스는 카플란 도식 안의 어떤 것도 프레게식 뜻과 같을 수 없다고 본다.

지표사의 뜻은 특성도 내용도 아니지만 지표사를 사용하는 화자의 마음속 기술구라는 대답이 가능하다. 이 제안은 이름에 관한 기술 이론을 차용한다. [이름에 관한 기술 이론에 의하면] 화자가 사용하는 이름은 이름의 담지자에 유일하게 적용되는 화자 마음속 기술구와 동의적이다. 지표사에 관한 기술 이론도 이와 유사하게 제시될 수 있다. 지표사를 사용하는 화자의 마음속에는 해당 지표사와 동의적인 기술구가 있으며, 이 기술구는 지시 대상에 유일하게 적용된다고 말이다.

내가 '나는 철학자이다'라고 말한다고 해보자. 이때 내 마음속 기술구는 '『주관적 관점』*The Subjective View*의 그 저자'라고 할 수 있겠다. 내가 이 책을 썼으니 말이다. 지표사에 관한 프레게식 기술 이론에 따르면, 내가 '나'라는 단어를 사용할 때 '나'의 뜻은 '『주관적 관점』의 그 저자'로 표현된다. 반면, 독자 당신이 '나'라는 단어를 사용할 때 당신 마음속에는 본인에게 유일하게 적용되는 기술구가 있을 것이니, 당신이 '나'로 본인을 지시하는 것은 이런 기술구의 매개 덕택이다. 이름에 관한 기술 이론의 경우처럼, '나는 F이다' 형식의 문장이 표현하는 명제는 특정 한정 기술구가 표현하는 일반 개념을 사용하여 표상된다. 이 지표적 뜻은 가능 세계 의미론의 고전적 내포와 똑같이 기능한다.

이제 우리가 러셀의 기술 이론을 지표사와 결부된 기술구에 적용한다면, 프레게와 러셀의 견해를 결합하게 된다. 이에 따라 '나'라는 단어가 등장하는 개개의 사례를 러셀적 형식의 양화 명제와 동일하게 여기는, '나'의 등장 각각이 의미하는 바에 관한 기술 이론을 얻게 된다. 따라서 '나는 철학자이다'라고 말하는 나는 『주관적 관점』의 저자인 딱 한 명의 사람이 존재하며 그는 철학자이다'라고 말하는 셈이다. 양화사와 술어만으로 이루어진 이 환언에 카플란의 직접 지시는 없다.

에반스가 사용하는 몇 가지 용어는 독자에게 낯설 수 있다. 개개의 상황에서 발화되는 '나'라는 단어는 '나'의 토큰^{token}이고, 모든 토큰에 공통적인 '나'라는 단어는 '나'의 유형^{type}이라고 한다. '나'라고 말하는 당신은 내가 '나'라고 말하는 경우와 같은 단어 유형을 사용하지만 이 유형의 다른 토큰을 발화한다. 또한 내가 특정 시점에 '나'라고 말하는 것은 이후 시점에 '나'라고 말하는 것과 다른 토큰이다. 그럼에도 각 발화는 같은 유형의 토큰으로 이루어진다. 토큰은 특정 시간과 장소에서 발생하는 사건인 반면, 유형은 그보다 추상적이다. 지표사에 대한 프레게식 이론에 따르면, 지표사의 토큰은 프레게식 뜻을 표현하는 것으로 분석되며, 이들 토큰 각각은 (적어도 먼저 살펴본 프레게식 이론에 따르면) 기술구와 동일하다. 토큰마다 기술구가 다르지는 않을 수 있다. 이름의 발화 토큰이 그런 것처럼 말이다. 하지만 다른 누군가가 '나'라는 단어를 사용해 내가 아닌 다른 사람을 지시할 수 있다는 요점을 담아내려고 하는 중이니, 서로 다른 지시체를 지니는 서로 다른 기술구가 필요하겠다. 이 이론에 의하면, 이러한 상황으로부터 '나'라는 단어가 애매하다는 결론을 내릴 수 있다. '나'가 서로 다른 경우에 서로 다른 뜻을 갖기 때문이다. 마치 방 안에 '존 스미스'라는 이름을 가진 사람들이 가득한 것과 같다. 어떤 존 스미스도 다른 존 스미스와 동일할 수 없다. 따라서 '존 스미스'는 방 안의 사람마다 다른 뜻과 지시체를 가질 터이다. 이 경우 '존 스미스'라는 이름은 애매하다. 이와 유사하게 '나'도 애매하다. '나'도 서로 다른 맥락에서 서로 다른 뜻과 지시체를 가진다. 다시 말해 '나'의 유형은 애매하지만, '나'의 토큰들은 전부 [나름의] 특정한 뜻과 지시체를 가진다. '나'의 토큰 각각에 대한 한정 기술구가 '나'의 토큰의 뜻을 내놓겠지만, 유형으로서 '나'는 애매하다.

이렇게 지표적 토큰의 뜻에 관한 기술 이론을 제안하는 것이 지표사를 프레게식으로 다루는 한 가지 가능한 방법이다. 그렇다면 지표사의 의미는 다음의 세 요소로 구성된다. 특성, 내용, 그리고 특정 발화 상황에서의 뜻을 포착하는 기술구(토큰 뜻). 이 그림에서 지표사는 직접 지시적이지 않다. 지표사는 어떤 기술구와 동의적인데, 이 기술구는 맥락 독립적인 내포를 가진다. 맥락의 역할은 단지 서로 다른 개인이 같은 지표사(유형)를 사용해 서로 다른 기술구를 결부시키는 데 있다. 이때 각자가 무엇을 지시하는지는 이들 기술구가 결정한다. 여기서 기술적 뜻을 특성과 구별해야 한다. 지표사는 서로 다른 사용에서 변치 않는 규약적 의미(특성)를 갖지만 그 뜻은 맥락마다 다르다. 뜻을 갖게 됐다고 해서 특성이 없어도 되는 것은 아니다. 최종적인 의미 이론에는 특성, 뜻, 그리고 지시체가 있다.

에반스가 주로 비판하는 존 페리John Perry는 방금 개관한 이론을 올바른 프레게식 모델로 여기는데, 올바른 프레게식 이론이라면 뜻에 관한 기술 이론의 일종이어야 한다고 생각했기 때문이다. 에반스는 페리가 다른 종류의 프레게식 이론, 즉 한정 기술구를 중심으로 하지 않는 이론을 간과했다고 대응한다. 에반스는 이와 같은 정도로 프레게적이지만 기술적 이지는 않은 다른 방식으로 뜻을 생각할 수 있다고 믿는다. 그는 모든 뜻이 기술적 뜻일 필요는 없다고 주장한다. 에반스는 지표적 뜻에 관한 기술 이론이 별로 그럴듯하지 않다는 페리의 의견에는 동의한다. 이들 지표사를 사용하는 사람들의 마음속에 [지시체를] 유일하게 식별하는 기술구를 상정하는 것은 전혀 매력적이지 않은 듯하다. 지시체를 결정하는 데 맥락이 아무런 실질적인 역할도 하지 않는다는 생각은 별로 매력적이지 않다. 페리는 이런 입장에 반대하며 꽤 괜찮은 주장을 내놓는다. 이제부터 그 주장을 보도록 하자.

6.2. 지표성의 요점

지표성의 요점이자 본질은 두 가지 사례를 살펴보면 가장 잘 이해할 수 있다. 거울 사례와 기억상실증 사례가 그 둘인데, 먼저 거울 사례를 보자. 당신이 식당에 앉아 눈앞의 거울에 비친 사람을 보며 그 사람에 대해 '저 사람은 매우 잘생겼다'는 생각을 했다고 하자. 당신은 그 거울 속 사람에 관해 어떤 다른 믿음도 가질 수 있다. 이를테면 그 사람이 본인에 관해 꽤 만족해한다고 말이다. 있음직한 일은 아니나, 거울 속 사람이 당신인데도 이를 순간적으로 인지하지 못하는 경우를 상상할 수 있다. 불현듯 당신은 충격을 받으며 깨닫는다. '앗, 내가 보고 있는 것은 나구나!' 당신은 인지하지 못한 채 자신을 지시했다. 이를 통해 알 수 있는 것은, 거울에 비친 당신에게 참되게 적용되는 종류의 기술구를 통해서는 당신이 '나'로 본인을 지시할 수 없다는 점이다. 그럴 수 있었다면 당신은 '나는 거울에 비친 사람이다'가 참임을 인지했어야 했으니 말이다. '나'라는 단어는 이들 기술구를 의미할 수 없다. '나는 거울 속 사람이다'가 참임을 발견하는 것은 정보적이기에 '나는 거울 속 사람이다'가 동어반복일 수는 없다. 그런데 '나'(이 토큰)가 '거울 속 사람'과 동의적이라면 '나는 거울 속 사람이다'는 동어반복일 것이다. 하지만 기술되는 사람이 당신이라는 점은 거의 모든 기술구에 대해 잠재적으로 [정보적인] 발견이다.

이보다 더 극단적인 기억상실증 사례는 이 요점을 훨씬 더 분명하게 보여준다. 정신적 외상을 입어 아무것도 기억하지 못한 채로 깨어난 사람을 상상해보라. 나는 이 불행한 사람이 나라고 가정할 것이다. 의사가 나에게 '당신은 어디에 사나요?', '당신의 이름이 무엇인가요?'라고 묻지만 나는 기억하지 못하기 때문에 아무것도 모른다. 나는 나에 대한 그 어떤 사실도 기억하지 못한다. '나는 나에 대해 아무것도 기억하지 못합니다'라고 말할 수 있지만, 여전히 나는 성공적으로 나 자신을 지시한다. 이렇게 나는 나의 과거에 대해 아무것도 모른 채 병원에서 『주관적 관점』이라는 책을 읽기 시작한다. 이 책을 읽으며 '『주관적 관점』의 저자는 딱히 철학자가 아니다'라고 혼잣말한다. 의사에게 이 의견을 전달하자 의사는 부드럽게 웃으며 '당신이 『주관적 관점』의 저자입니다'라고 대답한다. 이렇게 하여 나는 실질적인 발견을 하는데, 이는 내 입으로 말한 '나'가 『주관적 관점』의 그 저자'를 의미하지 않는다는 점을 보여준다. 내가 기억상실증을 겪는데도 나 자신을 '나'로 지시하는 데 성공했으니 이는 예견된 일이다. 따라서 내가 이런 종류의 일인칭 지시를 성공적으로 해낸 것은, 내가 나에 대한 참된 기술구를 아는 덕택이 아니다. 내가 나의 유명한 업적과 잘 알려진 사실을 알기 때문에 나 자신을 '나'라고 지칭한 것은 분명 아니다.

에반스는 페리의 이 논증에 동의한다. 그 결과 에반스는 **지표사 '나'의 필수 불가결성 또는 필수 지표사**essential indexical라고 불리는 생각을 제안한다. 이는 '나'라는 단어가 언어에서 제거되어 기술구로 대체될 수 없다는 생각인데, 지표적 문장은 지표적이지 않은 문장(이를테면 거울 사례와 기억상실증 사례에서 사용된 기술구를 포함한 문장)과는 다른 종류의 명제를 표현하기 때문이다. 이는 지표사의 의미에 대한 기술 이론 형태의 프레게식 이론에 심각한 문제를 제기한다. 이런 종류의 논증을 근거로 에반스는 기술구가 지표사의 의미를 제대로 내놓지 못한다는 점에 동의한다. 지표사가 뜻을 가진다면 그것은 기술적 뜻일 수 없다. 그렇다면 다른 종류의 뜻이 있는가?

6.3. 지표사에 대한 에반스의 뜻과 지시체 이론

에반스가 페리의 요점에 동의하니, 그렇다면 어떻게 지표사에 대한 프레게식 의미 이론이 가능한지 궁금할 것이다. 모종의 기술적 개념 외에 뜻이 될 만한 다른 것은 없는 듯하다. 지표사의 뜻이 어째서 특성일 수도, 지시체일 수도 없는지는 이미 설명했다. 게다가 방금은 지표사의 뜻이 기술구일 수도 없음을 보았다. 이 문제에 접근하고자 에반스는 자신이 생각하기에 의미 이론이 어떠해야 하는지를 이야기한다. 다시 말해, 뜻이 지시체와 어떻게 관계하는지를 이야기한다. 이 관계를 이야기하는 데에 에반스는 논문의 절반을 할애한다. 우리는 먼저 에반스의 지시 이론을 살펴볼 것이다. 그 다음 에반스의 뜻 이론을 개괄하고, 마지막으로 이 둘의 관계에 관한 에반스의 생각을 설명하겠다. 그러고 나면 이 이론 전반이 지표사에 적용되는지 여부를 논의할 수 있겠다.

우선, 의미 이론은 지시 이론에 기반을 둔다. 지시 이론은 언어 속 모든 유의미한 표현에 지시체를 할당한다. 우리는 지시체 할당에 관해 프레게의 입장이 크게 두 부분으로 이루어져 있음을 안다. 고유 이름인 표현에는 대상이 지시체로 할당된다는 것이 첫 번째 부분이다. 프레게에게 는 일상 이름이나 한정 기술구, 심지어 문장 전체도 고유 이름일 수 있다. 일상 단칭어에는 일상 대상이 할당되고, 문장에는 진릿값이 지시체로 할당된다. 두 번째 부분은 술어 표현에 개념이 할당된다는 것이다. 프레게 의 체계에서 개념은 대상에서 진릿값으로의 함수이다. '소크라테스는 남성이다'라는 문장에서 '남성'이라는 단어에 대응하는 것이 개념이며, 논항은 '소크라테스'의 지시체이다. 당신이 ['남성'에 대응하는] 개념을 논항[소크라테스]에 적용한다면 그 논항에 대한 함숫값은 (프레게에게는 대상인) 참이다. 반면, 이 함수에 클레오파트라를 논항으로 넣는다면 함숫 값은 거짓일 터이다. 클레오파트라는 남성이 아니기 때문이다. 진리 함수는 진릿값에서 진릿값으로의 함수이다. 연결사와 술어는 둘 다 대상을 진릿값 으로 사상寫像, map하기 때문에 논리적으로 똑같다. 진릿값이 대상이므로, 진릿값 자체가 진릿값을 산출하는 함수의 논항이 될 수 있다. 따라서 프레게의 체계에는 대상을 완전한 단칭어에 할당하는 부분이 있다. 여기서 완전한 단칭어란 고유 이름, 한정 기술구, 문장 전체일 수 있다. 다른 한편, 술어나 문장 연결사 같은 불완전한 표현에 지시체를 할당하는 부분도 [프레게의 체계에] 있다. 불완전한 표현에는 개념이 할당된다. 나머지는 양화사 표현뿐이다. 이들 양화사 표현은 이차 개념을 지칭하는 것으로 분류되는데, 이것들이 일차 개념을 진릿값으로 사상하기 때문이다. 전반적인 요점을 말하자면, 프레게식 모델의 지시 이론은 언어 속 모든 표현에 지시체를 의미값으로 할당한다. 이 지시체 개념은 아주 넓은 의미로 이해된다. 이는 문장의 진리 조건과 상관 관계에 있다.

그러나 프레게의 체계는 문장의 진리 조건에 관한 이론일 뿐 아니라 화자의 이해에 관한 이론으로도 여겨진다. 따라서 어떻게 지시체를 파악하는지를 설명하기 위해서는 뜻 이론도 필요하다. 뜻 이론은 어떻게 지시체가 마음에 나타나는지, 그리고 어떻게 지시체가 마음속에서 표상되는지에 관한 이론이다. 프레게의 말처럼, 뜻은 제시 방식이고 제시 방식은 세계 속 대상과 지시를 행하는 사람 사이의 관계이다. 한마디로 제시 방식은 사람의 마음에 대상이 제시되는 방식이다. 이 발상을 에반스는, 뜻이란 지시체를 '생각하는 방식'이라고 설명한다. 뜻이란 지시체가 그 자체를 나에게 제시하는 방식이 아니라 내가 지시체를 생각하는 방식, 그러니까 지시체가 내 생각으로 들어오는 방식이라는 것이다.

프레게의 뜻 이론에 관한 이 세부 논의에서 에반스의 요점은, 뜻이 반드시 기술구여야 한다는 취지로 명시된 부분은 없다는 점이다. 지금까지는 뜻이란 사물을 파악하는 방식이라고 말하면서 이 발상을 아주 추상적으로만 진술해왔다. 이들 방식이 기술구인지 아닌지 여부는 전연 다른 물음이다. 뜻 개념에 내재한 것은 뜻이 지시체를 제시하는 무엇이라는 점뿐이다.

이 다음 문제는 뜻이 무엇인지를 구체화할 방법이다. 프레게의 저작을 둘러보아 뜻과 지시체가 다르다는 점은 알았으나, 뜻을 구체화할 방법은 확립하지 못했다. 이 문제에 관해 프레게가 직접 말한 바도 거의 없다. 프레게식 뜻 자체를 규정하기는 힘들어 보인다(뜻을 손으로 가리키거나 발끝으로 짓누르거나 여러 각도에서 조사할 수 있는가?). 에반스가 보기에,

표현의 지시체가 무엇인지를 말함으로써 표현의 뜻은 구체화된다. 예를 들어 '개밥바라기'라는 단어의 뜻을 내놓고자 한다고 해보자. 에반스에 따르면, 우리는 "'개밥바라기'의 지시체=개밥바라기'라고 말함으로써 '개밥바라기'의 뜻을 내놓을 수 있다. 이 진술이 참이며 '개밥바라기'의 지시체를 내놓는다는 점은 확실하다. 이를 "'개밥바라기'의 지시체는 샛별이다'라는 문장과 비교해보라. 뒤의 문장은 참인가, 아니면 거짓인가? 그렇다, 개밥바라기가 곧 샛별이므로 이 문장도 참이다. 에반스에 따르면, 두 문장은 전부 '개밥바라기'의 지시체를 옳게 말하지만, 이에 더해 뜻도 구체화하는 문장은 둘 중 하나뿐이다. "'개밥바라기'의 지시체=개밥바라기'는 뜻을 구체화하는 반면, "'개밥바라기'의 지시체=샛별'은 그렇지 않다. 두 문장이 모두 지시체를 진술하지만 말이다. 첫 번째 문장은 에반스가 말하는 '뜻을 구체화하는 지시체 할당'의 예시이다. 뜻은 지시체를 진술함으로써 주어지지만, 지시체에 관한 몇몇 진술만이 뜻을 성공적으로 내놓는다.

이름의 지시체가 무엇인지를 — 올바른 종류의 지시체 귀속문을 사용하여 — 말함으로써 이름의 뜻을 구체화할 수 있다는 것이 에반스의 생각이다. 두 번째 문장은 지시체를 진술하지만 뜻을 구체화하지 않는다. 에반스가 명시적으로 이렇게 말하지는 않았으나, 뜻을 구체화하고자 한다면 지시체를 진술하는 올바른 방식은 우리가 이야기하고 있는 이름의 동의어를 사용하는 것이다. 언급된 이름과 같은 뜻을 가지는 이름을 사용하거나 다른 뜻을 가지는 이름을 사용함으로써, 다시 말해 동의어 이름을 사용하거나 동의어가 아닌 이름을 사용함으로써 지시체는 두 다른 방식으로 진술될 수 있다. 전자의 경우에는 뜻이 구체화되는 반면, 후자의 경우는 아니다. 이리하여 지시체를 할당함으로써만 뜻이 구체화되기는 하지만 지시체를 할당하는 모든 방식이 뜻을 전달하지는 않는다는 견해가 에반스의 입장이다. 여기서 기술적인 개념으로서 뜻을 이야기한 바는 아예 없다. 뜻은 대상을 생각하는 방식이니, 대상을 이야기하지 않으면서 뜻을 구체화할 방법은 없다.

이렇게 뜻을 구체화할 때 "개밥바라기'의 뜻은 이러저러하다' 따위를 결코 말하지 않는다는 점에 유의해야 한다. 뜻이 무엇인지 구체화하려면 지시체가 무엇인지를 말해야 한다. 다시 말해, 뜻을 '직접' 구체화할 방법은 없다. 뜻을 구체화하는 가운데 우리는 뜻에 관해 이야기하지 않는다. '개밥바라기'의 뜻을 전달하고자 "개밥바라기'의 지시체는 개밥바라기이다'라고 말하더라도 '개밥바라기'의 뜻 자체에 관해 직접 말하지는 않는다. 이는 '총각'이라는 단어의 뜻이 '결혼하지 않은 남성'이라는 단어의 뜻을 통해 주어진다고 말하는 것과는 다르다. 에반스의 이론에서 한 단어의 뜻은 다른 단어의 뜻을 내놓음으로써 구체화되는 것이 아니다. 이 지점에서 에반스는 마이클 더밋[Michael Dummett]이 사용하길 제안하는 비트겐슈타인의 구별, 즉 '말하기[saying]'와 '보여주기[showing]'의 구별을 언급한다. 비트겐슈타인의 이 구별은 모호성에 관한 것인데, 여기서 세부 사항을 다루지는 않겠다. 다음의 사례를 보면 말하기 대[對] 보여주기의 구별이 직관적이라는 점을 충분히 알 수 있다.

6.4. 말하기 대 보여주기

등 뒤에 펜을 쥐고 있는 사람을 상상하자. 그는 '내 손에 펜이 있다'고 말할 수도 있지만, 그냥 손을 펴서 펜을 보여줄 수 있다. 어떤 쪽이든 당신은 그의 손에 펜이 있음을 알게 된다. 보여주는 몸짓을 취할 때 그는 펜에 관해 아무것도 말하지 않는다. 당신에게 펜을 보여줄 뿐이다. 펜을 보여주었기에 관찰자[당신]는 언어의 매개 없이 지식을 획득한다. 에반스는 이처럼 단순한 사례를 통해 예증되는, 말하기와 보여주기라는 비트겐슈타인의 일반적이고도 직관적인 구별을 사용한다. 에반스가 주장하기를, 지시체절["개밥바라기'의 지시체=개밥바라기']은 지시체가 무엇인지를 말하는 동시에 뜻이 무엇인지를 보여준다. 뜻이 무엇인지를 직접 진술하지는 않지만 말이다. 펜 사례에서 개인은 말을 통해 의사소통하지 않았으나 무언가를 알게 된다. 이와 같이 지시체절도 '개밥바라기'의 뜻이 무엇인지를 실제로 말하지는 않지만 '개밥바라기'의 뜻을 보여준다. 이는 마치 '나는 영국인입니다'라고 말하지 않아도 입을 열어 영국식 억양으로 말함으로써 내가 영국인임을 당신에게 전달하려는 것과 같다. 그리 많은 말을 하지 않더라도 나는 요점을 전달한다.

뜻이 무엇인지를 직접 말할 수는 없고 보여줄 수만 있다는 것이 에반스의 주장이다. 이 주장에는 좋은 이유가 있다. 프레게로서는 특정 표현의 지시체와 독립적으로 뜻이 무엇인지를 구체화할 수 있는 방법을 찾는 것이 거의 불가능해 보인다. 말하기와 보여주기의 구별을 적용하면 프레게를 이론적인 곤경에서 구제할 수 있다. 이 구별은 포착하기 어려운 뜻을 포착할 만한 것으로 만든다. 적어도 시도는 해볼 수 있게 만든다. 뜻은 말해질 수는 없지만 보여질 수 있는 영역에 속한다.

에반스가 뜻에 관해 이야기하려는 두 번째 요점은 첫 번째 요점으로부터 따라 나오는데, 이는 표현의 뜻이 **지시체 의존적**이라는 점이다. 뜻이 지시체를 진술한다는 관점을 고려하면, 뜻을 가진 표현에는 지시체가 있어야 할 것이다. 에반스에 따르면, 샛별이 없는데 '샛별'의 뜻을 구체화하는 절을 내놓는 것은 불가능하다. "'샛별'의 지시체=샛별'을 주장함으로써 우리는 샛별이 있다는 것을 전제한다. 샛별을 지시하는 데 '샛별'이라는 이름을 사용하고 있으므로 샛별의 존재를 반드시 가정해야 한다. 이처럼 뜻을 구체화하는 에반스의 방식은 지시체의 존재를 전제한다. 이런 이유로 에반스는 지시체 없는 뜻이 있을 수 없다고 생각한다. 뜻은 지시체에 존재론적으로 의존한다. 기억하겠지만, 지시체 의존이라는 이 생각은 러셀로부터 비롯한다. 어떤 표현은 그 표현이 무언가를 실제로 지시한다는 사실에 의존하여 의미를 가진다는 생각 말이다. 러셀의 이론에서 이름의 의미는 지칭되는 실제 대상이다. 그러한 대상이 없다면 그러한 의미도 없다. 러셀과 마찬가지로 에반스는 이름의 뜻이 지시체 의존적이라고 주장한다. 이에 따라 에반스는 이런 단어들을 '러셀적'이라고 말한다. 러셀적 단어의 경우, 지시체 없는 뜻이 있을 수 없다. 이름은 의미 내지 뜻을 갖는데, 이는 이름이 존재하는 지시체를 갖는다는 사실에 의존한다.

그 다음으로 에반스가 제시하는 요점에 따르면, 러셀의 생각처럼 지시체에 의존하는 뜻은 있지만 여러 이름이 지시체에서 같더라도 뜻에서는 다를 수 있다. 뜻은 지시체 의존적일 수 있지만, 그렇더라도 뜻이 지시체와 엄밀하게 동일하지는 않다. 공지시하는 두 이름이 러셀적일지라도 우리는 두 이름의 뜻을 구별할 수 있다. 프레게라면 '샛별'과 '개밥바라기'가 다른 뜻을 지녔으며 이들 뜻은 지시체에 의존하지 않는다고 말했을 것이다. 반면, 에반스는 두 이름이 다른 뜻을 지녔으나 이들 뜻은 지시체에 의존한다고 믿는다. 지시체 없는 뜻은 있을 수 없으나(그리하여 이름은 러셀적이나), 뜻은 지시체 이상의 무엇이며 지시체와 동일하지 않다(그리하여 이름은 프레게적이다). 에반스의 의미론에서 이름은 프레게적인 동시에 러셀적일 수 있다. 이름의 의미는 이름의 담지자로 환원되지 않으나 담지자에 의존한다. 에반스는 이름에 관한 러셀의 통찰을 흡수하는 동시에 동일성 진술에 관한 프레게의 우려에 응답하고자 한다.

6.5. 가짜 뜻

이름이 지시체 없이는 뜻을 갖지 못한다면, 비어 있는 이름은 어떠한가? 에반스가 주장하기를, 겉보기와 달리 프레게는 지시체 없는 뜻이 가능하다고 믿지 않는다. 에반스의 이 같은 프레게 해석은 허구적 이름에 관한 프레게의 언급에 기반한다. '셜록 홈즈' 같은 허구적 이름은 뜻을 가지기 때문에 유의미한 문장 속에 등장할 수 있는 듯하다. 하지만 허구적 이름에는 지시체가 없다. 따라서 허구적 이름의 뜻은 지시체에 의존하지 않는 듯하다. 에반스는 이 결론을 수용하지 않는다. 자신의 프레게 해석을 뒷받침하기 위해 에반스는 [프레게의] 원문에서 그 증거를 찾으려 시도한다. 프레게는 다음과 같이 말한다. "논리학자는 가짜 생각을 신경 쓰지 않아도 된다. 천둥에 대한 연구에 착수하는 물리학자가 무대 위의 천둥에 신경 쓰지 않는 것처럼 말이다. 이 논문에서 말하는 생각은 엄밀한 의미에서의 생각, 다시 말해 참이거나 거짓인 생각을 의미한다." 에반스는 허구적 이름의 뜻에는 결함이 있다는 생각을 옹호한다. 비어 있는 허구적 이름이 그저 뜻에 준하는 무언가를, 즉 가짜mock 뜻을 갖는다는 이유에서다. 에반스는 비어 있는 이름을 모호성과 비교해볼 것을 제안한다. 프레게는 모호성의 결함에 관한 요점을 밝힌 바 있는데, '대머리이다'라는 술어는 누군가의 머리카락이 모자란다는 말이지만, 누군가가 대머리라는 자격을 얻기 위해 모자라야 하는 머리카락의 구체적인 양은 정확하지 않다. 프레게는 이처럼 모호한 술어에는 진짜 뜻이 없다고 여긴다. 대머리의 경계 사례가 있으므로, '대머리이다'라는 단어를 포함하는 문장 중에는 참도 거짓도 아닌 문장이 있다. 그러나 프레게의 체계에서 문장은 참도 거짓도 아닌 생각을 표현할 수는 없다. 이렇게 프레게는 모호한 술어에는 뜻이 없다고 주장할 기반이 있었다. 모호한 문장은 제대로 된 과학적 뜻이 아니라, 단지 뜻에 준하는 무언가를 표현할 뿐이다. 과학(이를테면 수학이나 물리학)에는 모호한 술어가 있을 수 없다. 모호성은 자연 언어의 결함이다.

이렇게 하여 프레게는 제대로 된 과학적 뜻을 가진 단어와 이런 과학적 뜻을 결여하는 단어를 구별한다. 모호한 술어에는 강건한 뜻이 있는 것처럼 보이지만 논리적으로 살펴보면 그런 뜻을 갖지 못한다고 주장할 근거는 충분했다. 이와 비슷하게 에반스는 허구적 이름도 엄밀하고 제대로 된 뜻이 아니라 낮은 등급의 뜻을 가질 수 있다고 주장한다. 에반스의 입장은 다음과 같다. 제대로 된 뜻은 모두 지시체에 의존하지만, 제대로 되지 못한 가짜 뜻은 지시체에 의존하지 않는다(따라서 허구적 이름에는 진짜 뜻이 없다). 이렇게 뜻은 무의미하지 않은 진짜 뜻과 허울만 그럴듯한 가짜 뜻이라는 두 가지 등급으로 나뉜다. 프레게에게는 이 상위 등급의 뜻은 지시체에 의존한다는 주장과, 지시체로부터 독립적인 뜻을 가진 하위 등급의 표현도 있다는 주장 모두 할 수 있는 근거가 있다고 에반스는 생각한다. 비어 있는 이름의 경우, 뜻으로 추정되는 것은 언제나 지시체에 무관한 하위 등급의 뜻이다.

6.6. 비어 있는 이름

철학자들은 비어 있는 이름에 대해 여러 가지 견해를 내놓았지만, 이 문제는 까다롭다. 제우스라는 신이 없다고, 그래서 '제우스는 존재하지 않는다'가 참이라고 가정해보자. 이 이름의 뜻이 무엇이라고 해야 할까? 엄격한 밀적 견해에서 보면 이름은 지시체가 있어야 뜻을 가질 수 있으므로, 이 경우 '제우스'라는 이름에는 뜻이 없다. 사실 지시체가 없으면 무의미해지므로 이는 이름일 수조차 없다. 하지만 이름이 무의미하다면 그 이름을 포함하는 문장도 무의미할 텐데, 그러면 '제우스는 존재하지 않는다'는 참인 문장이 아니라 무의미한 문장이 되어버린다.

다른 견해에 의하면 '제우스'는 뜻을 가지며, 이때 뜻은 '제우스'와 동의적인 한정 기술구 속에 있다. 이에 따라 비어 있는 이름의 뜻은 존재하는 무언가의 이름이 갖는 뜻과 다르지 않다. 제우스에게 '그리스의 가장 강력한 신'이라는 기술구를 부여할 수 있다. 그렇다면 '여의도의 가장 강력한 사람'으로 정의되는 이름이 뜻을 갖는 것처럼 '제우스'도 뜻을 가진다.

세 번째로는 앞에서 언급했듯이, 비어 있는 이름이 모종의 뜻을 갖기는 하지만 가짜 뜻이거나 뜻처럼 보이는 것만을 가진다는 견해가 가능하다. 이는 실세인 척하는 사기꾼과 비슷하다. 진짜로 실세는 아니지만 실세처럼 보이는 사람 말이다. 이 이름은 뜻인 척하는 뜻, 가장된 뜻을 지닌다.

네 번째로, '제우스'에게 존재하는 지시체 대신 마이농식으로 존립하는 지시체가 있다고 할 수도 있다. 이 이름은 그리스의 가장 강력한 신을 지칭한다. 이 신은 존재하지 않지만, 그럼에도 불구하고 존립한다. 이름의 뜻은 이 존립하는 — 존립한다는 게 무슨 소리인지는 잘 모르겠지만 — 지시체로 구성될 수 있다. 비어 있는 이름에 대한 이 이론은 밀과 마이농의 견해가 만나는 지점이다.

이들 이론에는 나름의 장단점이 있다. 밀적 견해는 매우 간결하지만 이를 따르면 참인 몇몇 문장들이 무의미해진다. 기술 이론은 비어 있는 이름의 의미를 보존하지만 이름에 대한 일반 이론으로서는 반박에 부딪힌다. 마이농의 견해는 매끄럽고 포괄적인 이론이지만 많은 사람이 그 존재론을 받아들이기 힘들어한다. 뜻인 척하는 뜻 이론은 '제우스가 퀴클롭스를 벌했다' 같은 허구적 문장을 설명하기에 그럴듯해 보인다. 그러나 이런 문장은 사실에 근거한 담화의 일부가 아니다. 하지만 '제우스는 존재하지 않는다'가 참이라는 점은 분명한 과학적 사실이지 않은가? 이 문장에 표현된 생각은 진릿값이 없는 가짜 생각 같은 것이 아니라 누가 봐도 참인 생각이다. '제우스'에 가짜 뜻밖에 없다면 이것이 어떻게 가능한가? 에반스는 비어 있는 이름에 접근하는 또 다른 방식을 서술하지만, 이 방식이 어떻게 언어적 데이터를 적절하게 포착하는지는 알기 어렵다.

6.7. 이름에 대한 에반스의 견해

논문의 다음 부분에서 에반스는 이름이 러셀적이라는 논제를 옹호하는 데 착수한다.

> 따라서 이렇게 이해하면 단칭어의 뜻은 특정한 대상에 관해 생각하는
> 방식이다. 이러니 생각이 관여하는 그 대상이 존재하지 않는다면 뜻도

당연히 존재할 수 없다.[1]

여기서 에반스는 뜻이 대상에 관해 생각하는 방식이라면 대상이 존재하지 않고는 뜻이 있을 수 없다고 주장한다. 먼저 이 주장을 지각에 적용해 생각해보자. 내가 특정한 대상, 이를테면 펜을 시각적으로 지각한다고 가정해보자. 나의 지각 상태는 내가 지각하는 것을 말함으로써 명시될 수 있다. '콜린 맥긴은 저 펜을 보고 있다'처럼 말이다. 이 경우에 지각된 대상은 나의 지각 상태를 서술하는 과정에서 지시된다. 나의 지각 상태는 펜을 보는 방식이다. 당신은 나와 다른 관점을 가졌으므로 펜을 보는 방식도 다를 텐데, 그래도 우리는 둘 다 같은 펜을 본다. 하지만 나에게 펜을 보는 방식이 있다고 해서 그곳에 펜이 있는 것이 엄밀하게 말해 필연적인가? 내가 만약 펜을 환각하는 것이라면? 그곳에 아무것도 없더라도 여전히 나는 어떤 지각 상태 — 보는 방식 — 에 있지 않은가?

펜을 환각하는 사람의 지각 상태는 어떻게 서술할 수 있을까? '그가 저 펜을 보고 있다'라는 말로는 불가능하다. 이는 펜이 있음을 전제하기 때문이다. 그보다는 '그가 보기에 자기 앞에 펜이 있다' 같은 식으로 말해야 한다. 이런 종류의 문장은 우리로 하여금 환각을 보는 사람 앞에 정말로 펜이 있다는 식의 명제에 개입하도록 만들지 않는다. 여기서는 그 어떤 펜도 지시하지 않는다. 이처럼 우리는 [환각의] 지각 내용을 위한 지시체를 명시하지 않아도 어떤 지각 내용을 그 사람에게 귀속시킬 수 있다. 환각의 지시체가 없다니, 참 다행이다.

대상이 존재해야만 그 대상을 보는 방식이 존재할 수 있다는 것은 보통 참이 아니다. 대상이 존재하지 않아도 대상의 제시 방식은 있을 수 있다. 그렇다면 뜻이 지시체에 의존한다는 에반스의 주장은 곤경에

1. Gareth Evans, "Understanding Demonstratives," in *Philosophy of Language: The Central Topics*, p. 201.

빠지기 시작한다. 일상적인 한정 기술구, 이를테면 '영국의 그 여왕'을 생각해보라. 이 기술구의 의미는 어떤 대상을 지시하는 방식이라고 서술될 수 있다. 한 사람의 생각 속에서 이는 어떤 대상에 관해 생각하는 (엘리자베스 2세를 영국의 그 여왕이라고 생각하는) 방식이다. 하지만 에반스는 기술구가 지시체에 의존한다고는 생각하지 않는데, 영국의 여왕이 있지 않아도 '영국의 그 여왕' 같은 유의미한 표현은 분명히 있을 수 있기 때문이다. 예를 들면 '프랑스의 그 왕'이 뜻이 충분히 부여된 유의미한 기술구라는 데에는 에반스도 동의할 것이다. 이 기술구에는 지시체가 없는데도 말이다. 여기서 에반스의 일반적인 주장은 다음을 함축할 것이다. 기술구의 뜻이 대상을 생각하는 방식이기 때문에 이 생각의 방식이 관여하는 대상은 존재해야 한다. 그러나 생각의 방식이 있다고 해서 생각의 방식이 관여하는 대상도 있어야 한다는 말은 잘못된 추론이다. 신화 속 괴물을 그리는 여러 방식은 명백히 있지만, 그럼에도 이로부터 괴물의 존재가 함축되지는 않는다. 이리하여 에반스는 뜻이 지시체에 의존한다는 점, 그리고 이에 따라 뜻이 러셀적이라는 점을 보이지 못했다.

에반스는 러셀적 단어가 프레게적일 수 있다고도 주장한다. 다시 말해, 공지시적 단어들이 지시체에 의존하는 뜻을 가지면서 그 뜻은 여전히 서로 다를 수 있다고 본다. 하지만 이는 다음과 같은 물음을 제기한다. 서로 다른 뜻을 가지면서 [공지시하는] 두 러셀적 단어의 차이는 무엇인가? 무엇이 이 차이를 만드는가? 이 차이는 두 단어가 각기 다른 지시체를 가진다는 데 있지 않다. 두 단어는 같은 지시체를 가지니 이는 틀림없다. 뜻을 구별하려면 지시체를 넘어서는 무엇이 필요하다. 이것이 무엇이든, 지시체만으로는 차이가 만들어질 수 없다. 지시체를 넘어서는 어떤 의미론적 차원이 이름에 있다고 한다면, 이 차이가 무엇인지를 이해할 수 있겠다. 어쩌면 지시체가 개념화되는 방식이 [차이를 만들어내는 것은] 아닐까? 하지만 지금 우리는 기술 이론의 노선을 따르고 있는데, 기술적 개념은 지시체에 의존하지 않는다. 순전히 러셀적인 용어로는 이 의미론적 차이를 설명할 수 없다. 러셀의 이론에서 이 차이는 지시체뿐일 것이기 때문이다. 차이가 없다고 말한다면 이들 단어는 결국 전혀 프레게적이지 않게 된다. 프레게적으로 구별된다면 이 차이는 지시체로부터 자유로워야 한다. 일반 개념이 그렇듯 말이다. 뜻이라는 추가 요소 자체는 지시체에 의존할 수 없다.

결국 이 모든 논의는, 지시사를 프레게식으로 다루면서도 뜻에 관한 기술 이론을 대신할 만한 정합적인 대안을 마련하는 데에 에반스가 실패했다는 점을 보여준다. 에반스는 지표적 뜻에 관한 기술 이론이 분명히 틀렸다고 생각하여 대안으로 기술적이지 않은 프레게식 이론을 구축하고자 한다. 하지만 그런 기술적이지 않은 프레게식 대안이 무엇인지는 여전히 불분명하며, 이에 따라 지표사는 프레게의 일반적인 의미 원칙을 논박하는 것처럼 보인다.

6.8. '오늘'과 '어제'에 대한 에반스의 견해

이후 논문에서 에반스는 '오늘'과 '어제'라는 단어에 관해 중요한 논점을 제시한다. D1이라는 어느 날에 내가 '오늘은 춥다'라고 참되게 말한다고 해보자. 이제 나는 다음 날인 D2에도 D1에 표현했던 것과 같은 생각을 표현하고자 한다. D2에 '오늘은 춥다'고 발화해서는 그런 생각을 표현할 수 없다. '오늘'이 D2를 지시할 것이니 말이다. 내가 D1에 했던 것과 같은 생각을 표현하려면 '어제'라는 단어를 사용해야 한다. 즉, '어제는 추웠다'라고 말해야 한다. 내가 이 문장을 사용하여 D1에 표현했던 것과 같은 생각을 D2에 표현한다는 점은 직관적이다. 이렇게 서로 다른 단어들을 사용함으로써 같은 생각이 다른 두 날에 표현된다. 이와 같은 형태의 단어들은 어떤 체계적인 방식으로 관계한다. 말하자면 서로 다른 맥락에서 같은 것을 표현하는 데 사용되는 단어에 관한 규칙이 있다. 이들 단어를 이해할 때 우리는 그 규칙을 파악한다. (인칭 지표사는 물론이고) 공간 지표사의 경우에도 이와 매우 유사한 언어 구조가 있다. 이를테면, 내가 '여기는 춥다'고 말한 뒤에 그 장소를 벗어난다면 나는 같은 것을 말하기 위해 '저기는 춥다'라고 말해야 한다. 다른 장소에서 다른 단어를 사용하여 원래의 위치에 관해 같은 명제를 표현하는 것이다. 발화 맥락이 바뀐다면 사용되는 지표사도 바뀌어야 한다.

에반스의 논점은 이들 사례가 명백히 프레게식 뜻 개념을 요구한다는 것인데, D1에 사용되는 '오늘'이라는 단어의 뜻은 D2에 사용되는 '어제'라는 단어의 뜻과 같기 때문이다. 앞 장의 마지막 절에서 밝혔던 것처럼, '오늘'이 '어제'와 같은 특성(또는 규약적 의미)을 가지지 않는다는 점은 확실하다. 두 단어에 의미론적으로 공통된 것이 무엇인지를 포착하려면 프레게식 뜻을 들여와야 한다고 에반스는 생각한다. 두 개의 다른 맥락에서 같은 것을 표현하고자 두 개의 다른 지표사를 사용하기에, 우리에게는 분명 이 공통성을 포착하기 위한 의미론적 장치 하나가 필요하다. 여기에 특성은 적합하지 않다. 두 경우에 특성이 다르기 때문이다. 어쩌면 특성은 다르지만 카플란식 내용은 같다고, 달리 말해 지시체는 같다고 생각할지 모른다. D1에 '오늘'의 지시체는 D1이며, D2에 '어제'의 지시체도 역시 D1이다. 같은 것이 말해진 연이은 이틀 동안에, 두 토큰의 지표사['오늘'과 '어제']가 같은 지시체를 가진다는 사실에 의해 뜻이 포착된다(고 말할 수 있겠다). 뜻과 지시체 사이에 어떤 구별도 하지 않기 때문에 이 견해는 같은 생각을 가진다는 것에 관해 프레게적이지 않은 방식으로 설명하는 견해라는 점에 주목할 필요가 있다. 프레게는 같은 지시체를 가짐과 같은 뜻을 표현함을 결코 동일시하지 않는다. 그렇지만 특성과 달리 최소한 내용은 이틀 동안 같다.

D1이 화요일이며, 따라서 '오늘'이 특정한 화요일에 결부된다고 하자. 이때 D2는 수요일일 것이다. 그렇다면 두 날에 대한 두 이름['화요일'과 '수요일']과 두 지표사['오늘'과 '어제'] 사이에는 어떤 관계가 생긴다. D1에

는 화요일이 '오늘'의 지시체와 동일하다고 밀힐 수 있다. D2에는 화요일이 '어제'의 지시체와 동일하다고 말할 수 있다. 그러므로 D1은 '화요일', '오늘', '어제'라는 표현을 통해 지시될 수 있다. 이제 '오늘은 춥다'고 화요일에 말하는 것과 '화요일은 춥다'고 말하는 것 사이의 관계를 생각해 보자. 여기서 '화요일'과 '오늘'은 같은 날을 지시한다. '오늘은 화요일이다'라는 참인 동일성 진술을 갖게 되는 것이다. 이때 '오늘은 춥다'와 '화요일은 춥다' 사이에는 어떤 진릿값 관계 — 예컨대, 한 진술이 참이라면 다른 진술도 참이 되는 관계 — 가 있다. '화요일'과 '오늘'은 같은 날을 지시하므로, 각각의 진술은 같은 카플란식 내용을 가진다. 그러나 직관적으로 말해서, '오늘은 춥다'가 말하는 바는 '화요일은 춥다'가 말하는 바와 같지 않다. 각각의 단어['오늘'과 '화요일']는 같은 날을 지시하나, 그럼에도 다른 뜻을 지닌다. '오늘'이라는 단어를 사용하여 화요일을 지시하면서도 오늘이 화요일임을 실제로는 모르는 사람을 떠올려보면 이를 이해할 수 있다. 어떤 사람은 오늘이 화요일임을 믿지 않기 때문에 '오늘은 춥다'를 승인하면서도 '화요일은 춥다'를 부인할 수 있다. 오늘이 화요일이라는 사실을 뒤늦게 발견했을 때 이 사람은 후험적이며 종합적인 참을 알게 될 것이다. 따라서 지시체는 같은 날이더라도, '오늘은 춥다'와 '화요일은 춥다'는 같은 생각을 표현하지 못한다.

생각의 동일성에 관한 프레게의 테스트를 따르면, 이 두 진술('화요일은 춥다'와 '오늘은 춥다')은 같은 것을 말하지 않는다. 직관적으로 보았을 때도 그러하다. 하지만 두 진술은 카플란식 의미에서 같은 내용을 지닌다. 이 사례['오늘'과 '화요일'의 사례]는 D1에 '오늘'을 말하고 D2에 '어제'를 말하는 사례['오늘'과 '어제'의 사례]와 다르다. 후자의 경우, 두 문장은 정말 같은 것을 말한다. 두 문장['오늘은 춥다'와 '어제는 추웠다']이 관계하는 방식을 알아내더라도 아무런 새로운 정보를 획득하지 못하기 때문이다. 이들 두 지표사['오늘'과 '어제'] 사이에는 분석적이며 논리적인 연결이 있는데, 이는 그것들의 사용 규칙에 애초부터 기입되어 있다. 우리는

'오늘은 춥다'가 D1에 참이라면 '어제는 추웠다'가 D2에 반드시 참이어야 한다는 점을 안다. 반면, '오늘은 춥다'가 D1에 참이더라도 '화요일은 춥다'가 참인지를 우리는 알지 못한다. '오늘은 춥다'는 화요일이 아닌 날에도 참되게 발화될 수 있으니 말이다. 같은 진술을 함에 관한 일상적인 생각에 비추어볼 때 두 문장은 동의적이지 않다. D2에 말해진 '어제'가 D1에 말해진 '오늘'과 같은 뜻을 포착하는 반면에, '오늘'과 '화요일'은 같은 뜻을 표현하지 않는다. 그리하여 카플란식 내용은 앞의 두 문장['오늘'과 '어제'의 사례]의 뜻 동일성을 포착하지 못하는데, 그 내용은 뒤의 두 문장['오늘'과 '화요일'의 사례]도 공유하는 것이기 때문이다. 내용의 동일성은 뜻의 동일성을 보장하지 않는다. 따라서 '오늘'과 '어제'에 공통되지만 '오늘'과 '화요일'에는 공통되지 않는 것을 포착하기 위한 추가적인 의미 요소가 필요하다. 이리하여 우리는 카플란의 특성과 내용을 넘어서는, 게다가 뜻에 관한 프레게의 생각에 가까워지는 세 번째 차원으로 추동된다.

6.9. 특성, 내용, 정보

이제 우리는 세 의미 요소를 결합하여 어떤 상황에서 사용된 지표적 문장의 완전한 의미를 해명할 수 있다. 첫 번째 요소는 특성이고 두 번째 요소는 내용이며 세 번째 요소는 '오늘'과 '어제' 사이에 존재하는 뜻의 동일성에 대응한다. 이 세 번째 차원을 정보^{information}라고 부르자. D1에 '오늘은 춥다'고 말할 때 전달되는 정보는 D2에 '어제는 추웠다'고 말할 때 전달되는 정보와 같다. 화자는 D1에 경험한 자신의 감각 경험으로부터 그 날이 춥다는 정보를 획득하며 해당 정보는 그의 기억에 저장된다. '어제는 추웠다'고 말하는 D2에 화자는 그 전날 획득하여 자신의 기억에 저장된 정보를 다시 끄집어낼 뿐이다. 전날 획득한 것과 같은 지식이지만 화자는 다른 단어를 사용하여 그 지식을 표현한다. 이에 따라 이틀 동안 화자의 마음에는 같은 정보가 있으며 화자는 두 개의 다른 문장을 사용하여 이 정보를 표현한다. 정보라는 개념은 특성으로도, 내용으로도 환원되지 않는다. 내용이라는 개념은 너무 느슨하여 화자가 말하는 바의 정확한 의미를 포착하지 못한다. 혼동을 피하고자 카플란식 내용을 **진짜 세계 상관물**real-world correlate이라고 다시 명명할 수 있겠다. 지표사의 진짜 세계 상관물은 화자가 지시하는 대상이다. 여전히 이것은 표현된 명제의 요소로 간주될 수 있다. 특성도 **관점**perspective이라고 다시 명명하는 것이 자연스럽다. 관점은 어느 날에 화자가 갖는 서로 다른 두 시간적 관점 — 현재의 관점과 과거의 관점 — 을 통합한다. 이것도 명제에 [요소로] 넣도록 하자. 같은 정보가 두 개의 다른 관점에서 표현된다. 이것은 같은 진짜 세계 상관물에 관한 정보이다. '오늘'과 '어제' 사이의 관계를 올바르게 이해하려면 진짜 세계 상관물과 관점만 있다고 해서는 안 된다. 정보는 시간이 흘러도 보존되며, 그렇기에 두 다른 관점에서 표현된다. 하지만 정보는 진짜 세계 상관물보다는 인지적 상태에 더 가깝다. 이를 다른 두 요소와 함께 명제에 집어넣을 수 있다. 이러한 명제 요소 중 어떤 것도 다른 요소를 결정하지 않으며, 그에 따라 불필요하게 중복되지 않는다. 정보 요소를 기술구처럼 생각하는 것은 자연스러운데, 만약 그렇다면 우리는 기술적 정보가 특정한 날을 결정한다고 주장하지 않아야 할 것이다. 그 기술적 정보가 다른 날에도 이용 가능하기 때문이다(그리하여 기술적 정보는 지시체를 결정하는 프레게식 뜻과는 다르다). 진짜 세계 상관물, 관점, 정보라는 세 의미 요소는 환원 불가능하게 구별되며 전부 필수 불가결하다.

이러한 3차원 의미론에 의하면, 모두가 이 주제에 관해 조금씩 옳고 조금씩 틀렸다. 카플란은 특성과 내용을 도입했다는 점에서 옳았지만 이것이 필요한 전부라고 생각했기에 틀렸다. 에반스는 프레게식 뜻만 필요하다고 믿었다. 에반스는 '오늘'과 '어제'에 공통된 무엇이 있다고 생각한 점에서 옳았으나 그 둘을 구별하는 것(특성)이 없다고 가정했기에 틀렸다. 에반스는 자신의 이론에 이러한 의미론적 차이를 위한 여지를 남기지 않았다. 지표적 발화의 완전한 의미를 위해서는, 뜻은 물론이거니와 특성도 필요하다. 같은 정보는 실제로 연이은 이틀 동안에 두 단어를 통해 표현되지만, 각각의 단어는 서로 다른 규약적 의미를 지닌다. 지표사의 의미를 완전히 해명하려면 카플란과 에반스는 각자 상대방의 무기고에 있는 무엇을 필요로 하기 때문에 둘 다 불완전한 이론만을 제공한다. 우리에게는 특성과 내용 모두가 필요하지만, 서로 다른 특성을 지닌 지표사들이 가질 수 있는 공통된 무엇(즉, 지금껏 정보라고 부른 것)도 인식해야 한다. 내용으로 환원될 수 없는 것 말이다. 다음 과제는 이 정보 개념이 무엇에 해당하는지를 더 면밀히 탐구하는 것일 테다(이 과제는 숙제로 남겨두자). 지금 할 수 있는 말은 정보가 인식적 개념, 즉 누군가의 앎과 관련하는 개념이라는 것이다. 지금까지의 논의로는, 지표사의 의미라는 주제가 얼마나 복잡하며 난해한지만이 분명하다. 현재까지 어떤 이론도 아직 이 모든 작업을 해내지는 못했으니 말이다.

제7장 퍼트넘의 의미 외재주의

7.1. 배경

지표사를 둘러싼 지금까지의 논의는 힐러리 퍼트넘Hilary Putnam이 「의미와 지시Meaning and Reference」에서 펼친 논증의 위력을 이해하는 데 도움이 될 것이다. 카플란의 주장처럼 지표적 표현을 감안하면, 기술적 내포가 외연을 결정하는 고전 이론은 매우 설득력이 떨어지는 듯 보인다. 어떤 상황에서 사용된 지표사의 의미는 지시된 대상의 유형, 또는 그 대상에 관한 한정 기술구와 동치가 아니다. 논문 끝부분에서 퍼트넘이 언급하듯, 각자 자신에게 부여하는 기술구가 똑같더라도 두 사람은 '나'라는 단어를 사용해 각자 자신을 지시할 수 있다. 따라서 지시체의 차이는 두 화자가 지닌, [지시체를] 유일하게 식별하는 지식에서 비롯하지 않는다. 여기서는 맥락이 지시체를 결정하는 일에 필수 불가결한 역할을 한다. 화자의 마음속에 기술적으로 등장하는 무엇은 그런 역할을 하지 않는다. 당신이 지시하는 바는 당신이 누구이고 어디에 있는지에 의존하지, 당신이 무엇을 생각하는지에 의존하지 않는다. 즉, 내부의 기술구가 아니라 외부의 맥락에 의존한다. 지표적 지시는 화자의 마음속에 있는 주관적인 무엇이 아니라 화자의 객관적 맥락에 의해 외부에서 고정된다는 말이다. 이는 맥락 독립적인 기술적 지시와 대비되는데, 기술적 지시는 화자의 내적인 생각만으로 지시체를 충분히 고정할 수 있다. 이처럼 지표적 지시에는 외재주의externalism가 들어맞는 반면, (순전한) 기술적 지시 — 이를테면 '바다에서 첫 번째로 태어난 개'를 통한 지시 — 에는 내재주의internalism가 들어맞는다. '나'의 경우, 지시체를 결정하려면 누가 이 단어를 발화하는지를 알기만 하면 된다. 이 단어를 발화하는 사람이 누구를 지시체로 생각하는지가 아니라 말이다.

퍼트넘은 '탁자', '컴퓨터', '대통령' 같은 인공물에 대한 단어보다는 '물', '알루미늄', '호랑이' 같은 자연종 명사에 초점을 맞춘다. 자연종 명사란 자연에서 발견되는 유형의 대상을 나타내는 단어이다. 퍼트넘은 이런 단어가 무엇을 의미하는지, 특히 이것이 어떻게 그 지시체를 결정하는지를 알고자 한다. 논문 끝부분에서 퍼트넘은 다음과 같이 말한다. "지금까지 이야기한 이론은 이렇게 요약할 수 있다. '물' 등의 단어에는 숨겨진 지표적 요소가 있다. '물'은 여기 주변의 물과 어떤 유사성 관계를 담지하는 물질이다."('여기'라는 지표사에 주목하라) 다시 말해, 자연종 명사의 의미론은 지표사의 의미론을 반영한다. 이런 단어는 한정 기술구와 지시에 대한 프레게식 고전 모델을 따르지 않는다. 퍼트넘이 말하기를, 모든 유의미한 표현에는 모든 가능 세계 각각에서 외연을 결정하는 내포가 있으며, 단어를 이해할 때 화자는 그 내포를 파악한다고 이제껏 여겨져 왔다. 하지만 퍼트넘은 자연종 명사에 관해서는 이것이 참이 아니라고 주장한다. 자연종 명사는 내포를 파악함으로써 이해되는 것이 아니라는 말이다. 우리는 지표사를 이해하는 것과 같은 방식으로 자연종 명사를 이해한다. 여기서는 맥락이 필수 불가결한 역할을 한다. 퍼트넘은 이를 다음과 같이 표현한다. 화자의 심리 상태는 화자가 발화하는 단어의 지시체를 결정하는 유일한 요인이 아니다. 달리 말해, 화자의 내적 심리 상태는 화자의 지시체를 결정하지 않는다. 따라서 발화하는 동안 화자가 무엇을 염두에 두는지를 살펴보면 화자의 지시체를 추출할 수 있다는 낡은 견해를 퍼트넘은 기각한다. 이 결론에 도달하는 퍼트넘의 논증을 지금부터 살펴보자.

7.2. 쌍둥이 지구와 '물'

퍼트넘은 논의를 위해 쌍둥이 지구 사고 실험을 구상한다. 사람들이 '물'이라는 단어를 사용하긴 하지만 아직 화학이 충분히 발전하지 않은 어느 시기의 지구를 상상해보자. 화학이 발전하지 않았기 때문에 사람들은 물의 실제 화학 조성 — 즉, H_2O — 을 알지 못한다. 지구에서 사용되는 '물'이라는 단어는 물을 지시한다. 이제 지구를 똑같이 복제한 쌍둥이 지구를 상상해보자. 쌍둥이 지구에는 물이 없다. 그 대신, 물은 아니지만 물과 똑같은 외관상의 특징을 많이 지닌 어떤 액체가 있다. 퍼트넘은 이 액체의 화학식을 XYZ로 정한다. 화학식이 다른 액체가 외관상 같은 특징을 갖는 것은 가능하다. 이 사고 실험은 형이상학적으로 지극히 가능하다. 이제 우리와 똑같은 사람들이 쌍둥이 지구에 있다고 생각해보라. 사실 이들은 우리를 분자 단위에서 동일하게 복제한, 완벽한 쌍둥이다. 이들은 우리가 한국어라고 부를 법한 언어를 사용하는데, '물'은 그들이 사용하는 단어 중 하나이다. 그러나 쌍둥이 지구의 한국어에서 '물'은 지구의 액체(H_2O)가 아니라 쌍둥이 지구의 액체(XYZ)를 지시한다. '물'은 두 행성에서 각기 다른 외연을 지닌다. 하지만 사고 실험의 시기는 화학의 출현 이전이기 때문에, 지구인이든 쌍둥이 지구인이든 아무도 주변의 액체가 H_2O인지, XYZ인지는 알지 못한다. 두 단어는 서로 다른 지시체를 가지지만, 화자는 H_2O와 XYZ를 화학적으로 구별하지 못한다. 우리가 사용하는 '물'은 XYZ가 아닌 H_2O만을 지시하는 반면, 그들이 사용하는

'물'은 H₂O가 아닌 XYZ만을 지시한다.

쌍둥이 지구에 사는 상대방은 우리의 분자 단위 복제물이지만, 그들은 '물'이라는 단어를 사용하여 우리가 '물'을 통해 지시하는 것과는 다른 것을 지시한다. 쌍둥이 지구인은 우리의 분자 단위 복제물이므로, 그들이나 우리나 같은 심리 상태에 있다. '물'의 외연은 다르지만 말이다. 두 액체는 똑같은 주관적 현상을 야기하기 때문에, 우리가 '물'을 사용할 때 우리의 마음속에서 벌어지는 일과 그들이 '물'을 사용할 때 그들의 마음속에서 벌어지는 일은 똑같다. 그렇기에 퍼트넘에 따르면 심리 상태는 지시체 또는 외연을 결정하지 않는다. 화자가 단어로 의미하는 바는, 화자의 내적 심리 상태가 아니라 실제 외적 환경, 즉 화자의 맥락에 의해 결정된다. 두 부류의 화자는 각자의 액체에 대해 같은 정보를 가진다. 각자의 액체에 대해 내놓는 기술구도 같을 것이다. 그러나 사용 맥락이 다르기에 지시체도 다르다. 화자에게는 액체를 구별할 만큼 충분한 화학적 지식이 없지만, 두 액체는 실제로 다르기 때문에 지시체도 다르다.

이제 의미가 지시체를 결정한다고 가정하면, 지구에서 '물'의 의미는 쌍둥이 지구에서 '물'의 의미와 같지 않다는 결론에 도달한다. 그러므로 이들 단어는 기술적 내용은 같지만 의미는 다르다. 이들 단어는 지시체 자체가 의미에 관여하는 직접 지시 장치처럼 기능한다. 지구의 '물'은 H₂O를 지칭하는 고유 이름이고, 쌍둥이 지구의 '물'은 XYZ를 지칭하는 고유 이름이라고 생각할 수 있다. 카플란이라면 표현된 명제가 각기 다른 존재자[H₂O와 XYZ]를 포함한다고 말할 것이다. '물'이라는 단어는 기술구의 축약이 아니다. 우리의 마음속과 쌍둥이 지구에 사는 상대방의 마음속에 있는 기술구는 같지만 그럼에도 지시체가 서로 다르기 때문이다. 의미가 지시체를 결정한다는 가정 하에, 이는 의미가 서로 다르다는 점을 함축한다.

7.3. 의미는 머릿속에 있지 않다

'의미는 머릿속에 있지 않다'는 것이 퍼트넘의 결론이다. 이것이 무슨 말일까? 퍼트넘의 사고 실험에서 보이듯, 한 사람이 단어로 의미하는 바는 그 사람의 심리 상태에 의해 결정되지 않는다는 말이다. 퍼트넘이 생각하기에 당신의 머릿속에 있는 것은 지시체를 결정하지 않기 때문에 당신이 의미하는 바를 결정하지도 않는다. 지구인과 쌍둥이 지구인의 머릿속에서 벌어지는 일은 같지만, 각자가 '물'로 지시하는 바는 다르기 때문에 의미하는 바도 다르다. 단어의 의미는 화자의 심리 상태로부터 이끌어낼 수 없다. 의미는 다른 외적 요소에 의존한다. 이 외적 요소가 무엇인지는 곧 살펴볼 것이다. 화자의 내적 이해 상태는 화자가 지시하는 바를 필연적으로 고정하지 않으며, 이에 따라 화자가 발화한 단어의 의미는 화자의 이해 상태로부터 '읽어낼' 수 없다. 이리하여 퍼트넘은 의미가 '머릿속'에 있지 않다고 결론 내린다. 의미는 심리 현상이 아니라는 것이 퍼트넘의 요점이다.

이제 필요한 것을 모두 갖췄으니 퍼트넘의 논증을 다시 정확히 진술해보자. 쌍둥이 지구 사고 실험의 핵심 논점은 다음과 같다. 쌍둥이 지구에서 '물'은 XYZ를 지시하고 지구에서 '물'은 H_2O를 지시한다고 말하는 것은 옳다. 쌍둥이 지구에 사는 사람들은 우리의 분자 단위 복제물이므로, 이 논점은 무엇이 의미를 구성하는지에 관해 중요한 철학적 귀결을 지닌다. 분자 단위 복제물로서 쌍둥이 지구인의 두뇌 상태는 우리의 두뇌 상태와 정확히 같다. 따라서 '물'을 말하는 분자 단위 복제물의 마음속을 들여다본다면, '물'을 말하는 우리의 마음속을 들여다볼 때 보이는 것과 정확히 같은 경험, 믿음, 감정, 욕구를 관찰하게 될 것이다. 이에 따라, '물'을 사용할 때 화자들이 같은 심리상태에 있음에도 불구하고 이들 두 행성에서 '물'은 다른 지시체, 그리하여 다른 의미를 가진다는 점을 알 수 있다. 두 부류의 화자가 '물'에 결부시키는 기술구(가령, '강에 흐르는 무색무취의 액체')는 같기 때문에, 이들은 같은 심리 상태에 있다. 각각의 경우에 '물'의 지시체는 다르지만 말이다. 프레게를 따라 퍼트넘은 의미가 지시체를 결정한다고 가정하므로, 두 단어의 의미는 달라야 한다. 따라서 쌍둥이 지구에서 '물'은 지구에서 '물'과 같은 의미(또는 뜻)를 갖지 않는다. 그럼에도 '물'을 사용할 때 화자들은 같은 심리 상태에 있다.

일상적 이름을 사례로 들면 이 논증을 쉽게 이해할 수 있다. '아리스토텔레스'라는 이름을 예로 들자. 아리스토텔레스가 방문하기에 쌍둥이 지구는 너무 멀리 있으니 그곳에 아리스토텔레스는 없다고 가정하자. 그런데 쌍둥이 지구에는 아리스토텔레스와 똑같이 생기고 똑같이 행동하는 사람이 있다. 다만 그는 아리스토텔레스가 아니다. 쌍둥이 지구에서 '아리스토텔레스'라는 이름을 사용하는 화자는 우리의 아리스토텔레스가 아니라 그들의 아리스토텔레스를 지시한다. 애매하고 혼란스러울 수 있으니 그들의 아리스토텔레스를 '알버트'라고 부르겠다. '아리스토텔레스'를 사용하는 쌍둥이 지구인은 (우리가 표현하기를) 알버트를 지시한다. 그들이 '아리스토텔레스'로 지시하는 사람을 우리는 '알버트'라는 이름으로 부르기 때문이다. 쌍둥이 지구인은 우리의 심리적 물리적 복제물이기는 하나, '아리스토텔레스'를 사용하는 쌍둥이 지구인은 우리가 '아리스토텔레스'를 통해 지시하는 사람과는 다른 사람을 지시하기 때문에, 여기서도 퍼트넘의 논점은 성립한다. 그들은 알버트(그들에게는 '아리스토텔레스'로 불리는 사람)를 지시하는 반면 우리는 아리스토텔레스를 지시한다. 의미가 지시체를 결정하므로, 우리의 '아리스토텔레스'가 의미하는 바는 우리의 머릿속에 있을 수 없다. 쌍둥이 지구인의 심리 상태는 우리의 심리 상태와 정확히 같지만, 그럼에도 그들은 '아리스토텔레스'로 아리스토텔레스가 아닌 알버트를 지시한다. 여기서 지시체는 다르지만 내적 심리는 같다.

지구 혹은 쌍둥이 지구의 화자가 '물'이라는 말은 쓰지만, 이들 행성에 물이 무엇인지를 아는 전문가는 없다는 사실에 주목할 필요가 있다. 이 첫 번째 사례에서는 사고 실험이 벌어지는 시기를 화학의 발전 이전으로 가정한다. '물'로 지시되는 액체의 분자 구조를 아는 사람은 지구에도, 쌍둥이 지구에도 없다. 따라서 이 사례는 현재의 세계와 다르다.

'물'의 사례에 더해 퍼트넘은 몰리브데넘과 알루미늄의 사례를 제시한 다. 본질적으로는 쌍둥이 지구의 '물'과 같은 상황이지만 이 사례에서 퍼트넘은 알루미늄과 몰리브데넘을 구별할 수 있는 전문가가 있다고 가정한다. 그는 이들 금속을 꽤 쉽게 구별할 수 있는 몇 명의 금속공학자를 상정한다(쌍둥이 지구에서는 냄비를 몰리브데넘으로 만들고 지구에서는 냄비를 알루미늄으로 만든다. 금속공학자는 간단한 테스트로 이 둘을 구별할 수 있다). 몰리브데넘과 알루미늄은 생김새가 비슷할 뿐 아니라 용도도 같지만, 금속공학자라면 이들이 어떤 유형의 금속인지를 쉽게 알아낼 수 있다. 사실 이 두 번째 사례에 새로운 것은 없으며 첫 번째 사례와 정확히 같다. 다만 퍼트넘이 몇 명의 전문가를 들여왔을 뿐이다. 이 사례에서도 같은 단어로 다른 것을 지시하는 복제물 화자가 있고, 이에 따라 당신이 지시하는 바를 결정하는 것은 당신 내부에서 벌어지는 일이 아니라 당신이 속한 환경의 상태이다.

퍼트넘이 언급하는 세 번째 사례는 '느릅나무'와 '너도밤나무'를 사용해 서로 다른 종의 나무를 지시하는 경우이다. 이 사례는 기존 사례에 몇 가지를 추가하긴 하는데, 여기서의 논점을 이해하는 데에는 쌍둥이 지구가 필요하지 않기 때문이다. 이 논점이란 여기 지구에 있는 퍼트넘 자신에 관한 것이다. 자신의 개인어에서 '느릅나무'라는 단어를 사용하는 퍼트넘 은 '느릅나무'에 결부시키는 모든 기술구를 하나도 빼먹지 않고 '너도밤나무'라는 단어에도 결부시킨다. 퍼트넘이 고백하기를, 자신은 느릅나무와 너도밤나무를 구별하지 못하기 때문이다. 우리 대부분도 (부끄럽지만) 느릅나무와 너도밤나무의 차이에 똑같이 무지하므로 이 둘을 구별할 기술구를 내놓지 못한다. 그럼에도 '느릅나무'와 '너도밤나무'를 사용하는 우리에게 두 단어는 개인어에서 다른 무언가를 의미한다. '느릅나무'와 '너도밤나무'의 지시체 내지 외연은 같지 않다. 우리의 마음속에는 두 단어를 구별해주는 것이 없지만 한 단어는 느릅나무를, 다른 단어는 너도밤나무를 지시한다. 이 사례는 크립키의 파인먼과 겔만 사례를 떠올리게 한다(2장을 보라). 두 물리학자의 상세한 업적을 알지 못하는 화자는 둘 모두에게 20세기의 유명한 물리학자라는 기술구를 결부시킬 것이다. 파인먼과 겔만을 구별할 기술구가 없지만 화자는 그럼에도 '파인먼'과 '겔만'을 사용할 때 서로 다른 사람을 지시한다.

'느릅나무' 및 '너도밤나무'와 관련하여 머릿속에 든 것이 똑같더라도 우리가 이들 단어로 서로 다른 자연종의 나무를 지시하는 것이 어떻게 가능한지를 궁금해할 수 있다. 화자는 '느릅나무'와 '너도밤나무'로 각각 다른 무엇을 의미한다. 머릿속에 든 것은 똑같다고 해도 말이다. 이는 두 언어 공동체(지구와 쌍둥이 지구)를 비교하는 것이 아니라 특정 언어 공동체 속 화자의 개인어에 관한 문제이다. 이 책의 앞 부분(2.7.절)에서 크립키 및 이름과 관련해 언어적 노동 분업을 논한 적이 있다. 특정한 단어가 무엇을 지시하는지를 전문가가 결정하는 그 분업이 여기서도 등장한다. 문외한으로서 '느릅나무'와 '너도밤나무'를 사용할 때 우리는 이들 단어의 지시체가 수목 전문가와 우리의 관계에 의존하리라고 기대한다. 이들 단어를 사용할 때 우리가 지시하려는 것은, '느릅나무'와 '너도밤나무'를 사용할 때 전문가들이 지시하는 바로 그것이다. 이 경우에도 개별 화자의 의미는 화자의 심리 상태에서 읽어낼 수 없으며, 오직 화자가 속한 맥락— 특히 화자가 속한 언어 공동체의 전문가— 에서만 얻어낼 수 있다.

퍼트넘이 상세히 밝히지는 않지만 이 논의에 유용한 다른 사례도 있다. 논문의 끝머리에서 퍼트넘은 지표성에 대한 이야기를 꺼내는데, 이들 사례에는 지표성 개념이 어떤 중요한 역할을 하는 듯 보인다. 많은 사례가 지표사와 직접 관련한다. 코끼리를 가리키고 있는 어떤 사람을 상상해보라. 화자가 '저 코끼리'라고 말할 때 화자의 두뇌는 특정한 상태에 있으며, 화자가 특정한 방식(크다, 회색이다 등)으로 코끼리를 지각한다는 점을 떠올려보자. 이제 쌍둥이 지구, 혹은 지구의 다른 어떤 곳에서 화자와 똑같은 쌍둥이가 다른 코끼리를 가리키며 '저 코끼리'를 말한다고 하자. 두 번째 화자는 첫 번째 화자의 분자 단위 복제물이며, 그렇기에 두 화자의 마음속에 있는 모든 것은 내재적으로 같다. 하지만 '저 코끼리'라고 말하는 첫 번째 화자는 자신의 쌍둥이가 지시하는 것과는 다른 코끼리를 지시한다. 두 화자는 똑같은 심리 상태에 처해 있음에도 각자 다른 동물을 지시한다. 서로 다른 코끼리를 가리키고 있으니 말이다. 이렇듯 마음속에 있는 지각이나 관념이 아니라, 맥락이 지시체를 고정한다. 두 화자는 자신이 보고 있는 대상을 지시할 터인데, 각자가 다른 코끼리를 보고 있다.

또 다른 사례는 '나'라는 단어이다. 내가 '나는 배고프다'고 말하고, 나를 정확히 복제한 사람도 '나는 배고프다'고 말하는 경우를 살펴보자. 그는 내가 아니라 자기 자신을 지시한다. 하지만 그는 나의 분자 단위 복제물이므로 나와 정확히 같은 심리 상태에 처해 있다. '나'를 발화함으로써 그는 대상 a를 지시하는 반면, 나는 대상 b를 지시한다. 하지만 우리들 내부의 심리 상태는 똑같다. 그러므로 의미가 지시체를 결정한다면 의미는 우리의 머릿속에 있지 않을 것이다. 우리 내부에서 벌어지는 일을 검토한다고 해서 우리가 말하는 바를 추출할 수는 없다. 우리가 말하는 바는 맥락이 결정한다. 이 경우에는 누가 실제로 '나'를 발화하고 있는지가 바로 맥락이다. 이처럼 '머리 밖 사례'를 만드는 퍼트넘의 방법은 매우 간단하다. 화자의 머릿속을 같게 유지하면서 화자의 환경을 바꾼 뒤, 의미의 변화를 확인하면 된다. '지금'과 '여기'에 대해서도 유사한 사례를 만들어내기는 어렵지 않다. 내적 상태는 가만히 두고 맥락을 바꾸는 것이 그 비법이다.

분명히 해둘 것이 있다. 퍼트넘이 논문의 끝부분에서 암시하는 점이기도 한데, 이 논점에는 그가 인지했던 것보다 훨씬 더 큰 의의가 있다. 실제로 퍼트넘은 의미가 머릿속에 있거나 지시체를 결정하지 않거나 둘 중 하나라는 선언 형태의 주장을 한다. 그의 사고 실험은 두 명제 사이에서 중립적이다. 말인즉슨, 퍼트넘의 사고 실험을 어느 편으로도 해석할 수가 있다. 하지만 퍼트넘은 의미가 지시체를 결정한다고 가정하기 때문에 의미가 머릿속에 있지 않다고 결론 내린다. 만일 의미가 지시체를 결정한다면 의미는 머릿속에 있지 않다. 그렇지만 의미가 지시체를 결정하지 않는다면 어떻게 될 것인가? 이 경우에 의미는 머릿속에 남아있을 것이다. 의미가 지시체를 결정하지는 못하지만 말이다. 이 같은 대안 해석에 의하면, 퍼트넘은 의미가 지시체를 결정하지 않는다는 점을 논증한 셈이다.

그러므로 퍼트넘의 쌍둥이 지구 사례를 받아들여도, 의미가 머릿속에 있지 않기에 심리 상태에 의해 결정되지도 않는다는 점을 쌍둥이 지구 사례가 입증하는지 의심할 수 있다. 지시체를 결정하지는 않지만 의미가 실은 머릿속에 있으며, 그에 따라 심리 상태가 의미를 결정할 수도 있지 않은가? 따라서 이론적 가능성은 두 가지이다. (1) 의미는 머릿속에 있지 않으며 그에 따라 심리 상태와 독립적이다. (2) 의미는 머릿속에 있기에 심리 상태에 의존하지만 지시체를 고정하는 데에는 불충분하다. 왜 퍼트넘은 후자의 해석을 놔두고 전자의 해석을 채택하는가?

쌍둥이 지구의 사례가 보여주는 바를 다음과 같이 해석할 수 있다. 쌍둥이 지구인이 '물로 의미하는 바는 우리가 '물로 의미하는 바와 같지만, 쌍둥이 지구인이 '물로 지시하는 바는 우리가 '물로 지시하는 바와 다르다. 쌍둥이 지구인이 의미하는 바는 그들의 머릿속에 있는 것, 즉 그들이 내놓을 기술구이다. 다만 그들이 의미하는 바가 그들이 지시하는 바를 유일하게 결정하지는 않는다. 내포가 외연을 결정한다는 가정하에서만, 즉 뜻이 지시체를 결정한다는 가정하에서만 퍼트넘의 사례는 의미가 머릿속에 있지 않다는 결론을 확립한다.

지표사의 사례를 다시 살펴보면 이 점을 더 분명히 할 수 있다. 코끼리 사례에서 '저 코끼리'라고 말하는 화자들은 각자의 코끼리를 가리키며 서로 다른 동물을 지시한다. 두 화자가 각자 다른 것을 지시한다는 점에는 반론의 여지가 없으나, 이로부터 그들이 서로 다른 것을 의미한다는 점은 따라 나오지 않는다. 이는 '의미'에 대한 우리의 정의에 크게 의존한다. 의미라는 개념은 매우 복잡하며, 특히 지표사의 경우에는 더 그렇다. 앞 장에서 우리는 지표사의 의미와 관련해 최소한 두 차원의 이론이 필요하다는 점을 학습했다. '의미'의 의미를 카플란의 특성 개념으로 이해한다면, '저 코끼리'는 같은 특성을 가지며 그에 따라 첫 번째 화자에게든 두 번째 화자에게든 같은 언어적 의미를 갖게 된다. 하지만 이런 특성은 지시체를 결정하지 않는다. 지시체를 결정하는 것은 맥락이 더해진 특성이지, 특성 하나만으로는 부족하다. 그러므로 특성으로 이해된 의미는 지시체를 결정하지 않는다. 이를 감안하면 코끼리 사례가 의미는 머릿속에 있지 않음을 보여준다고 말하는 것은 이상한 해석이겠다. 코끼리 사례는 의미 (특성)가 지시체를 결정하지 않음을 보여준다[는 해석이 더 낫다]. 카플란이라면 이 사례는 특성이 내용을 결정하지 않음을 보여준다고 말할 것이다. 우리는 나중에 이 논점으로 돌아올 것이다. 당장에는 퍼트넘이 자신의 사례가 무엇을 보여준다고 생각했는지를 먼저 살펴봐야 한다.

퍼트넘이 내리는 한 가지 결론은 다음과 같이 표현된다.

언어적 노동 분업의 보편성 가설: 모든 언어 공동체는 앞서 기술한 것과 같은 모종의 언어적 노동 분업의 사례를 보여준다. 즉, 언어 공동체가 소유한 최소한 몇몇 단어들은, 그와 연관된 '기준'이 그 단어를 습득한 일군의 화자에게만 알려져 있으며, 다른 화자는 그 일군의 화자와 자신들 사이에서 이뤄지는 체계적인 협동에 의존하여 사용하는 그런 단어이다.[1]

이는 전문가에 대한 친숙한 생각이다. 전문가는 하나의 대상 내지

1. Hilary Putnam, "Meaning and Reference," in *Philosophy of Language: The Central Topics*, p. 275.

대상의 유형을 다른 것과 구별할 수 있으며, 언어 공동체의 다른 구성원은 전문가의 능력에 의존한다. 이에 따라 '느릅나무'와 '너도밤나무'의 지시체는 이들 단어의 지시체라고 전문가가 결정하는 나무 종이다(이때 전문가는 과학자일 수도 있으나 그저 관찰력이 뛰어난 시골 사람일 수도 있다). 너도밤나무와 느릅나무 유형의 사례에서 언어적 노동 분업은 의미가 화자 개인의 머릿속에 있지 않은 이유를 설명한다. 의미는 당신의 불완전한 정보가 아니라 당신과 전문가가 맺는 관계에 의존하기 때문이다. 전문가는 '당신의 머릿속'에 있지 않으며, 전문가의 지식도 당신의 머릿속에 있지 않다. 당신이 개인어 속 단어로 특정 종류의 사물을 지시하는 것이, 당신 본인의 지식이 아니라 당신이 전문가를 [언어적으로] 따른다는 사실 덕택이라는 점에서 당신은 전문가에게 의존한다. 이를 요약하자면, 의미는 사회적 현상이다. 당신이 의미하는 바는 타인의 [언어] 능력에 의존한다. 그리하여 퍼트넘의 논증은 의미에 대한 '반^反개인주의적인' 견해를 확립한다고 말할 수 있다. 하지만 이 같은 설명이 기존의 '물' 유형 사례에는 적용될 수 없음에 유의할 필요가 있다. 그곳에는 전문가가 없기 때문이다. 지구와 쌍둥이 지구에서 지시체의 차이는 공동체 안에서 따름의 대상이 되는 전문가에 의존할 수 없다. 아무도 두 액체의 차이를 구별할 수 없다. 이런 종류의 사례에서 의미론적 차이는 언어적 노동 분업에 의존하지 않는다.

쌍둥이 지구 사고 실험에서 의미는 화자가 자신을 포함하는 세계 속에 등장하는 실제 자연종과 인과적으로 상호작용한다는 사실에 의존한다. 화자의 단어 사용은 화자와 자연종의 인과적 상호작용에 묶여 있다. 자연종은 화자의 감관에 영향을 주고 화자는 자연종에 영향을 주며, 이들 상호작용이 화자가 '물'로 지시하는 바를 고정하기 때문이다. 지구에서 '물'을 사용할 때마다 우리는 항상 물, 그러니까 H_2O와 상호작용한다. 쌍둥이 지구에서 '물'을 사용할 때마다 그들은 항상 XYZ와 상호작용한다. 쌍둥이 지구인이 '물'로 [우리와는] 다른 무엇을 지시하도록 만드는 것은 그 세계 속 전문가의 존재가 아니라 주위 세계 자체이다. 그곳에는 전문가가 없으므로 의미는 전문가의 머릿속에도 없다. 의미는 세계 자체에서 비롯하며, 그 누구의 심리 상태도 매개하지 않는다. 화자는 세계 속에 파묻혀 여러 사물과 상호작용한다. 화자가 이렇게 상호작용한다는 사실이 화자가 사용하는 단어의 의미를 결정한다. 개인적으로든 사회적으로든, 단어의 의미는 누군가의 머릿속에 있는 무엇의 결과가 아니다. 의미는 화자의 실제 외부 환경의 결과이다. 이 환경 자체가 단어의 의미를 결정한다. 이리하여 퍼트넘은 의미가 머릿속에 있지 않다고, 의미는 환경과의 상호작용에서 비롯한다고 결론 짓는다. 이 학설은 의미가 외부에서 결정된다고 말하기 때문에 의미 외재주의semantic externalism로 알려지게 된다.

앞서 지적한 것처럼, 퍼트넘은 자연종 명사의 경우가 지표사의 경우와 유사하다고 생각한다. 지표사의 경우, 화자가 환경 속에 처해 있는 방식에 지시체가 의존한다는 점을 분명히 살펴볼 수 있다. 우리는 맥락이 작동하는 것을 볼 수 있다. 내가 앞에 있는 어떤 여성을 가리키며 '저 여성'이라고 말할 때, 무엇이 나의 지시체를 결정하는가? 내 머릿속에 잠복한 무엇은 아닐 것이다. [지시체를 결정하는 것은] 특정한 여성이 바로 지금 내 앞에, 나의 환경 안에 있으며 내가 그녀를 똑바로 가리키고 있다는 사실이다. 지표사의 경우, 세계 속 화자의 위치가 지시체를 고정한다는 점은 매우 분명하다. 지표사가 아주 명백히 맥락에 의존하므로 여기서 외재주의는 자명해 보인다.

이제 퍼트넘은 지표사를 '물' 같은 자연종 명사와 직접 연결한다. 그는 자연종 명사 안에 지표적 요소가 있다고 말한다. 우리는 지시사를 사용하여 — H_2O를 가리키며 "물'은 저 액체를 지시한다'고 말할 때처럼 — 우리가 사용하는 '물'의 지시체를 설명할 수 있다. 그리고 이것이 '물'의 지시체를 고정하는 우리의 방식이다. 앞서 논의했듯 지표사는, 그 자체로는 지표적이지 않은 단어(이를테면, 고유 이름과 '저 아이의 그 아버지' 같은 한정 기술구)의 지시체를 결정하는 데 핵심적인 역할을 한다. 지구에서 우리가

'물'이라고 말할 때, 지시체는 '저 액체'라는 지표사에 의해 결정된다. 쌍둥이 지구에서 그들이 '물'이라고 말할 때도 지시체는 '저 액체'라는 지표사에 의해 결정되지만, 이때 '저 액체'라는 지시사는 다른 자연종을 집어낸다. 그러므로 두 행성에서 '물'의 지시체는 각기 다르다. 지표사와 자연종 명사 사이에 성립하는 이런 지시적 연결을 감안하면, 자연종 명사가 지표사와 같은 방식으로 작동하리라고 예상할 수 있겠다. 지표사의 의미는 머릿속에 있지 않으며, 그와 연결된 자연종 명사의 의미도 머릿속에 있지 않다. 이리하여 '물' 같은 단어가 지표적 요소를 가지기 때문에 외재주의는 자연종 명사에 대해서도 성립한다.

7.4. 퍼트넘에 대한 비판

어떻게 하면 퍼트넘의 사례에서 귀결되는 결과를 가장 잘 설명할까? 퍼트넘의 사례가 의미에 관해 보여주는 바는 무엇인가? 퍼트넘은 의미가 머릿속에 있지 않음을 이들 사례가 보여준다고 말하지만, (앞서 지적했듯) 의미가 지시체를 결정하지 않음을 이들 사례가 보여준다는 결론도 똑같이 내릴 수 있다. 어떤 결론이 더 나은가? 우리가 '나' 같은 지표사의 사례에서 출발한다면, 어떤 합당한 의미 개념에 비추어 보아도 '나'라는 단어는 '나'를 사용하는 모든 사람에게 같은 의미를 지닌다. 물론 지시체는 다르겠으나 의미가 같다는 점은 분명하다. 화자가 어떤 상황에서 '나'를 사용하여 특정 개인을 지시하더라도, 이런 사실이 '나'의 의미에 반영되지는 않는다. '나'의 지시체는 맥락이 더해진 의미(맥락이 더해진 특성)에 의존하기 때문이다. 따라서 '나'의 의미(특성)가 머릿속에 있다는 말을 의심할 이유는 하나도 없다. 화자의 마음속에 있는 무엇이 이 지표사의 특성을 결정하니 말이다. 그러나 '나'의 규약적 의미는 어떤 상황에서 '나'의 지시체를 결정하기에 불충분하다. 기술구의 사례만을 고려하면, 의미가 한정 기술구의 지시체를 **실제로** 결정하기 때문에 의미가 지시체를 결정해야만 한다고 생각할 것이다. 하지만 지표사의 경우에는 그렇지 않다. 카플란이 보인 것처럼 지표사에는 더 복잡한 의미론이 필요하다. 여기서는 의미의 여러 차원을 반드시 구별해야 한다. 따라서 '의미는 머릿속에 있지 않다'는 말은 불완전하고 애매하다. 우리는 의미로 특성을 의미하는가, 아니면 내용을 의미하는가? 의미는 규약적인 언어적 의미인가, 아니면 명제적 내용인가? 퍼트넘의 사례 중 무엇도 특성이 머릿속에 있지 않음을 보이지 않았으니, 한 종류의 의미는 머릿속에 있다. 퍼트넘은 명제적 내용이 머릿속에 있지 않음을 보였을 뿐이다. 이들 사례에 대한 퍼트넘 자신의 지표적 해석을 고려하면, 퍼트넘은 의미의 일부(특성)가 머릿속에 있다는 결론을 내렸어야 했다. 다른 일부(내용)는 머릿속에 없더라도 말이다.

퍼트넘이 심리 상태를 무엇으로 간주했는지는 또 다른 문제이다. 그는 애초부터 심리 상태가 머릿속에 있다고 그냥 가정한다. 이에 따라 퍼트넘은 의미가 심리적이지 않다는 결론을 내리는데, 심리 상태는 머릿속에 있는 반면 의미는 머릿속에 있지 않기 때문이다. 그리하여 퍼트넘은 쌍둥이 지구에 있는 분자 단위 복제물의 심리 상태가 지구에 있는 사람들의 심리 상태와 당연히 같다고 생각한다. 그는 사람들이 물리적으로 동일하다면 서로 다른 심리 상태를 가질 수 없다고 생각한다. 하지만 이것이 그토록 명백한가? 어떤 사람은 퍼트넘의 이 가정을 의문시하며, 우리가 [의미뿐 아니라] 심리 상태도 머릿속에 있지 않다는 결론을 내려야 하지 않느냐고 생각할 수 있다. 지구인과 쌍둥이 지구인이 무엇을 믿는지를 한번 생각해보자. '이 물은 따뜻하다'고 말할 때 나는 무엇을 믿는가? 당연히 이 물이 따뜻함을 믿는다. 쌍둥이 지구에 사는 나의 분자 단위 복제물도 어떤 XYZ를 지시하며 '이 물은 따뜻하다'고 말할 것이다. 그는 이 물이 따뜻함을 믿는가? 글쎄, 그가 이 물이 따뜻하다고 믿지 않음은 분명하다. 이 물은 여기 지구에 있지, 저기 쌍둥이 지구에 있지 않기 때문이다. 그럼에도 그는 물이라는 개념을 포함하는 어떤 믿음을 갖지 않는가? 그렇지 않다.

그는 물에 관한 아무런 믿음도 갖지 않는다. 물이 아닌 다른 액체에 관한 믿음을 지닌다. 이 XYZ 액체를 '롬'이라고 부르자. 그러면 우리는 그가 롬에 관한 믿음을 가진다고 말할 수 있다. 그는 어떤 롬이 따뜻함을 믿는다. 그의 믿음은 우리의 믿음이 관여하는 것과는 다른 무엇에 관여한다. 그에게 는 롬 개념이 있지만 나에게는 물 개념이 있다. 그가 **지각**하는 것이 내가 지각하는 것과 다른 무언가라는 점은 분명한데, 나는 물을 보는 지각 상태에 있지만 그는 나와 같은 지각 상태에 있지 않기 때문이다. 그는 물을 볼 수 없기 때문에 나와 같은 지각 상태에 결코 있을 수 없다. 그가 보는 것은 오직 롬이다. 우리는 '그가 우물 속 물을 본다' 따위의 말로 그의 지각 상태를 보고하지 못한다.

그 어떤 쌍둥이 지구인도 물을 보는 지각 상태에 있을 수 없다. 그 어떤 쌍둥이 지구인도 물 개념을 갖지 않으며, 그들 주변에 물이 있다는 믿음도 가질 수 없다. 그러므로 쌍둥이 지구에서 '물과 결부된 심리 상태는, 지구에서 우리가 갖는 심리 상태와 같지 않다. 그들은 우리와 다른 심리 상태를 가진다. 그들이 우리와 **몇몇** 심리 상태, 즉 그들이 쌍둥이 지구에서 XYZ에 적용하는 기술적 믿음[강에 흐르는 무색무취의 액체 등]을 공유한 다는 점은 확실하다. 하지만 이로부터 그들과 우리가 **모든** 심리 상태를 공유한다는 점은 따라 나오지 않는다. '물'이라는 우리의 단어를 사용하여 그들의 심리 상태를 기술하는 것은 명백한 거짓처럼 보인다. 쌍둥이 지구 이야기를 듣기 전에 당신은 **롬** 개념을 포함하는 믿음을 하나라도 가져보았 는가? 그랬을 리 없다. 당신의 믿음은 **물** 개념만을 포함한다. 그들은 여기 지구에서 내가 '이 물'로 지시하는 특정한 웅덩이의 물에 관해 생각하 지 않는 것만큼이나, 자연종 물에 관해서도 생각하지 않는다. 그러므로 지구와 쌍둥이 지구에서 '물'을 사용할 때 서로 상관 관계에 있는 심리 상태들은 그 내용에 차이가 있다. 두 화자가 서로 분자 단위의 복제물임에도 말이다. 이에 따라 이들 심리 상태는 머릿속에 있지 않다. 의미가 머릿속에 있지 않다고 말할 때 퍼트넘은 심리 상태도 — 본질적으로 같은 이유에서 — 머릿속에 있지 않다는 말을 덧붙여야 했다. 심리 상태의 내용도 화자의 실제 환경이 고정한다. 다시 말해, 심리 상태의 완전한 명제적 내용은 환경과의 상호작용을 통해 부분적으로 고정된다. 그리하여 우리에게 의미는 물론이고 마음에 관한 외재주의도 있다.

하지만 이로써 전체 그림이 변한다. 지구인의 심리 상태가 쌍둥이 지구인의 심리 상태와 다르다면, 이들 심리 상태가 곧 사용된 단어의 의미를 결정하게 된다. 이 의미를 카플란식 내용 같은 무엇을 포함하는 것으로 여길 때조차 말이다. 내 상대방의 심리 상태는 롬 개념을 포함하는 반면, 나의 심리 상태는 물 개념을 포함한다. 이 두 개념을 순전히 나와 내 상대방의 내적 상태만으로 결정하는 것이 아니라 우리가 속한 세계가 결정한다. 따라서 이처럼 외부에서 결정된 심리 상태는 우리가 '물'로 의미하는 바를 결정한다. 그리하여 의미론이 심리학과 분리되는 것이 아니라 심리학이 신경생리학과 분리된다. 의미든 마음이든 내재적 [성격의] 신경생리학으로 환원되지 않는다.

코끼리와 관련한 지표사의 사례를 다시 보자. 어떤 화자는 코끼리 A를 가리키며 '저 코끼리는 크다'고 말하는 반면, 다른 화자는 코끼리 B를 가리키며 '저 코끼리는 크다'고 말한다. 첫 번째 화자는 A가 크다는 것을 믿지만, 두 번째 화자는 B가 크다는 것을 믿는다. A와 B는 서로 다른 대륙에 사는 동물일 수 있다. 화자들은 각자 앞에 있는 코끼리에 관한 믿음 — 저 코끼리는 크다는 식의 믿음 — 을 가진다. 이처럼 지표사를 사용할 때 화자가 갖는 믿음의 내용은 화자가 속한 환경이 결정하며, 따라서 화자의 믿음은 화자의 머릿속에 있지 않다. 직접 지시의 교훈을 의미뿐 아니라 믿음에도 적용하면 이렇게 된다. 우리의 기대처럼, 믿음과 의미는 나란히 간다.

심리 상태는 머릿속에 있지 않으며 의미도 머릿속에 있지 않다. 아니, 더 정확히 말하면 둘의 한 측면은 머릿속에 있지 않다. 머릿속에 있는 측면(특성에 대응하는 측면)도 있기 때문이다. 심리 상태가 머릿속에 없다면, 심리 상태는 의미를 결정할 수 있다. 심지어 의미가 지시체를 결정한다고 가정하더라도 말이다. 쌍둥이 지구의 사례를 받아들여도, 내 심리 상태는 내 단어의 지시체를 결정할 수 있다. 지구인과 쌍둥이 지구인이 분자 단위에서는 동일함에도 이들의 심리 상태가 다르기 때문이다. 심리 상태도 사람의 환경 속 사물을 반영한다. 심리 상태가 머릿속에 있지 않음을 깨닫는 순간, 우리는 퍼트넘이 자신의 결론을 잘못 진술하고 있음을 알게 된다. 우리 안에 든 것이 우리의 지시체를 결정할 수 없다고 말할 때 퍼트넘은 옳다. 하지만 그래도 우리의 심리는 우리의 지시체를 결정할 수 있다. 우리의 심리는 (전적으로) 내적이지 않다. 심리 외재주의psy-chological externalism까지 수용할 필요가 있다.

요약해보자. 의미의 내적 요소, 다시 말해 특성이 존재하기 때문에 의미가 전부 머리 밖에 있다는 퍼트넘의 주장은 틀렸다. 그리고 퍼트넘의 논증은 의미처럼 심리 상태도 외부에서 결정됨을 함축하기 때문에, 의미를 심리 상태가 고정하지 않는다는 퍼트넘의 주장 또한 틀렸다. 그가 옳은 점은, 외부 맥락이 지시체를 고정하는 데 필수적인 역할을 한다는 주장이다. 이는 퍼트넘이 원래 공표하려던 결론만큼 웅장하거나 혁명적으로 들리진 않을 수 있다. 우리가 지표사의 의미를 올바르게 탐구해본 이상 더욱 그렇다. 그럼에도 여기에는 중요한 진실이 담겨 있다.

제8장 타르스키의 참 이론

8.1. 배경

앞서 수차례 참[truth]을 언급하긴 했으나, 이 개념을 어떻게 이해해야 하는지는 별로 논한 바 없다. 참이란 무엇인가? 지금부터 살펴볼 참 이론은 1933년 폴란드의 수리 논리학자인 알프레드 타르스키[Alfred Tarski]가 쓴 「형식화된 언어에서의 참 개념[The Concept of Truth in Formalized Languages]」이라는 아주 길고 어려운 논문에서 처음 제시되었다. 하지만 우리가 살펴볼 논문은 1944년 발표된 「의미론적 참 개념[The Semantic Conception of Truth]」인데, 이는 앞선 논문에 담긴 생각을 더 쉽게 제시하려는 의도에서 집필되었다. 이 논문도 꽤 벅차지만 말이다. 논문의 도입부에서 타르스키가 언급하듯, 이 글은 형식 논리학에서 중요한 논문이었던 앞선 논문, 그러니까 「형식화된 언어에서의 참 개념」의 주제로 되돌아간다. 수리 논리학에 대한 탄탄한 배경 지식이 없는 이들이 읽기에는 까다로운 이 논문은 순수 논리학에 굉장히 중요한 기여를 했으며, 철학적으로도 중요하게 여겨진다. 역사적으로 사람들은 이 논문을 참에 관한 철학 이론의 중대한 발전으로 여겼다.

이 논문에 와서야 비로소 참에 대한 연구가 엄밀해졌으며 이 연구를 논리학의 주제로 가져오게 되었다. 철학을 수학으로 만든 것이다! 타르스키가 그토록 엄격하고 꼼꼼한 정의를 제공해주었기 때문에 많은 철학자는 참 개념을 사용하는 데 더 이상 아무런 거리낌도 가질 필요가 없다고 생각했다. 다음 장에서 보겠지만, 이후 도널드 데이비드슨^{Donald Davidson}은 타르스키의 이론을 받아들여 자연 언어에 대한 의미 이론을 제안한다. 타르스키는 참을 이용할 수 있게 하고 이를 '과학적'으로 만들었다. 실로 대단한 업적이다. '타르스키식'이라는 형용사는 '프레게식'이라는 형용사만큼 표준으로서의 위상을 가진다. '타르스키식 참 이론'과 '프레게식 의미 이론'처럼 말이다.

타르스키의 이론이 참 이론으로서, 그리고 의미 이론으로서 실제 무엇을 성취했는지가 여전히 논쟁적이기는 하다. 이를 논하기 전에 타르스키의 이론이 진짜 이야기하는 바를 잘 이해할 필요가 있다. 이를 위한 최선의 방법은 타르스키 본인이 한 말에 주목하는 것이다. 이 순서로 논의를 이어가보자.

먼저 타르스키의 제안 뒤에 놓인 배경을 잠시 살펴보자. 철학사를 보면 참에 대한 이론으로는 참 정합론, 참 대응론, 참 실용론 등이 있다. 정합론은 다음과 같이 진술한다. 어떤 명제는 참이다 iff[1] 그 명제는 한 사람이 믿는 다른 명제와 정합적이다. 정합론의 표준에 의하면, 어떤

● ●

1. [역주] 여기서 'iff'는 쌍조건문을 나타내는 영어 표현 'if and only if(그 경우 그리고 오직 그 경우에만)'의 줄임말이다. 두 명제 p와 q를 연결하는 쌍조건문 'p iff q'는 p와 q가 서로 필요충분조건임을 나타낸다. 예컨대 '주체 S가 명제 p를 안다 iff S는 p를 믿고, p는 참이며, S가 p를 믿는 것은 정당화된다'라는 문장은 지식의 필요충분조건이 믿음, 참, 정당화라고 주장함으로써 지식 개념을 믿음, 참, 정당화 개념을 통해 정의한다.

8장과 9장에서는 논의되는 내용의 특성상 쌍조건문이 수차례 등장하는데, 가독성을 해치지 않으면서 독자가 문장의 구조를 쉽게 파악할 수 있도록 역자들은 이하 등장하는 대부분의 'if and only if'를 'iff'로 옮겼다.

믿음은 그 믿음을 가진 사람의 다른 믿음과 일관되는 경우 그리고 오직 그 경우에만 참이다. 그렇다면 참은 믿음의 대상인 명제들 간에 성립하는 모종의 논리적 관계이다.

참 대응론은 다음과 같이 진술한다. 어떤 믿음은 참이다 iff 그 믿음은 사실에 대응한다. 타르스키의 정식화를 따르면, 대응론은 어떤 명제가 특정 사태를 지시하는 경우, 그러니까 실재의 현실 상태를 지시하는 경우 참이라는 이론이다. 이는 명제와 명제 바깥 세계에 있는 무엇 — 사실이나 사태 등의 무엇 — 이 맺는 관계를 이야기하기 때문에 대응론이라고 불린다. 이런 것들이 세계에 있고, 그에 대응하는 명제가 참인 명제이다. 여기서 핵심은 믿음들 간의 정합성이 아니라 믿음 밖에 놓인 무언가와의 대응이다.

세 번째 이론은 흔히 미국의 실용주의 철학과 결부되기 때문에 참 실용론이라고 불린다. 실용론은 다음과 같다. 어떤 명제는 참이다 iff 그 명제를 믿는 것은 유용하다. 다시 말해, 어떤 사람이 명제를 믿지 않을 때보다 믿을 때 자신의 계획과 기획에 도움이 되는 경우 그리고 오직 그 경우에만 그 명제는 참이라는 이론이다. 참은 유용성이다. 참인 믿음은 유용성을 증가시키며, 거짓 믿음은 유용성을 감소시킨다. 예를 들어 내가 높은 빌딩에서 뛰어내려 하늘을 날 수 있다는 거짓 믿음을 가진다면, 나는 바닥에 곤두박질치고 결국 유용성을 감소시키는 결과를 가져올 것이다. 따라서 개인의 안녕을 극대화하는 믿음이 참인 믿음이다.

각 이론에 흔히 제기되는 반론을 간략히 살펴보자. 정합론의 경우, 어떤 믿음이 나의 다른 믿음과 일관되지만 믿음 체계 전체가 거짓일 수 있다는 문제가 있다. 거짓 믿음끼리도 상호 일관될 수 있기에 (지구가 평평하다는 믿음은 너무 멀리 여행하면 지구의 가장자리에서 추락할 수 있다는 믿음과 일관되지만, 둘 다 참은 아니다) 일관성만으로는 절대 믿음을 참으로 만들 수 없다. 정합성이란 어떤 믿음이 객관적 실재에 들어맞는지와 무관하게, 한 믿음과 다른 믿음 사이의 관계일 뿐이다. 완벽히 정합적인 믿음 집합이 있더라도 이들 믿음은 전부 거짓일 수 있다는 말이다. 참을 구하려면 믿음 밖에 있는 어떤 것을 들여야 한다.

참 실용론에도 아주 비슷한 문제가 있다. 무언가에 관한 나의 믿음은 나에게 유용하지만 거짓일 수 있다. 어떤 믿음을 가지면 보상받지만 이와 다른 믿음을 가지면 처벌받는 사회를 상상할 수 있다. 이를테면 공산주의 소련에서 부르주아가 악하다는 믿음을 가진다면 당신은 보상받을 것이다. 반면 부르주아가 선하다는 믿음을 가지면 당신은 처벌받게 된다. 이때 후자가 아닌 전자를 믿는 것이 더 이득일 테지만, 이로부터 전자의 믿음은 참이고 후자의 믿음은 거짓임이 따라 나오진 않는다. 이처럼 유용성이 참과 항상 일치하지는 않는다. 기껏해야 두 속성은 대체로 상관 관계를 맺을 뿐이다.

대부분의 철학자는 대응론을 최선으로 여긴다. 대응론은 참이 객관적 실재에 의존한다는 생각을 포착한다. 참은 우리에게 의존하지 않는다. 대응론은 사실이란 무엇인지, 대응 관계란 무엇인지 같은 조금 더 전문적인 사안이 문제 된다. 사실이란 대상과 속성의 복합체인가? 우리는 사실을 어떻게 사실로 간주하는가? 사실은 참인 명제와 어떻게 다른가? 일반적 사실이 있고 부정적 사실이 있는가? 실재와의 대응이라는 근본 개념도 분명하고 올바르게 표현하기 어렵다. 대응은 지칭의 일종인가? 아니면 동형대응^{同型對應, isomorphism} 같은 것인가? 타르스키는 대응론의 명료화를 자신의 주요 과업으로 삼는다. 이제 이 과업으로 곧장 들어가보자.

8.2. 타르스키의 수용 가능성 기준

타르스키의 이론은 방금 언급한 문제점을 하나도 갖지 않는 논리적으로 깨끗한 이론이라고 여겨진다. 그래서 참에 대한 모든 혼란과 모호함을 밀어내고 그 자리를 대체한 이론이라고 여겨진다. 참에 대한 아주 깔끔한 논리적 정의였으며, 그래서 (거의) 모든 사람이 이 이론을 좋아했다. 논문의 첫머리에서 타르스키는 참을 만족스럽게 정의하려면 먼저 정의가 무엇을 목표로 삼는지를 알아야 한다고 말한다. 그런 후에야 정의를 올바르게 판단할 수 있다면서 말이다. 그러고 나서 타르스키는 곧바로 참을 정의하는 데 착수한다. 우리가 참 이론을 통해 성취하려는 바는 무엇인지, 그리고 참 이론을 수용 가능한 것으로 만드는 조건은 무엇인지를 밝혀야 한다.

타르스키는 참 이론의 수용 가능성 여부를 가려낼 두 개의 테스트를 확립한다. **실질적 적합성**material adequacy과 **형식적 올바름**formal correctness이 그 둘이다. 참에 대한 좋은 이론은 실질적으로 적합하고 형식적으로 올발라야 한다. 먼저, 실질적 적합성은 정의가 '참'이라는 단어의 (타르스키의 말을 빌리면) "실제 의미를 움켜쥐어야" 한다는 점을 의미할 따름이다. 다시 말해, '참'의 의미를 고치려고 하거나 새로운 의미를 약정하는 이론이면 안 된다. 정의는 우리 모두가 '참'이라고 말할 때 쓰이는 '참'의 실제 의미를 포착해야 한다. 여러분은 이 요구가 사소하다고 생각할 수 있는데, 일상 언어 속 어떤 단어를 정의하려고 할 때 당연히 우리는 단어의 실제 의미를 포착하려 하기 때문이다. 맞는 말이다. 예를 들어 '알다'를 정의하고자 한다면 이 단어의 실제 의미를 포착하려는 것이니 말이다. 어떤 단어를 정의하려는 모든 철학자들이, 자신의 정의가 '실질적으로 적합'하기를, 즉 단어의 실제 의미에 대응하기를 원하지 않는가? 실질적 정합성이라는 타르스키의 개념을 신비롭고 전문적인 아우라가 둘러싸고 있다고 생각하는 사람들이 종종 있지만, 타르스키에게 실질적 정합성은 그저 우리가 실제로 가진 참 개념을 포착한다는 의미이다. 타르스키가 실질적 정합성을 더 전문적으로 정식화한 것은 나중에 살펴볼 텐데, 일단은 정의가 **정확해야** 한다는 점을 의미할 뿐이다.

타르스키가 '형식적으로 올바르다'고 한 것은 정의에 논리적 오류가 없으며 우리가 사용하는 언어의 형식적 구조를 명시해야 한다는 의미이다. 예컨대, 정의는 사용과 언급을 혼동하면 안 된다. 이론은 어떤 논리적 부적절함을 범하거나 명확성을 결여하면 안 된다. 이것도 모든 개념을 철학적으로 정의할 때 따라야 하는 친숙한 요구이다. 형식적으로 올바르지 않은 정의는 허용될 수 없다! 타르스키는 참의 경우 '참'으로 빚어질 수 있는 역설(이를테면 '내가 하는 말은 모두 거짓이다'고 말하는 거짓말쟁이의 역설)을 특히 우려한다. 이처럼 타르스키는 논리적 함정을 특히 걱정한다.

타르스키가 그 다음 제시하는 논점은 '참'의 적용과 관련한다. '참이다'라는 술어가 있고, 문법적 관점에서 보면 이 술어는 '빨갛다'라는 술어와 꼭 같아 보인다. '빨갛다'는 대상에 빨감이라는 속성을 부여한다. 이와 비슷하게 '참이다'도 지시 대상에 속성을 부여하는 것처럼 보인다. 그렇다면 빨감이 술어로 표현되는 속성인 것처럼 참도 술어로 표현되는 속성이다. 그런데 무엇의 속성인가? 타르스키가 말하길, 참은 여러 다른 것에 적용될 수 있다. 그는 세 가지를 언급한다. 첫째가 믿음인데, 이는 심리 상태이다. 우리는 우리의 믿음을 참(이거나 거짓)이라고 말할 수 있다. [둘째로] 참은 명제에도 적용될 수 있는데, 명제는 믿음의 추상적 내용이다. 예를 들어 눈이 하얗다는 명제가 참이라고 말할 수 있다. 이때 우리는 누군가의 믿음에 대해서는 말하지 않는다. 명제에 '참'을 적용할 때 우리는 어떤 특정 언어나 믿음의 주체에 의존하지 않는 무엇인가에 '참'을 적용한다. 같은 명제는 다른 언어의 다른 문장 — 동의어나 정확히 번역된 문장 — 으로 표현될 수 있다. 명제는 일종의 추상적 존재자이며, 우리는 이 추상적 존재자에 참을 부여할 수 있다. [셋째로] 문장에도 참을 부여할 수 있다고 타르스키는 말한다. 문장은 구체적인 언어적 존재자이다. 우리는 '눈은 하얗다'라는 문장을 참이라고 말할 수 있다. 이때 문장은 일련의 기호나 소리, 즉 지각 가능한 물리적 존재자라고 여겨진다.

방금 언급한 문장['이때 문장은 일련의 기호나 소리, 즉 지각 가능한 물리적 존재자라고 이해된다']과 달리, 그 앞의 문장['우리는 '눈은 하얗다'라는 문장을 참이라고 말할 수 있다']은 문장에 대한 지시를 포함한다. 우리는 인용 부호를 사용하여 '눈은 하얗다'는 한국어 문장을 지시한다.

'참이다'를 문장에 적용하려면 해당 문장을 인용 부호 안에 집어넣어야 한다. 이런 식으로 '참이다'가 적용되는 문장의 이름을 만들 수 있다. 타르스키는 자신의 이론 속 수많은 문장을 명명한다. 문제는 명제와 달리 문장이 언어에 의존한다는 점, 즉 명제와 달리 문장이 언어마다 다르다는 점이다. '참'을 명제가 아닌 문장에 적용하면 '참'의 논리도 바뀐다. 지금 우리는 '참'을 손에 잡히지 않는 명제 자체가 아니라, 명제를 전달하는 손에 잡히는 수단에 적용해보는 중이다. 문장을 발화함으로써 수행되는 발화 행위, 가령 진술과 주장에도 '참'을 적용할 수 있다. 그 종류를 막론하고 우리는 모든 것[문장, 진술, 주장]을 참이거나 거짓이라고 말할 수 있다. 타르스키는 '참'을 문장에 적용하겠다고 밝힌다. 이에 따라 타르스키는 문장에 적용될 때의 참을 정의한다. 그렇다면 '참'의 외연은 참인 문장들의 집합일 것이다. 앞으로 확인하겠지만 이는 타르스키가 제시하는 정의의 형식에 영향을 미치며, 특히 인용 부호의 사용과 관련하여 영향을 준다.

8.3. 아리스토텔레스와 잉여론

타르스키는 자신이 어디서 영감을 받았는지 설명하고자 아리스토텔레스까지 거슬러 올라간다.

우리는 고전적인 아리스토텔레스식 참 개념에 충실한, 직관을 제대로 다루는 정의를 선호해야 한다. 이 직관은 아리스토텔레스의 『형이상학 Metaphysics』에 등장하는 다음의 유명한 구절로 잘 표현된다. '그러한 바에 대해 그렇지 않다고 말하거나 그렇지 않은 바에 대해 그렇다고 말하는 것이 거짓이며, 그러한 바에 대해 그렇다고 말하거나 그렇지 않은 바에 대해 그렇지 않다고 말하는 것이 참이다.'[2]

문제를 단순화하고자 아리스토텔레스의 정식 가운데 부정문 부분을 빼도 타르스키의 견해의 핵심을 표현하는 데에는 문제가 없다. 참은 그러한 바$^{\text{what is so}}$에 관해 그것이 그러하다고$^{\text{that it is so}}$ 말한다. 이것이 아리스토텔레스의 기본적인 생각이다. 만약 이 책상이 갈색이라는 바가 그러하다면, 이 책상을 갈색이라고 말하는 것은 참이다. 이는 올바른 생각인 듯한데, 우리가 이제는 참 잉여론이라고 부르는 입장이 여기에 기초한다. 한 문장을 참이라고 말하는 것은 곧 사물들이 그 문장이 말하는 바대로 있다고 말하는 것이다. 그리고 이것으로 끝이다. 우리는 ['참이다' 없이도] 그 문장을 똑같이 반복할 수 있었다.

타르스키가 제안하는 이론이 잉여론의 일종임은 분명하나, 정작 자신은 '잉여론'이라는 말을 한 적이 없다. 어떤 화자가 '눈은 하얗다'고 말하니 청자가 '그렇다. 그것은 참이다'고 대답하는 상황을 생각해보라. 청자는 '그렇다. 그것은 참이다'로 무엇을 의미하는가? 그는 '그렇다. 눈은^{is} 하얗다'고도 말할 수 있었다. 다만, 이를 위해서는 화자의 말을 똑같이 반복해야 하기에 '그렇다. 눈은 하얗다'고 말하는 것은 다소 장황하다. '그것은 참이다'고 말하는 편이 훨씬 간단하다. '그것은 참이다'고 말함으로써 청자는 화자가 말했던 모든 것을 축약된 형식으로 다시 주장할 수 있다. 그러므로 누군가의 말에 동의한다는 사실을 '참이다'라는 간단한 술어로 줄여 말할 수 있다. 전체 문장을 다시 한 번 주장하는 수고를 할 필요가 없다. 이 같은 언어 장치로 우리는 타인의 말 전체를 반복할 필요를 덜게 된다. 이는 '아인슈타인의 상대성 이론은 참이다' 같은 문장을 진술하는 경우에 아주 유용하다. 상대성 이론 전체를 인용하지 않아도 된다니! '참'을 포함하는 문장은 '참'이 적용되는 문장과 동치라고 타르스키는 생각한다. '참'은 그것이 적용되는 문장의 내용에 아무것도 첨가하지 않는다. 핵심은 '참이

2. Alfred Tarski, "The Semantic Conception of Truth," in *Philosophy of Language: The Central Topics*, p. 30.

엄밀히 말해서 잉여라는 생각이다. 우리의 언어에 '참'이 있고 우리가 실용적인 목적으로 '참'을 사용하긴 하나, 원리적으로 '참'은 없어도 무방하다.

이제 타르스키의 그 유명한 쌍조건문을 볼 차례이다.

(1) '눈은 하얗다'는 참이다 iff 눈은 하얗다.

엄밀히 말해 '참이다'는 잉여이다. '참이다'를 문장에 적용하더라도 그 결과는 해당 문장의 동치이기 때문이다. 우리는 "눈이 하얗다'는 문장은 참이다'고 말할 수도 있지만, 그냥 '눈은 하얗다'고 말할 수도 있다. 어느 경우든 같은 말이다. "눈이 하얗다'는 문장은 참이다'는 '눈이 하얗다'와 같은 것을 의미한다.

이것이 잉여론 — 때로 소멸 이론이나 탈인용 부호 이론이라고도 불리는 이론 — 의 배후에 있는 통찰이다. 마치 '참이다'가 문장을 감싸고 있는 인용 부호를 벗겨낸 뒤 [문장만 남겨둔 채] 어둠 속으로 소멸하는 것 같다. 문장의 인용 부호를 없애고 그것을 'iff' 뒤에 다시 써보라. 그러면 '참'이 '눈은 하얗다'에 적용될 때 '참'의 정의를 얻을 수 있다. 하지만 이런 탈인용 부호 쌍조건문을 포함하는 타르스키식 전문 용어를 자세히 알아보기에 앞서, 참에 관한 아리스토텔레스의 견해를 잠깐 살펴보자. 타르스키의 해석에 비추어서 말이다. 사실 이 견해는 「뜻과 지시체에 관하여」에 등장하는 다음 구절 때문에 프레게의 견해로 간주되는 때가 매우 잦다.

'5가 소수라는 생각은 참이다'는 생각만을 담고 있으며, 사실은 그냥 '5는 소수이다'와 같은 생각이다. 이것에서 생각이 참과 맺는 관계는 주어가 술어와 맺는 관계와 유사할 수 없다는 점이 따라 나온다.[3]

여기서 프레게는 'S는 참이다' 형식의 문장이 S와 같은 생각을 표현한다고 주장하고 있다. 물론 이 둘이 같은 생각을 표현한다고 말하는 것은, 이 둘이 동의적임을 말하는 다른 방식이기도 하다. 그러므로 "눈이 하얗다'는 문장은 참이다'의 뜻은 '눈이 하얗다'의 뜻과 동일하다. 두 문장은 정확히 같은 생각을 표현하고, 서로 정확히 동의적이기 때문이다. 타르스키의 참 쌍조건문은 이와 같은 프레게의 통찰을 정리하여 표현한 것에 지나지 않는다.

반면 대응론에 의하면, '눈은 하얗다'가 눈은 하얗다는 사실에 대응하는 경우 그리고 오직 그 경우에만 '눈은 하얗다'는 참이다. 이때 우리는 눈과 하얌뿐 아니라 '사실'이라고 불리는 존재자와 '대응'이라고 불리는 관계까지 상정한다. 이들 존재자는 까다로운 철학적 논리적 물음을 발생시킨다. 타르스키의 이론에서는 대응과 사실이라는 개념을 들여올 필요가 없기 때문에 이런 물음에 시달릴 필요가 없다. 그저 'iff' 다음에 '눈은 하얗다'를 반복하기만 하면 된다. 게다가 하얀 눈은 철학적으로 문제되는 존재자도 아니다. 우리는 그것이 무엇인지 안다. 하얀 눈에 딱히 철학적인 문제는 없다! 타르스키의 이론은 그 어떤 불분명한 개념도 사용하지 않는, 참에 관한 아주 간단명료한 이론이다. 참이 기본적인 것들로 압축되었다. 이 정의를 어떻게 문장 전 범위에 적용할 것이냐는 전문적인 물음만이 진짜 물음이다. 결국 참 개념에는 일상 문장 및 그것이 일상적으로 관여하는 것을 넘어서는 그 무엇도 없다.

잉여론의 아름다움은 소박함에 있다. 잉여론은 그 어떤 복잡한 개념 분석도, 그 어떤 논란의 여지가 있는 개념도 포함하지 않는다. 사실 타르스키는 자기 이론의 이 같은 측면을 상당히 잘못 진술한다. 그는 자신의 이론을 대응론의 한 형태로 생각한 것 같다. 타르스키는 자신의 이론을

3. Gottlob Frege, "On Sense and Reference," in *Philosophy of Language: The Central Topics*, p. 117.

다음과 같이 설명한다.

> 현대 철학의 용어에 맞추어 보면, 아마 [아리스토텔레스의 — 지은이
> 주] 이와 같은 생각을 친숙한 정식화를 통해 표현할 수 있겠다. 즉,
> 문장의 참은 실재와의 합치(또는 실재와의 대응)에 있다.[4]

대다수의 철학자는 아리스토텔레스/프레게식 참 개념과 방금 말한
대응론을 철저하게 구별하길 원한다. 여기서 타르스키가 기술하는 견해는
충분히 대응론이라고 불릴 만한데, 왜냐하면 '실재'라고 불리는 무언가와
문장 사이의 '합치'라는 관계를 말하기 때문이다. 하지만 타르스키의 이론
은 이런 개념을 전혀 사용하지 않는다. 참 잉여론을 채택하면 이런 문제되는
개념들을 피해가게 된다. 타르스키는 고전적인 대응론을 잉여론과 혼동하
고 있는 듯하다. 잉여론은 '참'을 본질적으로 잉여적인 장치로 다루지만,
대응론은 한편에 문장이 있고 다른 한편에 사실/존재하는 사태/실재가
있으며, 이 둘이 대응이라는 실질적 관계를 맺는 것으로 참을 이해한다.
앞으로 확인할 테지만, 실제로 타르스키의 이론은 [대응론과] 매우 다른
형식을 지닌다.

타르스키 이론의 세부 사항을 살펴보려면 참 쌍조건문의 기본적인
논리 형식을 먼저 분석해야 한다. 그 추상적인 논리 형식은 다음과 같다.

x는 참이다 iff p.

논리학에서 문자 'x'는 대개 개체 변항을 나타낸다. 개체 변항은 이름,
기술구, 대명사 자리에 그 대신 위치하는 것이다. 따라서 'x'라는 문자는
단칭어 자리에 그 대신 위치하는 변항이다. 물론 단칭어는 문장의 부분이지

4.　Alfred Tarski, "The Semantic Conception of Truth," pp. 30–31.

[그 자체가] 전체 문장은 아니다. 예컨대, 쌍조건문의 좌변인 "눈이 하얗다'는 문장은 참이다'만 보자면, 'x는 T이다' 형식의 문장임을 알 수 있다. 문장을 인용한 부분['눈이 하얗다']이 단칭어이므로 그것을 변항['x']으로 대체할 수 있다. 원한다면 해당 문장에 이름을 붙일 수도 있다. 이를테면, '버트'라고 명명하여 '버트는 '눈이 하얗다'는 한국어 문장이다'처럼 약정할 수 있겠다. 그러면 쌍조건문을 '버트는 참이다 iff 눈은 하얗다'처럼 진술할 수 있다. 논리학적으로 말해, 인용 부호는 문장을 자기 지시적 단칭어로 변환시킨다. 이에 따라 "눈이 하얗다'는 참이다'의 논리적 형식은 'x는 T이다'이다. 이는 표준 논리 표기에서 'Fa'이며, 이때 ('존은 대머리이다'와 마찬가지로) 'a'는 이름이고 'F'는 술어이다. 다시 말해, 이것은 주어-술어 문장이다.

그러나 'iff'의 반대편[우변]에 있는 문장은 문장에 대한 단칭어를 포함하지 않는다. 눈과 하얌을 지시하는 문장이 사용되고 있을 뿐이다. 이런 이유로, 논리학에서 [문장을 나타내고자] 관례적으로 사용되는 변항은 'p'와 'q'이다. 전통적으로 이 문자는 명제 또는 전체 문장을 나타내며, 단칭어로 간주되지 않는다. 'p 그리고 q'처럼 'p'와 'q'라는 문자를 하나로 연결하는 진리 함수를 보게 되는 이유가 여기에 있다. 문장을 지시하는 단칭어들을 '그리고'라는 문장 연결사에 집어넣는 것은 형식적으로 완전히 잘못된 것이다. '그리고'는 문장만을 연결하는 문장 연결사이기 때문이다. '그리고'의 좌변에 'x', 우변에 'y' 같은 변항을 두는 것도 적절치 못하다. 'x'와 'y'를 관례적인 방식으로 해석한다면, 'x'와 'y'는 사물들의 이름 자리에 그 대신 위치하는 변항이다. 당연히 이름과 문장은 동일한 의미 범주에 속하지 않는다.

우변에 있는 것은 문장이므로 'p'가 그에 적절한 변항이겠다. 논리학에서 'p'는 **도식 문자**schematic letter라고 불리기도 한다. 따라서 좌변에 있는 'x'는 문장에 대한 개체 변항이지만, 우변에 있는 'p'는 문장 변항 또는 문장 도식 문자이다. 이것이 타르스키가 '형식 (T)의 동치'라고 부르는 문장들의 논리적 형식이다. 당연히, T는 참을 나타낸다. 그리하여 우리는 'x는 T이다 iff p'라는 일반화된 형식을 얻게 된다. 물론 이 쌍조건문 진술은 'q iff p'를 그 논리적 형식으로 한다. 'x는 참이다'도 하나의 문장이며 그에 따라 문장 변항으로 대체될 수 있어야 하기 때문이다. 하지만 해당 문장에는 문장의 이름 자리에 그 대신 위치하는 'x'라는 개체 변항이 **포함된다**. 여기서 핵심은, 좌변에는 문장의 이름을 품고 있는 문장이 있으나 우변에는 그냥 하나의 문장이 있다는 점 — 그럼에도 둘은 동치라는 점 — 이다. 다시 말해, "눈이 하얗다'는 참이다'는 '눈이 하얗다'와 동치이다. 이 같은 사례를 보면 'x는 T이다 iff p'라는 논리적 형식은 쉽게 일반화된다.

타르스키가 인정받는 이유 중 하나는 사용과 언급에 관한 섬세한 구별이다. 타르스키는 일상적인 방식으로 진술하고자 문장을 사용하는 것과 문장을 지시하는 것(언급하는 것)을 구별한다. 이 구별을 이용하면 '눈은 하얗다'가 쌍조건문의 좌변에서는 사용되는 것이 아니라 언급되는 반면에, 우변에서는 언급되는 것이 아니라 사용되고 있다고 말할 수 있다. 이 모든 것은 참의 정의가 '형식적으로 올바르다'는 것을 확실히 하려는 논의이다.

8.4. 대상언어와 메타언어

타르스키의 이론을 파악하려면 논리학의 또 다른 전문 용어를 이해할 필요가 있다. 바로 대상언어와 메타언어의 구별이다. 어떤 언어에서의 참을 정의할 때 우리의 논의 대상이 되는 그 언어가 대상언어이다. 지금까지 대상언어는 한국어였다. '눈은 하얗다'가 한국어 문장이니 말이다. 하지만 프랑스어나 이탈리아어, 중국어를 대상언어로 삼을 수도 있다. 대상언어는 그저, 그 언어에 속하는 문장에 '참'이 적용될 수 있는, 우리의 논의 대상이 되는 언어이다. 대상언어의 문장을 지시할 때는 보통 인용 부호를 사용한다. 인용 부호가 유일한 방법은 아니지만 말이다.

반면 메타언어는 다른 언어에 관해 말할 때 우리가 사용하는 언어이다. 이제까지는 메타언어도 한국어였지만, 다른 언어일 수 있다. 한국어에서의 참을 정의하려는 프랑스인은 한국어를 대상언어로 삼겠지만 메타언어로는 프랑스어를 사용할 것이다. 이 구별은 곧 우리의 논의 대상이 되는 언어와 그 언어에 관해 말할 때 우리가 사용하는 언어 사이의 구별이다. 지금까지 우리의 메타언어와 대상언어는 같은 언어, 즉 한국어였다. 하지만 항상 이렇지는 않다. 프랑스어를 대상언어로, 한국어를 메타언어로 삼을 수 있다. 예를 들어 "La neige est blanche'는 참이다 iff 눈은 하얗다'고 말할 수 있다. 이와 똑같이 스와힐리어로 화성 언어에 관해 말하며 화성 언어에 관한 타르스키식 참 이론을 만들 수 있다. 이 전문 용어는 우리가 어떤 언어에 관해 말하고 있는지를 혼동하지 않게 한다(메타언어에 관해서도 이야기할 수 있음에 유의하라. 그렇다면 우리는 메타-메타언어를 사용하게 된다). 대상언어와 메타언어로서 모두 한국어를 사용한다고 해서 이 구별을 무시해도 되는 것은 아니다.

대부분의 철학자는 타르스키식 쌍조건문을 'T-문장'이라고 부른다. 이 용법을 받아들이면 T-문장이란, (쌍조건문 좌변에 놓인) 대상언어에 속하는 문장을 언급하는 메타언어의 문장이다. 그러므로 T-문장을 글로 쓰는 우리는 대상언어를 언급하기 위해 메타언어를 사용한다. 이와 연관하여 타르스키는, 우리가 '참'을 명제, 진술, 믿음이 아닌 문장에 적용하고 있기 때문에 참 술어를 상대화해야 한다고 주장한다. 원칙적으로 '눈은 하얗다'라는 문장은 한 언어에서는 참이지만 다른 언어에서는 참이 아닐 수 있는데, 이 [문장을 이루는] 기호나 소리는 다른 언어에서 다른 것을 의미할 수 있기 때문이다. 한국어에서 '눈은 하얗다'는 눈이 하얗다는 것을 의미하고 눈은 **정말로** 하얗기 때문에 한국어에서 이 문장은 참이다. 하지만 [이 문장과] 청각적, 시각적으로 완벽히 같은 문장을 포함하는 어떤 다른 언어를 상상해보자. 그 언어에서 이 문장은 다른 의미, 이를테면 눈이 검다는 의미를 가진다. 그렇다면 그 언어에서 '눈은 하얗다'는 눈이 검음을 의미하고 눈은 검지 않기 때문에 그 언어에서 이 문장은 거짓이다. 그러므로 엄밀히 말해 우리는 T-문장을 다음과 같이 적어야 한다. 'x는 L에서 T이다 iff p.' 너무 어려워서 논리적 차원에서 짜증이 팍 난다! 이때 두 번째 언어('쌍한국어'라고 하자)에서 T-문장은 다음과 같겠다. "눈은 하얗다'는 쌍한국어에서 참이다 iff 눈은 검다.'

참을 진술이나 믿음, 명제에 적용할 때에는 참을 상대화하지 않아도 되는데, 이들은 언어에 의존하지 않기 때문이다. 눈이 하얗다는 명제는 참이다 iff 눈은 하얗다, 이것뿐이다. 여기서 의미는 붙박여있다. 명제는 언어의 일부가 아니기 때문에 언어에 따라 의미가 달라지지 않는다(진술과 믿음도 마찬가지이다. 진술과 믿음 안에는 명제가 붙박여있다). 하지만 기호 내지 소리라고 여겨지는 문장에 적용되는 '참'을 정의할 때는 참 술어를 상대화해야 한다. 언어에 따라 의미가 잠재적으로 변할 수 있으니 말이다. 이는 문장이 그 자체로는 무의미한 낙서나 소음에 불과하기 때문이다.

8.5. T-문장을 도출하는 방법

이제 우리는 두 가지를 갖고 있다. 아리스토텔레스와 프레게에서 비롯된, T-문장에 초점을 맞추고자 하는 철학적 동기와 T-문장의 논리적 지위 및 이를 어떻게 분석해야 하는지에 대한 명확한 설명이 그 둘이다. 하지만 참 이론은 아직 얻지 못했다. 타르스키의 제안을 간략히 말하면 다음과 같다. 한 언어에서 '참'의 정의는 그 언어의 모든 T-문장을 함축할 때 실질적으로 적합하고 형식적으로 올바르다. 다시 말해, 한국어로 된 모든 (직설법적) 문장을 취합하여 각 문장에 대해 T-문장을 작성하라.

이렇게 하면 한국어의 모든 문장에 대응하는 T-문장을 얻게 된다. 이모든 T-문장을 함축하는 이론이 타르스키가 제안하는, 참에 대한 만족스러운 정의이다. 여기서 타르스키는 '부분적 정의'라는 개념을 도입한다. 타르스키에 따르면, (예컨대) '눈은 하얗다'에 대한 T-문장은 이 문장에관해 '참'이라는 단어를 부분적으로 정의한다. 그러면 '눈은 하얗다'에관한, '참'의 부분적 정의를 얻게 된다. 이번에는 '잔디는 푸르다'의 T-문장을 작성해보라. 당신은 방금 '잔디는 푸르다'에 관해 '참'을 부분적으로정의한 것이다. 이런 식으로 계속된다. 각 T-문장은 ['참'의] 부분적 정의이며 이들의 총합이 한국어에서 '참'의 완전한 정의이다. 이런 완전한 총합이있다면, 한국어의 모든 문장에 관해 각 문장이 참이라는 말이 무슨 의미인지를 보일 수 있다. 이것이 바로 타르스키 이론의 궁극적 목표이다. '참'에대한 올바르고 완전한 정의는 이 모든 부분적 정의를 함축하는 어떤것이다. 따라서 우리가 추구하는 바를 얻기 위해서는 이들 부분적 정의를모두 모으기만 하면 된다.

여기서 논리학에 능한 학생 한 명이 튀어나와, 원하는 결과를 얻는쉬운 방법이 있다고 말할지 모른다. 이 모든 T-문장의 논리적 연언을만들면 되지 않느냐고 말이다. 한국어의 모든 개별 T-문장을 '그리고'로연결하면 된다는 것이다("'눈은 하얗다'는 참이다 iff 눈은 하얗다, 그리고'잔디는 푸르다'는 참이다 iff 잔디는 푸르다, 그리고……"). 문장들의 연언은그 연언을 이루는 각 문장을 함축한다. 기초 논리학에서 'p 그리고 q'는'p'를 (그리고 'q'를) 함축하기 때문이다. 모든 T-문장을 아우르는 연언이있다면, 그 연언은 이들 각각의 T-문장을 함축할 것이다. 그리하여 그연언은 모든 부분적 정의를 함축할 것이니, 결국 완전한 정의이다. 그렇다면 이제 연언을 만들어보자! 지금까지 진술한 바에 의하면 모든 T-문장의연언은 타르스키가 말한 모든 요건을 충족한다.

타르스키의 기준에서 이는 완벽하게 적합한 참의 정의이다. 한 가지만빼고 말이다. 한국어로 된 문장은 무한히 많다. 한국어 같은 자연 언어에서 우리는 문장을 무한정 만들어낼 수 있는데, 자연 언어는 화자로 하여금 언제나 더 복잡한 문장을 만들어낼 수 있게 하는 어떤 장치를 포함하기 때문이다. 가장 명백한 장치로는 '그리고'가 있다. 문장이 있을 때 우리는 언제나 그 문장에 다른 문장을 결합해 덧붙일 수 있다. 연언이 있을 때, 그 연언이 아무리 길다 하더라도 우리는 언제든지 그것에 다른 것을 결합해 다른 문장을 만들어낼 수 있다. 부정도 마찬가지이다. 이를테면 'p'를 부정해 'p가 아니다'를 만들고, 그것을 또 부정해 'p가 아님은 아니다'를 만드는 식이다. 한국어의 규칙에 의하면 우리는 [한 문장을] 원하는 만큼 여러 번 부정할 수 있고, 이렇게 하여 원하는 만큼 많은 문장을 만들어낼 수 있다. 이에 따라 모든 한국어 문장의 연언은 무한한 연언이다. 그 결과, 모든 T-문장의 연언도 무한하다. 더 정확한 논리적 용어를 사용하면, 이 결과로 얻은 참 이론은 유한하게 공리화$^{finitely\ axiomatize}$되지 않는다. 이는 해당 이론을 글로 쓸 수 없다는 (생각으로 표현할 수조차 없다는) 의미이다. 모든 T-문장을 함축하면서 유한하게 공리화된 이론이 더 좋다는 점은 분명하다. 이런 이론은 어떻게 생겼는지 볼 수라도 있을 테니!

이것으로 이런 이론은 각 문장을 그 문장의 구성 요소로 분석해야 한다는 점이 드러날 텐데, 이 때문에 의미론 연구자들이 여기에 관심을 보인다(9장을 보라). 타르스키의 이론이 실제로 작동하는 방식을 보면, 우리는 각 문장을 원초적인 것으로 여기지 않는다. 그 대신 각 문장의 구조를 분석한 뒤, 그 분석을 토대로 모든 문장에 대한 T-문장을 만들어낸다. 이런 식으로 모든 T-문장의 무한한 연언을 만들지 않아도 실질적 적합성이라는 타르스키의 조건을 만족시킬 수 있다. 엄밀히 말해 우리는 타르스키의 조건을 수정하여 다음과 같이 말해야 한다. 이론은 유한한 개수의 공리로부터 모든 T-문장을 함축해야 한다.

무한한 연언으로 결합하지 않으면서, 무한정 많은 T-문장을 내놓는 무언가를 어떻게 만들어낼 수 있을까? 우리가 원하는 것은 사실상 모든 T-문장의 논리적 연언인 무언가라고 타르스키는 제안한다. 다음 구절에서 타르스키의 요점이 드러난다.

　이제, '참'이라는 단어가 정의되고 사용될 때 그 정의와 사용이 실질적 관점에서 적합하다고 여겨질 조건을 드디어 정확한 형태로 나타낼 수 있게 되었다. 우리는 형식 (T)의 모든 동치가 주장될 수 있는 방식으로 '참'을 사용하고자 한다. 그리고 이 모든 동치가 참의 정의에서 따라 나오는 경우에 그 정의를 '적합하다'고 말할 것이다. …… 어떤 의미에서 일반적 정의는 이 모든 부분적 정의의 논리적 연언이어야 한다.[5]

　"어떤 의미에서" 정의는 부분적 정의의 논리적 연언이어야 하지만, 부분적 정의들을 있는 그대로 결합한다는 단순한 의미는 아니다. 타르스키에게는 실제로 논리적 연언이 아니면서 사실상 논리적 연언인 무언가를 구성해내는 전문적인 방법이 있었다. 그 방법이 무엇인지는 잠시 후 살펴보겠다.

8.6. 만족

　다음으로 타르스키는 의미론적 개념과 형식 언어에 관해 몇 가지 논점을 제시한다. 그는 의미론적 개념을 관계적인 것으로 정의하는데, 가장 중요한 두 의미론적 개념은 지시designation와 만족satisfaction이다. 롤링 스톤스Rolling Stones가 〈난 만족할 수 없어(I Can't Get No) Satisfaction〉라는 곡을 쓰면서 타르스키와 관련된 무엇을 염두에 두지는 않았겠지만, 가사는 꽤 잘 들어맞는다. 실제로 만족을 얻기란 쉽지 않다. 타르스키가 보여주듯, 만족을 얻으려면 ─ 장애물을 극복해야 하므로 ─ 상당히 독창적일 필요가 있다. 지시와

● ●
5.　Ibid., p. 32.

만족이라는 두 의미론적 개념은 언어를 세계 속 사물과 연결시키기 때문에 관계적이다(롤링 스톤스의 노래도 관계적 연결에 대한 것이 아닌가 싶다). 몸을 비비 꼬는 존재자인 믹 재거 경Sir Mick Jagger을 지시하는 '믹 재거'라는 이름을 [지시의] 예로 들 수 있다. 만족의 경우도 아주 비슷하지만, 만족은 단칭어가 아니라 술어에 적용되는 의미론적 개념이다. 만족은 대상과 술어 사이의 관계이다. '하얗다'는 술어는 모든 하얀 대상에 의해 만족된다. 더 형식적으로 말하자면, 대상 x는 '하얗다'를 만족한다 iff x는 하얗다. 이 형식은 T-문장의 형식과 아주 유사하지만, 지금 우리는 참인 문장이 아니라 술어를 만족하는 대상에 관해 이야기하고 있다. 지시와 만족은 의미론적 개념이다. 최종적으로 타르스키는 지시와 만족이라는 의미론적 개념을 통해 참을 정의한다. 자신의 정의를 의미론적 참 개념이라고 부르는 이유가 여기에 있다.

참 개념 자체는 관계적이지 않으므로 겉보기에는 의미론적 개념이 아니다. '참이다'는 일항 술어라고 불리는 종류의 술어이다. '지시한다'나 '만족한다'와 달리, '참이다'는 관계적 단어가 아니다. 아무도 'x는 y를 참이다'고 말하지 않는다. 타르스키가 의미론적 참 개념이라고 하긴 했으나, 엄밀히 말해 참 개념은 의미론적이지 않다. 그러나 타르스키가 옳다면 참 개념은 의미론적 개념을 통해 정의될 수 있으며 그에 따라 참 개념이 모종의 의미론적 심층 구조를 가지는 것으로 드러난다. 타르스키에 따르면, 참은 지시와 만족으로 환원된다. 타르스키의 이론을 제대로 이해하려면 만족이 무엇이며 어떻게 작동하는지를 살펴봐야 한다.

타르스키는 형식 언어에 관한 생각도 전개한다. 이 생각은 타르스키의 이론이 갖는 철학적 의의와 관련하여 중요하다. 한국어는 형식 언어가 아니며 보통 논리학자들이 연구하는 형식 언어로 환원될 수 없다. 그 어떤 표준 논리 체계에도 속하지 않은 여러 다양한 구문이 한국어에는 있다. 예컨대, 타르스키가 이야기하고 있는 술어 논리에는 ('믿는다'나 '필연적으로' 같은) 내포 연산자가 하나도 없지만, 자연 언어에는 내포 연산자가 있다. 타르스키는 한국어 등의 자연 언어가 아니라 특정 유형의 형식 언어에서의 참을 정의할 뿐이다(그럼에도 타르스키가 인정하듯, '참이다'는 표준 형식 언어로 번역될 수 없는 많은 한국어 문장에 적용된다). 우리는 술어 논리 같은 형식 언어를, 친숙하지 않은 몇 가지 기호와 부자연스러운 여러 관용구를 포함하는 자연 언어의 한 단편이라고 생각할 수 있다. 타르스키를 따라 고전 술어 논리 언어를 우리의 형식 언어로 삼는다고 하자. 고전 술어 논리 언어를 형식적이라고 하는 이유는 그것의 속성을 완전히 형식적으로 구체화할 수 있기 때문이다. 이런 언어는 'a', 'b', 'c' 같은 문자로 기호화되는 유한한 개수의 개체 상항individual constant을 포함하며, 'F', 'G', 'H' 같은 문자로 기호화되는 유한한 개수의 술어 상항predicate constant도 포함할 것이다. 그 다음 우리는 'Fa'나 'Hc'처럼 술어 상항 뒤에 개체 상항을 결합한 기호가 적형식well-formed이며 하나의 문장으로 간주된다고 약정할 수 있다. 각 상항이 세 개씩만 있다면 아홉 개의 가능한 적형식 문장이 있을 것이다. 'abc'나 'GHb' 같은 결합은 적형식이 아니다. 이것은 우리가 원초 어휘와 형성 규칙을 구체화한 모형 언어이다. 직관적으로 말해, 우리는 '존은 대머리이다' 같은 문장을 산출할 수 있는 언어에 관해 말하는 중이다.

이제 우리의 모형 언어에 다른 범주의 표현, 즉 문장 연결사를 추가할 수 있다. '아니다'와 '그리고'라는 두 표현을 추가하자. '아니다'가 문장 뒤에 위치할 때, 그리고 '그리고'가 두 문장 사이에 위치할 때 이것들은 적형식 문장을 산출한다고 약정된다. 그러므로 'Fa가 아니다'는 적형식이며 'Gb 그리고 Hc'도 적형식이다. 이런 방식으로 우리는 형식 언어를 구체화한다. 언어의 원초 어휘 목록을 작성하고 그 다음 허용 가능한 결합 방식을 구체화한다. 마지막으로 '모든'과 '어떤'이라는 두 양화 표현을 추가해보자. 양화 표현은 변항 및 괄호와 결합하여 '어떤 x에 대하여, (x는 F이고, x는 G가 아니다)' 같은 문장을 만들어낸다. 이리하여 논리학 개론 교과서에서 발견할 수 있는 종류의 고전 술어 논리를 구체화했다.

이를 논의하는 까닭은 타르스키의 참 이론이 이런 종류의 형식 언어 안에서 구체화되는 문장 구조를 중심으로 한다는 점이다. 타르스키 논문의 11절 '정의에 대한 (개략적) 구성'을 보면 그가 형식 기호 언어에서의 참을 어떻게 정의하는지 알 수 있다. 그는 다음과 같이 시작한다.

> 참의 정의는 다른 의미론적 개념, 즉 만족 개념을 통해 아주 간단하게 얻을 수 있다.
> 만족은 임의의 대상과 '문장 함수'라고 불리는 특정한 표현 사이의 관계이다. 'x는 하얗다', 'x는 y보다 크다' 같은 표현이 문장 함수이다. 문장 함수의 형식 구조는 문장의 형식 구조와 비슷하다. 그러나 문장 함수는 이른바 자유 변항('x는 y보다 크다'에서 x와 y 등)을 포함할 수 있지만, 문장 안에는 자유 변항이 등장할 수 없다.[6]

타르스키가 문장 함수라고 하는 것은 그동안 우리가 술어라고 했던 것인데, 이는 대상에 의해 만족될 수 있다. 만족은 대상과 문장 함수 사이의 의미론적 관계이다. 타르스키가 매우 전문적으로 설명하는 듯 보이나 실제로는 간단하다. 만족은 사실 '~에 대해 참이다$^{true\ of}$'가 표현하는 관계의 역이다. '하얗다'는 술어가 눈에 대해 참이라고 말하는 것은 만족에 관해 이야기하는 것이다. [같은 내용을] 눈이 '하얗다'를 만족한다고 똑같이 말할 수 있다. 이는 '~에 대해 참이다'를 뒤집은 것에 불과하다. 술어의 만족 조건을 구체화하고자 'x는 'F'를 만족한다 iff x는 F이다' 형식의 무언가를 써볼 수 있다. (메타언어가 대상언어와 같을 때) 좌변에서 한 표현이 언급되고 우변에서 똑같은 표현이 사용된다는 점에서 이 형식은 T-문장의 형식과 유사하다. T-문장과 비슷하게 이를 S-문장이라고 하자. S-문장은 술어가 대상에 의해 만족되는 조건을 우리에게 일러준다. 각 S-문장을

6. Ibid., p. 38.

해당 언어에서의 만족에 대한 부분적 정의라고도 말할 수 있다. 모든 S-문장은 한데 모여 해당 언어에서의 만족에 대한 완전한 정의를 제공한다. 해당 언어에는 유한한 개수(정확히는 세 개)의 원초 술어가 있기 때문에 유한한 개수의 기초 S-문장이 있다. 이를 때로 만족 공리라고 한다(개체 상항에 대한 '지시 공리'도 정식화할 수 있다. 그것은 "'a'는 a를 지시한다' 형식을 가질 것이다.)

우리는 하나의 문장 전체에 관한 참을 정의했던 것과 비슷한 방식으로, 문장의 부분인 무엇, 즉 술어로 그 부분[술어]의 의미론적 만족 관계를 정의했다. 그리하여 '하얗다'의 경우 다음과 같은 정식화를 얻는다. 'x는 '하얗다'라는 술어를 만족시킨다 iff x는 하얗다.' 대상언어에서 지시하는 표현을 메타언어에 사용함으로써 각 술어의 만족을 정의한다. 그럼에도 이 유한한 정식화는 무한히 많은 S-문장을 산출할 수 있게 한다. '아니다'와 '그리고' 같은 장치를 사용하여 'x는 하얗고, x는 차갑고, x는 아이스크림이 아니다' 같은 임의의 복합 술어를 산출할 수 있기 때문이다. 이 같은 연산을 **반복 절차**recursive procedure라고 하며, 타르스키는 이를 다음과 같이 설명한다.

형식화된 언어의 문장 함수 개념을 정의하면서 우리는 보통 '반복 절차'라고 불리는 것을 적용한다. 다시 말해, 먼저 (일반적으로 아무런 어려움이 없는) 가장 단순한 구조의 문장 함수를 기술하고, 그 다음 단순한 함수로부터 복합 함수를 구성할 수 있게 하는 연산을 명시한다. 이를테면, 두 개의 주어진 함수의 논리적 선언이나 연언을 형성하는 것, 그러니까 '또는'이나 '그리고'라는 단어로 그것들을 결합시키는 등의 연산 말이다. 그렇다면 문장을 자유 변항을 포함하지 않는 문장 함수라고 간단하게 정의할 수 있다.[7]

• •

7. Ibid.

여기서 타르스키의 요점은 원초 어휘뿐 아니라 연결사를 사용하여 구성되는 복합 술어도 있음을 잊지 말라는 것이다. '하얗거나 빨갛다'라는 복합 술어를 생각해보자. 한 대상은 '하얗거나 빨갛다'를 만족한다 iff 그 대상은 '하얗다'를 만족하거나, 또는 그 대상은 '빨갛다'를 만족한다. 이를 모든 술어에 관해 일반화하면 '또는'에 대한 일반 규칙을 다음과 같이 얻을 수 있다. 임의의 술어 'F'와 'G'에 대하여, x는 'F 또는 G'를 만족한다 iff x는 'F'를 만족하거나, 또는 x는 'G'를 만족한다. 이제 이 하나의 공리만 있으면 술어들의 모든 가능한 선언을 처리할 수 있게 된다. 이 생각에 대한 타르스키의 설명은 다음과 같다.

> 만족의 정의를 얻으려면 우리는 반복 절차를 다시 적용해야 한다. 가장 단순한 문장 함수를 만족하는 대상을 명시하고, 그 다음 주어진 대상이 복합 함수를 만족하는 조건을 진술하는 것이다. 물론 그 복합 함수를 구성하는 단순한 함수를 만족하는 대상을 우리가 안다는 가정하에 말이다. 이에 따라, 예컨대 주어진 두 수가 'x는 y보다 크다' 또는 'x는 y와 같다'는 함수 가운데 적어도 하나를 만족한다면, 그것들은 'x는 y보다 크거나, 또는 x는 y와 같다'를 만족한다고 말할 수 있다.[8]

반복 절차를 활용하여 만족을 정의한 다음에는, 해당 언어의 모든 복합 술어에 대한 S-문장을 산출할 수 있다. 유한한 개수의 공리 — 복합 술어를 형성하는 데 사용되는 각 원초 술어에 대한 공리 및 각 연결사에 대한 공리 — 로부터 무한한 개수의 S-문장을 얻는다는 말이다. 달리 말해, 유한한 기초로부터 S-문장들의 무한한 선언이라는 결과를 얻는다. 우리는 복합 술어를 그 부분들로 분석했으며 그 부분들에 관한 일반적인 사실을

---

8. Ibid.

이야기했다. 이는 해당 언어에 속하는 복합 표현의 무한성 때문에 제기되는 문제를 해결한다. 이론이 유한하게 공리화된 것이다.

만족을 참과 연결하는 것이 참을 정의하는 마지막 단계이다. 타르스키는 다음과 같이 적는다. '그리하여 한 문장이 모든 대상에 의해 만족된다면 그 문장은 참이며, 그렇지 않으면 거짓이라고 말함으로써 우리는 참과 거짓의 정의에 도달한다.' 결국 타르스키는 탈인용 부호 S-문장을 이용하여 '~에 대해 참이다'를 반복 절차를 통해 정의했고, 모든 대상에 대해 참인 문장이라는 개념을 적용하여 '~에 대해 참이다'를 '참이다'와 연결하였다. 이 모든 것은 T-문장의 기저에 깔려 있는 생각을 구현하는 한 가지 전문적인 방법에 불과하며, 참에 대한 부분적 정의는 이들 T-문장 자체에 이미 담겨 있다. 이리하여 타르스키는 자신이 진술한 적합성 조건을 달성한다.

다음 장에서는 타르스키식 참 이론이 자연 언어의 의미론을 위한 틀을 제공한다는 데이비드슨의 주장을 검토하면서 타르스키 이론의 범위와 한계를 더욱 심층적으로 살펴보겠다. 반복 절차를 통해 형식 언어에서의 '참'을 정의하는 것을 넘어, 타르스키 이론의 일반적인 의의가 무엇인지를 묻게 될 것이다. 순전히 논리적인 관점에서 타르스키는 자신이 설정한 목표를 달성한 듯 보인다. 더욱 어려운 물음은 타르스키의 작업에 철학적 의의가 있는지, 있다면 무엇인지에 관한 것이다.

제9장 데이비드슨의 자연 언어를 위한 의미론

9.1. 배경

타르스키는 형식화된 언어에서의 참을 정의하고자 했다. 도널드 데이비드슨Donald Davidson은 형식화된 언어를 위한 타르스키의 참 이론을 이용해 자연 언어를 위한 의미 이론을 내놓고자 한다. 이처럼 데이비드슨은 타르스키가 원래 의도하지 않았던 목적으로 — 자연 언어에 대한 의미 이론의 한 형태로서 — 타르스키의 이론을 이용한다. 타르스키는 참에 관한 자신의 정의를 제한적인 형식 언어에 한정하면서 번역(의미의 같음)이라는 개념을 당연시했다. 반면 데이비드슨은 자연 언어 전체에 관한 의미 이론을 내놓고자 타르스키의 이론을 재배치한다. 타르스키는 참의 본성을 설명했으나 데이비드슨은 참을 이용하여 의미의 본성을 설명한다. 데이비드슨이 옳다면, 타르스키의 이론은 본인이 자각했던 것보다 훨씬 더 중대한 의의를 지닌다. 타르스키의 이론은 제한된 설정에서의 참 이론이자 제한되지 않은 설정에서의 의미 이론이다.

데이비드슨의 논문 「자연 언어를 위한 의미론Semantics for Natural Language」을 다루기에 앞서 몇 가지 배경을 언급하겠다. 프레게에서 시작한 20세기 언어철학 전반에는 의미에 관해 두 가지 생각이 퍼져있었다. 그중 하나는 의미와 참이 모종의 방식으로 가깝게 연결되어있다는 생각이다. 다른 하나는 의미가 본질적으로 합성적이라는 생각, 그러니까 문장의 의미가 문장을 이루는 부분들의 의미로부터 나온다는 생각이다. 의미는 건축물이 만들어지는 것과 비슷하게 작동한다. 다시 말해 더 단순한 요소가 더 복합적인 요소의 의미를 결정하며, 이 과정은 규칙을 통해 진행된다. 이 두 생각을 합치면 의미란 참 또는 거짓인 문장을 만들어내기 위해 합성적으로 작동하는 무엇이다.

이 생각들은 프레게의 저서에 담겨있다. 뜻과 지시체를 논할 때 프레게의 관심사 중 하나는 문장을 이루는 부분들의 지시체인데, 문장의 진릿값을 결정하는 것이 바로 이 지시체다. 더욱이, 뜻은 '지시체로 가는 길'이기 때문에 뜻은 지시체 개념을 통해 이해된다. 프레게의 관점에서 문장의 지시체는 문장의 진릿값이다. 따라서 뜻은 지시체를 통해 진릿값에 기여한다. 문장이 참인지의 여부가 문장이 의미하는 바에 의존한다는 점은 자명하다. 이런 의미와 참 사이의 연결은 프레게의 이론에서 명백히 드러난다. 후대 철학자들은 이 점을 더욱 분명히 명시한다. 이 연결을 단순하게 정식화하면, 문장의 의미가 곧 문장의 진리 조건이라는 것이다. 데이비드슨이 말하려는 바를 논하기 전에, 그 아래 놓인 생각을 파악할 수 있도록 이 정식화를 잠시 살펴보도록 하자.

이제는 친숙해진 문장, '눈은 하얗다'를 보자. 이 문장은 무언가를 의미한다. 이 문장이 무엇을 의미하는지 말하고자 할 때, 가장 간단한 방법은 "눈은 하얗다'는 눈은 하얗다는 것을 의미한다'고 언명하는 것이겠다. 계속 강조하지만, 같은 문장을 두 번 적었다고 해서 이 문장이 사소하다고 생각하면 안 된다. 여기서 표현된 명제는 동어반복이 아니라 정보를 담고 있는 우연적 명제이다. '눈은 하얗다'가 눈은 하얗다는 것을 의미함을 안다면, 당신은 이 문장에 관해 실질적인 무언가를 아는 것이다. 한국어를 모르는 사람도 이 명제를 알 수 있다. 프랑스어밖에 모르는 프랑스인 피에르에 관해, '피에르는 '눈은 하얗다'가 눈은 하얗다는 것을 의미함을 안다'고 말함으로써 어떤 한국어 문장의 의미에 대한 앎을 피에르에게 귀속시킬 수 있다(이 명제를 알기 위해 '의미한다'가 한국어로 무엇을 의미하는지 피에르는 알 필요가 없다). 메타언어를 사용하여 당신의 앎을 기술하기 위해 당신이 메타언어를 알 필요는 없다. 나는 한국어를 사용하여 동물에게 앎을 귀속시킬 수 있지만 동물이 한국어를 안다고 생각하지는 않는다. "'눈은 하얗다'는 눈은 하얗다는 것을 의미한다'는 문장이, 타르스키 와 관련해 이야기한 특유의 구조를 가진다는 점에 주목해보자. 이 문장은 하나의 문장을 언급하기도 하고 사용하기도 한다. 두 문장을 언급하는 "'눈은 하얗다'는 'La neige est blanche'를 의미한다'라는 문장과는 형식이 다르다. 이는 한국어 문장에서 프랑스어 문장으로의 올바른 번역을 보여준 다. 이리하여 문장의 '의미를 내놓는' 방식으로는 두 가지가 있다. 하나는 주어진 문장과 같은 의미를 가진 문장을 언급하는 방식(번역을 제공하는 방법)이고, 다른 하나는 언급된 문장의 의미를 진술하기 위해 문장을 사용하는 방식이다. 후자의 경우, 명제를 표현하는 데 사용된 언어를 모르면서도 표현된 그 명제를 아는 것은 가능하다. 따라서 프랑스어밖에 모르는 프랑스인 피에르에게 한국어에 관한 아무런 앎도 귀속시키지 않으면서 '피에르는 'La neige est blanche'가 눈은 하얗다는 것을 의미함을 안다'고 말할 수 있다. 하지만 '~을 의미한다' 앞에 있는 '눈은 하얗다'를 인용 부호 안에 집어넣으면 [즉, 언급하면] 그렇게 말하는 일은 불가능한데, 이 경우는 피에르에게 한국어 표현에 대한 앎을 귀속시키는 것이기 때문이 다.

그렇다면 이 의미-귀속 예시("'눈은 하얗다'는 눈은 하얗다는 것을 의미한다')에서 문장은 T-문장과 마찬가지로 좌변에서는 언급되며 우변 에서는 사용된다(8장을 보라). 의미와 참이 연결되어 있다는 생각은, '[좌 변]은 [우변]을 의미한다'를 '[좌변]은 참이다 iff [우변]'으로 대체할 수 있다는 아주 단순한 관찰에서 비롯한다. 이에 따라 우리는 문법적으로 적형식인 무언가를 얻게 되며, 이는 우리가 주목한 바 있는 사용 및 언급 패턴을 되풀이한다. 이는 문장이 무엇을 의미하는지 아는 것이 곧 그 문장이 어떤 조건에서 참인지 아는 것임을 시사한다. 문장의 의미를 아는 것은 곧 문장의 진리 조건을 아는 것이다. 문장의 진리 조건을 아는 것은 최소한 문장의 의미에 관한 무언가를 아는 것이다. 이런 앎의 획득은 의미론적 무지를 어느 정도 걷어낸다. 당신이 어떤 특정 외국어 문장의 의미를 궁금해한다고 해보자. 누군가 당신에게 하늘이 푸른 경우 그리고 오직 그 경우에만 해당 문장은 참이라고 말한다. 그렇다면 해당 문장은 하늘이 푸르다는 것을 의미한다는 점을 당신이 알지 않겠는가? 문장의 진리 조건을 알게 되면 그 문장의 의미도 알게 된다는 점은 명백하다. 의미까지는 아닐지라도 아무튼 그 문장의 의미에 관해 중요한 무엇을 알게 된다.

문장을 이해하는 사람은 문장의 진리 조건이 무엇인지를 안다는 가설을 세워보자. 의미에 대한 앎은 진리 조건에 대한 앎이다. 20세기 내내 많은 철학자가 의미에 관해 이런 생각을 수용했다(대표적으로 『논리 철학 논고*Tractatus Logico-Philosophicus*』에서 비트겐슈타인이 그랬다). 데이비드슨도 같은 전통에 속한다. 데이비드슨은 의미와 진리 조건이 백번 양보해도 아주 긴밀하게 연결되어 있다고 생각한다. 진리 조건이 의미의 충분조건인지 여부는 나중에 따져보겠지만, 진리 조건이 의미의 필요조건 같기는 하다. 문장의 진리 조건을 알지 못한 채 문장의 의미를 아는 것은 불가능하기 때문이다. 눈이 하얀 경우 그리고 오직 그 경우에만 '눈은 하얗다'는 참이라는 점을 아예 모른다면 어떻게 '눈은 하얗다'의 의미를 알겠는가? 그럼에도 문장의 진리 조건을 아는 것이 문장의 의미를 아는 것에 충분한지는 따져볼 일이다.

직관적인 사례를 하나 들자면, '개밥바라기는 행성이다'와 '샛별은 행성이다'의 진리 조건이 같다고 여기는 것은 대단히 자연스러워 보인다.

진리 조건은 지시체가 결정하기 때문이다. 두 진술을 참으로 만드는 진리 조건은 특정한 대상, 즉 금성이 행성이라는 점이다. 하지만 프레게가 보였듯 두 이름의 의미는 같지 않다. 그러므로 진리 조건의 동일성은 동의성의 충분조건이 아니다. 지시적 진리 조건들을 다 합쳐도 뜻이 되지는 않는다. 이 점은 나중에 살펴보자. 어쨌든, 진리 조건은 의미와 아주 긴밀하게 연결되어 있는 듯하다. 진리 조건은 지시체와 관련하는데, 지시체는 뜻에 의해 고정되기 때문이다. 문장의 진리 조건을 파악하지 못하면 우리는 문장의 의미를 알지 못할 것이다. 이처럼 의미와 진리 조건이 연결되어 있다는 것이 데이비드슨의 첫 번째 생각이다. 따라서 진리 조건에 관한 이론은 의미에 관한 이론, 혹은 그와 비슷한 무엇일 것이다.

데이비드슨의 두 번째 생각은 합성성compositionality이다. 언어의 구조가 합성적이라는 점은 부정하기 어렵다. [언어에는] 유한한 개수의 원초 요소('단어들')가 있고, 이들이 여러 조합으로 나타난다. 이들 요소는 구를 만들어내는 구문론적 규칙에 따라 결합하고, 그 다음 이 구들이 결합하여 문장을 형성한다. 문장은 부분들로 구성된 복합적 존재자이며, 이 부분들은 다른 문장 속에 다시 등장할 수 있다. 한 언어 속 문장의 의미가 그 문장을 이루는 요소의 의미에서 비롯한다는 점은 아주 명백해 보인다. 마치 건물이 더 단순한 부분들을 합쳐놓은 것이라는 사실이 명백하듯 말이다. 게다가 언어의 단위들은 한 문장에서 다른 문장으로 옮겨갈 수 있기 때문에 특히 유동적이다. '메시는 빠르다'와 '호나우두는 빠르다'고 말할 때처럼 말이다. 우리 인간은 화자로서 이미 있는 단어들을 새로운 패턴으로 재결합하면서 일생을 보낸다. 심지어는 이를 즐기는 듯하다.

이제 데이비드슨의 두 생각을 합치면 다음과 같다. 문장의 진리 조건은 그 문장을 이루는 단어들에 합성적으로 의존한다. 문장의 의미는 문장의 진리 조건이며, 의미의 합성성은 진리 조건의 합성성이다. 따라서 진리 조건에 관한 합성적 이론을 갖게 되면 의미에 관한 합성적 이론도 얻게 된다. 그렇다면 문제는 진리 조건에 관한 합성적 이론이 도대체 무엇이냐는 물음이다.

9.2. 타르스키의 이론을 의미에 적용할 때 얻는 이점

데이비드슨의 제안은 방금 개관한 배경에서 드러난다. 타르스키와 의미 이론의 연관성을 주장하면서 데이비드슨은 이 배경을 전제한다. 데이비드슨이 자신의 결론에 어떻게 다다르는지를 추적해보자. 그는 의미 이론이라면 모든 유의미한 표현의 의미를 제시해야 한다는 언명으로 시작한다. 데이비드슨은 이것이 명백하다는 듯 말하는데, 사실 그렇게 명백하지는 않다. 의미 이론이 모든 유의미한 표현의 의미를 실제로 명시해야 한다고 여기지 않고 의미 이론을 내놓은 철학자들도 많다. 이들은 좀 더 추상적인 이론적 층위에서 작업에 착수하는데, 말하자면 의미가 심상, 행동적 성향, 사회적 관행, 특정 종류의 의도라는 등 다양하다. 이와 관련해 데이비드슨은 언어학, 그리고 노엄 촘스키$^{Noam\ Chomsky}$의 구문론 개념에 영향을 받았다. 구문론은 단어들의 어떤 나열이 문법에 맞는지를 (유한하게, 반복 절차를 통해) 명시하는 이론이다. 구문론은 단어들의 어떤 나열이 문법에 맞는지, 혹은 적형식인지를 결정하는 규칙의 집합을 제공한다. 단어들의 어떤 나열이 문법적으로 맞는지를 [구문론의] 규칙이 올바르게 결정하는 경우 그리고 오직 그 경우에만 해당 구문론을 적합하다고 여긴다. 구문론은 아주 자세하고 구체적이다. 데이비드슨은 의미론도 이처럼 모든 표현에 대한 의미 규칙을 내놓아 언어 전체를 총망라해야 한다고 생각한다. 구문론은 단어들의 그 어떤 나열에 관해서도 그것이 유의미한지 여부를 말해준다. (데이비드슨에게) 의미론은 단어들의 유의미한 나열이 각각 무엇을 의미하는지를 말해준다.

하지만 이런 의미의 명시가 어떤 형식일지는 질문으로 남는다. 다시 말해, 모든 유의미한 표현의 의미를 어떻게 명시해야 하는가? 데이비드슨은 이 논문에서 자신이 선호하는 이론의 대안이 될 만한 그 어떤 사례도 내놓지 않지만, 그가 염두에 두었던 몇 가지 대안을 살펴볼 수 있겠다. 한 가지는 번역 지침translation manual이라고 하는 것을 제시함으로써 의미를 명시하는 방법이다. 이를테면 한국어의 모든 단어와 문장을 어떤 다른 언어로 번역함으로써 한국어에 대해 의미를 명시할 수 있다. '하얗다'는 'blanche'를 의미한다는 식으로 말이다. '총각'은 '결혼하지 않은 남성'을 의미한다는 식으로 같은 언어 내에서 동의어를 제공할 수도 있다. '하얗다'는 '하얗다'를 의미한다는 식으로 사소한 동일성 번역을 제공할 수도 있다. 이들 번역 지침의 형식은 '의미한다means'나 '같은 것을 의미한다means the same as'는 관계어로 연결된 인용 표현 쌍으로서 항상 같다. 진정 이렇게 하려면 우리는 합성적인 번역 지침을 만들 것이다. 문장은 무한히 많은데, 그 모든 문장에 대해 일일이 번역을 제공하고 싶지는 않을 테니 말이다. 문장을 한 언어에서 다른 언어로 번역하는 규칙의 집합은 유한할 것이다. 좋은 의미 이론은 번역 지침의 형식을 가져야 한다고 데이비드슨이 생각한 것은 아니지만, 번역 지침은 모든 유의미한 표현의 의미를 내놓기 위해 꾀할 수 있는 한 가지 분명한 방법이다. 혹자는 이 방법 외에 그럴싸한 방법이 있긴 한지 궁금해할지도 모른다. 표현의 동의어를 제공하는 방법이 아니면 어떻게 표현의 의미를 내놓는 그 밖의 다른 방법이 있을 수 있겠는가?

프레게주의자라면 언어의 모든 표현에 뜻을 부여하자고 제안할 수 있다. 그렇다면 "'w'라는 단어는 S라는 뜻을 가진다'는 형식의 것들을 말하게 된다. 여기에는 문제가 있는데, 프레게를 논할 때 보았지만 단어에 뜻을 어떻게 부여하는지를 모르기 때문이다. 어떤 방식으로든 우리는 뜻을 지시해야 한다. 그런데 정확히 어떻게 뜻을 지시하는가? "'하얗다'의 뜻'처럼 표현으로 묶는 방법 말고는 뜻을 지시할 방법이 없는 것처럼 보인다. 그러면 결국 "'w'라는 단어는 'w*'라는 단어의 뜻을 가진다' — 이때 'w*'는 'w'의 동의어이다 — 고 말하게 된다. 이는 또 다시 번역 지침이다.

이처럼, 언어 속 모든 유의미한 표현에 프레게식 뜻을 체계적으로 부여하는 일이 번역 지침이라는 방법을 벗어나 어떻게 구현될지는 알기 어렵다. 그래도 여전히 표현에 의미를 부여하는 틀의 하나로 이것[뜻을 도입하는 방법]을 상상해볼 수는 있다. 심리학을 들여오는 것이 또 다른 접근법이겠다. 로크를 위시한 다른 철학자들은 단어를 발화할 때 화자의 심상이 그 단어의 의미라고 생각했다. 그렇다면 의미의 명시는 단어와 연관된 심상의 명시를 포함한다. 이에 의하면 다음과 같다. "'w'의 의미는 심상 I이다.' 이를테면 '빨강'의 의미는 빨강의 심상이다. 이 이론의 문제점은 명시 형식보다는 그 기저에 놓인 이론이 그럴듯하지 않다는 데 있다. 심상 이론은 철저히 부정된 이론이기 때문이다('아니다', '수', '믿는다'의 의미에 관해 심상 이론은 어떻게 작동하는가?). 어쨌든 데이비드슨의 적극적 제안과 견주어볼 수 있는, 의미를 명시하는 방법에 대한 몇 가지 가능성이 있다. 데이비드슨의 제안은 사뭇 다른데, "'w'라는 단어는 X를 의미한다'라는 표현법 — X가 무엇이든 간에 — 을 아예 피한다. 데이비드슨의 이론은 단어와 문장이 의미하는 것들에 관해 이야기하지 않는다.

제대로 된 의미 명시 형식이라면 구조적 기초를 가지고 유한하게 진술되며 무한한 결과를 산출할 수 있어야 한다는 것이 데이비드슨의 첫 번째 요점이다. 한국어 같은 자연 언어에는 무한히 많은 문장이 있기 때문에, 의미 이론은 그것이 무엇이든 간에 이 무한히 많은 문장의 의미를 전부 명시해야 한다. 의미 이론이 한 번에 한 문장만을 처리하는 식으로 기능해서는 안 되는데, 그러면 무한한 명시가 되기 때문이다. 반복 절차를 통해 작동할 수 있도록, 유한한 개수의 공리로 무한히 많은 결과를 내놓는 의미 이론이 바람직하겠다. 데이비드슨도 의미 이론이 이렇게 반복적인 모양새를 가져야 한다고 생각하며, 이것이 데이비드슨으로 하여금 타르스키의 이론이 의미 이론에 최적이라고 생각하게 한 중요한 이유 중 하나이다.

데이비드슨이 이 연결을 언급하는 지점에서 촘스키의 영향이 느껴진다. 인간 언어가 학습 가능하기 때문에 이론이 유한해야 한다는 지점에서 그렇다. 유한한 두뇌를 가진 평범한 아이는 무한히 많은 문장을 포함하는 언어를 학습할 수 있다. 따라서 언어에 대한 아이의 잠재적으로 무한한 숙달은 유한한 기초, 다시 말해 유한한 개수의 의미론적 원칙을 토대로 해야 한다. 아이는 유한하므로 유한하게 명시할 수 있는 것만을 학습할 수 있다. 무한하게 명시할 수밖에 없다면 유한한 존재자는 그것을 학습할 수 없다. 학습 가능한 언어는 반드시 유한한 기초를 가져야 한다. 이에 따라 언어는 무한정 많은 잠재 사례들을 관장하는 반복 가능한 규칙을 기초로 해야 한다. 언제라도 당신은 이전에 들어본 적 없는 문장을 듣고는 곧바로 그 문장을 이해할 수 있다. 문장의 의미를 통째로 이해하는 방식으로 어떤 문장의 의미를 배우지 않는다. 새로운 문장을 이해할 때 당신은 문장을 문장의 요소 단어로 분석하여 이해한다. 단어들을 조합하는 규칙을 이해하고 나면 당신은 그 기초에서 문장이 의미하는 바를 산출해낼 수 있다. 언어에 대한 우리의 이해는 합성적인 활동이다. 어떤 언어가 학습 가능하고, 유한한 두뇌에서 표상되려면 그 언어 자체는 산출 잠재력을 지닌 유한한 개수의 기초 의미 구조를 가져야 한다. 의미론이라면 이 산출 의미 구조가 무엇인지를 밝혀야 한다. 이 기능을 수행하지 않는 이론은 모든 문장을 의미론적으로 원초적인 것으로 여길 것이다. 그런 이론은 자연 언어의 의미론, 그리고 언어에 대한 우리의 이해가 지닌 핵심적 특징을 드러내지 못하기 때문에 부적합하다.

　의미는 합성적이어야 하고 언어는 학습 가능해야 하기 때문에, 의미론은 유한해야 한다. 의미는 진리 조건과 밀접하게 연결되어 있기도 하다. 따라서 의미의 핵심을 포착하려면 진리 조건에 관한 유한한 진술이 필요하다. 이것이 특정 이론을 채택하기 전에 우리가 의미에 관해 아는 바이다. 또한 이것은 데이비드슨이 말하는 의미에 관한 일반적 사실이며, 어떠한 의미 이론도 이를 준수해야 한다. 그렇다면 데이비드슨의 대담한 제안은, 타르스키의 참 이론이 이 조건을 만족하며 우리가 정리한 의미의 일반 특징들을 포착한다는 것이다. 데이비드슨은 이에 따라 타르스키의 이론이 의미 이론의 자격에 맞는 올바른 형식을 가졌다고 주장한다. 타르스키의 이론에서 문장의 의미 부여(이를테면 진리 조건)는 유한하고 구조적이고 반복 절차를 통해 이루어지며, 잠재적으로 무한한 의미 부여를 산출할 수 있다.

타르스키의 이론이 어떻게 문장의 구조를 분석함으로써 진리 조건을 반복적으로 산출하는지 사례를 통해 살펴보자. 먼저 '눈은 하얗다'는 일상적인 한국어 문장을 단칭어 '눈'과 일항 술어 '~은 하얗다'로 분석한다. 그 다음 '눈'에 대한 지시 공리 ― '(한국어에서) '눈'은 눈을 지시한다' ― 와 '~은 하얗다'에 대한 만족 공리 ― '(한국어에서) 대상 x가 '~은 하얗다'를 만족한다 iff x가 하얗다' ― 를 내놓는다. 방금 우리는 문장을 문장의 요소로 쪼개어 각 부분에 의미론적 속성을 부여했다. 이제 이들 공리에 기초하여 '눈은 하얗다'에 대한 진리 조건을 도출해야 한다. '눈은 하얗다'가 주어-술어 문장이므로, 이 같은 주어-술어 문장에 대해 다음과 같이 말하는 규칙을 잡아보자. 주어-술어 문장은 참이다 iff 주어의 지시체가 술어를 만족한다. 그 다음 주어인 '눈'의 지시체가 무엇이며 그 주어에 붙어있는 술어 '~은 하얗다'의 만족 조건이 무엇인지 확인하고자 공리를 찾아보자. 그러면 우리가 찾고자 한 바가 방금 명시한 것임을 알게 된다. 다음과 같은 추론을 하는 것이다. '눈은 하얗다'는 참이다 iff 눈은 하얗다. "'눈'의 지시체"를 '눈'으로, "'~은 하얗다'를 만족한다'를 '~은 하얗다'로 대체했을 뿐이다. 문장을 문장의 구문론적 부분으로 쪼갠 뒤, 공리로부터 각각의 원초적인 부분을 처리하는 진리 조건을 도출한 것이다. 이리하여 각 부분의 의미론적 속성으로부터 문장 전체의 진리 조건을 도출했다. 의미가 진리 조건과 일치하므로 각 부분의 의미로부터 문장 전체의 의미를 도출한 셈이다.

이제 8장의 끝부분에서 개관하였듯 '그리고'와 '아니다' 같은 연결사에 대한 공리를 추가한다면, '눈은 하얗고 잔디는 푸르지 않다'처럼 연결사를 활용하여 구성된 복합 문장의 진리 조건도 도출할 수 있다. 이제 우리는 잠재적으로 무한히 많은 문장을 갖는 언어를 얻게 된다. 원초 표현이 여러 다른 문장에서 반복해서 나타나기 때문에, 그와 같은 표현을 처리하는 공리만 가지고 있으면 된다. 전체 범위를 아우르는 모든 문장을 반복 절차를 통해 쉽게 얻게 된다는 말이다. 그러므로 데이비드슨은 타르스키의 이론이 의미론의 핵심 기능 가운데 하나를 수행한다고 생각한다. 즉, 타르스키의 이론은 어떻게 문장의 구조로부터 진리 조건이 얻어지는지를 보여주기 때문에 어떻게 문장의 의미가 문장을 구성하는 단어에 의존하는 지도 보여준다.

이 내용을 요약하는 데이비드슨의 글을 보자.

> 우리는 [의미 이론이 — 지은이 주] 어떤 속성을 가지길 원하는가? 앞서 말했듯, 받아들일 만한 이론이라면 문장을 유한한 비축고에서 뽑아낸 요소로 — 참과 연관된 방식을 통해 — 구성된 것이라고 분석함으로써 모든 문장의 의미(또는 진리 조건)를 설명해야 한다. 두 번째 자연스러운 요구는 다음과 같다. 받아들일 만한 이론은 어떤 문장에 대해서도 그 문장의 의미를 결정하기 위한 수단을 제공해야 한다. (이 두 조건을 만족시킴으로써 이론은 그 이론이 기술하는 언어가 학습 가능하며 이해 가능함을 증명한다고 할 수 있다.) 세 번째 조건은 다음과 같다. 이론이 함축하는, 개별 문장의 진리 조건에 대한 진술은 그것이 진술하는 진리 조건을 가진 문장과 — 더 정확히 해야겠지만 어떤 의미에서 — 동일한 개념을 이용해야 한다.[1]

의미 이론은 무엇을 성취해야 하는지를 분명히 밝히는 것이 데이비드슨의 목표 중 하나이다. 다른 철학자들은 이 점을 자주 무시했다. 데이비드슨

1. Donald Davidson, "Semantics for Natural Languages," in *Philosophy of Language: The Central Topics*, p. 58.

은 의미 이론의 목표를 분명히 하고 몇 개의 제안된 이론이 좋은 이론인지 여부를 결정할 기준을 제시하고자 한다. 이들 가운데 앞의 두 기준을 이미 이야기했으나, 세 번째 기준은 아직 이야기한 바가 없다.

타르스키의 이론은 사소해 보이는 것이 눈에 띄는 특징이다. 타르스키의 이론은 매번 "눈은 하얗다'는 참이다 iff 눈은 하얗다' 따위의 것을 말한다. 쌍조건문의 좌변에 등장하는 문장이 우변에도 반복되니, 원래의 문장에 관해 흥미로운 무언가를 말하지 않는 듯 보인다. 대상언어 문장이 다른 언어에 속한다면 사소하지 않을 테지만, 우리 자신의 언어에서는 꽤 사소해 보인다. '눈은 하얗다'는 문장이 무엇을 의미하는지 조금 더 이야기해주면 안 되는가? 더 많은 정보를 주고 더 깊이 분석하는, 훨씬 더 야심찬 시도를 하면 안 되는가? 우리는 '눈은 하얗다'가 눈은 하얗다는 것을 의미한다는 사실을 이미 아주 잘 알고 있다. 내가 모르는 것을 좀 알려달라!

데이비드슨은 단점처럼 보이는 이 같은 특징이 사실은 타르스키 이론의 장점이라고 생각한다. 원래 문장에 담기지 않은 그 어떤 개념적 자원에도 기대지 않는 이론을 데이비드슨은 좋은 이론이라고 생각한다. 그는 [의미] 이론이 그 어떤 새롭거나 혁신적인 개념적 자원에도 기대서는 안 된다고 생각한다. 이에 대해 데이비드슨은 아무런 구체적인 논증이나 이유도 제시하지 않는다. 그러나 눈이 하얀 경우 그리고 오직 그 경우에만 '눈은 하얗다'는 문장이 참이라는 것과 ['눈은 하얗다'는] 눈이 하얌을 의미한다는 것을 모든 화자가 논쟁의 여지없이 안다고 데이비드슨은 기본적으로 상정하고 있다. 문장을 발화함으로써 화자가 의미한 바를 포착하는 의미 명시를 제공하는 것이 우리의 목표일 때, 타르스키식의 T-문장을 사용하면 이 명시에 관해 의문이나 의심을 남기지 않는다. 보수적으로 의미를 귀속시키기에 문장의 의미에 관한 화자의 앎은 일상적인 수준을 넘어서지 않는다. 다시 말해, 화자가 전혀 알지 못했을 것 같은 의심스러운 앎을 화자에게 귀속시키지 않는다. 데이비드슨은 사용하지 않지만, 지금 논의하고 있는 이 같은 보수적인 접근법을 '동음적^{同音的, homophonic}'이라고 한다. 이 단어가 의미하는 바는, 좌변에 언급된 그 똑같은 문장 내지 문장의 직역이 우변에도 있어야 한다는 것이다. [좌변의] 대상언어 문장을 가공하거나 환언하거나 환원하거나 분석한(다시 말해, 이음적^{異音的, heterophonic}) 결과가 우변에 나타나서는 안 된다. T-문장이 동음적이라면, 우리는 화자가 의미를 파악하고 있는 문장의 진리 조건에 관해 화자 자신이 알고 있는 것보다 더 많은 앎이 그에게 귀속되지 않는다는 점을 확신할 수 있다. '눈은 하얗다'를 이해하기 위해 화자에게 필요한 개념은 오직 눈과 하양이라는 개념뿐이며, 이에 따라 우리도 이들 개념에 한정하여 화자의 앎을 기술해야 한다.

동음성 요건이 무엇을 배제하는지 궁금해진다. 데이비드슨은 양상 표현을 사례로 든다. 우리가 '필연적으로 2+2=4' 같은 문장에 관심을 갖고 이에 대한 T-문장을 산출하려 한다고 하자. 동음적인 T-문장은 그저 해당 문장을 우변에 깔끔하게 반복할 것이다. 인용 부호를 벗기기만 하면 된다. 그러나 많은 철학자들은 양상문의 의미론이 그보다 진취적이어야 한다고 생각한다. 여러 이유에서 철학자들은 가능 세계라는 장치를 적용하는 것이 양상문을 분명하게 해준다고 생각한다. 그에 따라 '필연적으로'라는 양상 연산자는 '모든 세계 w에 대해'처럼 가능 세계에 대해 양화하는 표현으로 분석될 수 있다. 이 분석을 채택하면 우리의 T-문장은 다음과 같다. "'필연적으로 2+2=4'는 참이다 iff 모든 세계 w에 대해 w에서 2+2=4.' 데이비드슨이라면 가능 세계 존재론은 원래 문장에 담겨 있지 않은 개념적 자원을 끌고 들어온다면서 이의를 제기할 것이다. 원래 문장은 가능 세계에 관해 말하는 바가 전혀 없으며 양화사도 포함하지 않는다. [가능 세계라는] 생경한 개념을 가져오는 바람에 애초의 문장은 비대해지고 확장되었다. 이 T-문장을 전달받은 화자는 아마 이렇게 불평할 것이다. "그렇지만 저는 가능 세계 존재론을 믿지 않습니다. 게다가 제가 '필연적으로'라는 말로 의미한 바는 이런 게 아니란 말입니다!"

그렇지만 생경한 개념을 정확히 어떤 지점에서 T-문장에 도입했는지가 불분명하기에 이 문제는 논쟁의 여지가 있다. 가능 세계 이론가는 필연성에 관한 우리의 일상 담화가 가능 세계 존재론을 암묵적으로 포함하기에 자신은 생경한 개념을 도입하지 않았다고 주장할 법하다. 가능 세계는 한갓 철학자의 발명품이 아니라 양상 문장의 의미 아래에 놓여 있다는 것이다. '존은 총각이다'의 T-문장을 만드는 데 '존은 결혼하지 않은 남성이다'를 우변에 사용한다면, 생경한 개념을 추가하는 것인가? 사람들이 문장을 사용하여 일상적으로 무엇을 의미하는지가 항상 분명하지는 않기 때문에 이 사안을 다루기는 더욱 어려워진다. 동음성 조건을 제시하며 데이비드슨이 '더 정확히 해야겠지만 어떤 의미에서'라는 단서를 붙인 이유가 여기 있음은 확실하다.

9.3. 타르스키의 이론을 자연 언어에 적용하기

보통의 술어 논리에 기초한 언어를 다룰 때, 데이비드슨은 의미 이론을 제공하고자 타르스키의 참 이론을 상당히 직접적인 방식으로 사용한다. 데이비드슨의 의미 이론은 타르스키가 구성한 이론과 본질적으로 다르지 않을 수 있다. 데이비드슨식 의미 이론은 기초 공리, 반복 공리, 결합 규칙이라는 타르스키식 장치로 이루어질 것이다. 그러나 타르스키는 자신의 이론이 깔끔한 형식화된 언어에만 적용되지, 너저분한 자연 언어에는 적용되지 않는다는 점을 인식했다. 물론 제한된 유형의 언어가 언어 전체는 아니며, 그에 따라 나머지 언어에 관한 의문이 남는다. 타르스키의 이론은 우리가 가지고 있는 언어의 단편만을 다룬 것이 아닐까? 이것은 참을 정의하려는 목표를 가진 타르스키가 이미 직면했던 문제이다. 술어 논리 언어의 자원을 넘어서 한국어의 많은 문장에도 '참'이라는 단어가 적용되기 때문이다. 그리하여 타르스키는 형식 언어로 번역될 수 없는 문장에 '참'이 적용되는 경우 '참'이 무엇을 의미하는지 말할 수 없다. 그러나 데이비드슨이 자연 언어 전체에 타르스키의 이론을 적용하리라 주장하기에 이 문제는 그에게 특별한 힘을 발휘한다. 타르스키의 방법이 자연 언어의 특정한 문장에 적용되지 않는다면, 자연 언어에 대한 완전한 의미 이론을 제시하고자 할 때 데이비드슨은 타르스키의 이론에 의존할 수 없다. 따라서 데이비드슨은 타르스키의 방법을 언어의 다른 영역으로 어떻게 확장할 수 있는지 설명할 의무를 지닌다. 고전 술어 논리의 형식에 맞지 않는 언어의 부분이 지닌 의미는 어떻게 제시할 것인가?

데이비드슨은 이 같은 잠재적 문제를 충분히 인지한다. 그는 의미 이론에 대한 자신의 접근을 다음과 같이 서술한다.

> 지시체에 관한 난점, 그리고 양상 문장과 명제 태도 문장, 물질 명사, 부사구 수식, 한정 형용사, 명령문, 의문문 등 철학자들에게 대부분 낯설지 않은 긴 목록을 위한 만족스러운 의미론을 제공하는 난점이 심각한 문제로 떠오를 것이다.[2]

데이비드슨이 지적하듯, 우리는 이런 표현들을 타르스키식으로 쉽게 처리되는 의미 형식에 흡수시킬 방법을 찾아야 한다. 몇 가지 표현을 생각해보자. 부사는 특히 유익한 사례를 제공한다. 부사를 포함하는 문장에 대한 참 이론은 부사가 문장의 진리 조건에 기여하는 방식을 명시해야 한다. 부사에 대한 적합한 의미론적 공리가 필요하다는 말이다. 타르스키의 장치를 '메시는 빠르게 달렸다' 같은 문장에 적용하는 명백한 방법은 없다. 타르스키가 다루는 형식 언어에는 부사가 없기 때문이다. 메시 같은 대상이 '빠르게'를 만족한다고 말할 수 없음은 확실하다. 그것은 난센스이다. 그와 같은 부사적 문장이 작동하는 방식에 관한 다른 종류의 이론을 제시할 필요가 있다. 데이비드슨은 부사적 문장을 사건에 대해

2. Ibid., p. 62.

양화하는 문장으로 환언한 뒤, 부사를 사건의 술어로 바꿈으로써 이를 해낸다. 예를 들면, '메시는 빠르게 달렸다'를 데이비드슨은 'e는 메시에 의한 달리기였으며, e는 빠르다는 것을 만족하는 사건 e가 있었다'로 환언한다. 그럼으로써 우리는 '빠르게'라는 부사를 '빠르다'는 형용사로 대체했으며 '빠르다'를 (메시가 아니라) 한 사건에 적용했다. 그렇다면 '빠르다'는 술어에 관한 만족 공리를 다음과 같이 제시할 수 있다. 사건 e가 '빠르다'를 만족한다 iff e는 빠르다. 여기서 데이비드슨은 문법적으로 부사적인 문장을 부사가 없는 대신 사건에 적용되는 형용사(술어)를 가진 문장으로 번역한다. 그리하여 한국어 및 여타 자연 언어의 부사 구문을 술어 논리에 포함시킬 수 있다는 점을 이 같은 친숙한 형식으로 드러낸다.

소위 내포 연산자를 포함하는 경우는 또 다른 사례이다. 이 문제는 프레게까지 거슬러 올라간다. 개밥바라기와 샛별이 동일함에도 불구하고 존은 개밥바라기가 행성이라고 믿지만 샛별은 행성이라고 믿지 않는다. '개밥바라기'는 '샛별'과 똑같은 행성을 지칭하기에, 공지칭하는 이름들을 믿음 문맥 안에서는 서로 대체시킬 수 없음을 이 사례를 보면 알게 된다. 이 같은 종류의 문맥을 **불투명**opaque하다고 한다. 프레게가 지적했듯, '~를 믿는다'believe that' 같은 내포 연산자를 포함하는 문장의 진리 조건은 종속절 안에 있는 이름의 지시체가 아니라 뜻에 의존한다. 이에 따라 우리는 이름에 대해 단순히 그 이름의 지시체를 제시하기만 하는 포괄적인 공리에 머무를 수는 없다. 그러한 공리는 내포적 연산자를 포함하는 문장에서 이름이 기여하는 바를 포착할 수 없기 때문이다. 이름은 때로 그 지시체를 넘어서는, 프레게가 뜻이라고 말하는 무언가를 들여오는 방식으로 문장의 진릿값에 영향을 준다. 이러한 이유로, 이름의 지시체만을 제시한다면 이름의 의미론에 대한 우리의 설명은 불완전할 수밖에 없다. 다른 무엇이 추가되어야 하는데, 타르스키가 전개한 이론 틀 내에서는 이런 사례가 어떻게 수용될 수 있는지 불분명하다. 타르스키의 이론은 지시 공리를 통해 단칭어의 지시체를 명시할 뿐이다. 뜻은 무시된다. 내포 연산자가 없는 언어에서의 참을 정의하려는 타르스키의 원래 목적에서 이는 그리 문제되지 않는다. 그러나 데이비드슨은 타르스키식 이론 틀을 자연 언어의 모든 언어 구문에 적용하고자 한다. 이것은 훨씬 더 어려운 과제이다. 어떻게 순전히 외연 언어에 맞게 고안된 의미론으로 내포 연산자를 처리할 수 있겠는가?

공교롭게도, 데이비드슨은 이 문제를 독창적으로 해결하는 듯 보이는 내포 문맥에 관한 이론을 가지고 있다(「그것을 말하기에 관하여On Saying That」[3]라는 그의 논문을 보라). '존은 하늘이 푸르다는 것을 말한다John says that the sky is blue'는 문장을 생각해보자. 데이비드슨은 이 문장을 다음과 같이 분석하자고 제안한다. '하늘은 푸르다. 존은 그것을 말했다The sky is blue. John said that.' 원래의 문장을 두 부분, 즉 온점으로 구분되지만 앞 문장으로 되돌아가 지시하는 '그것that'이라는 지시사를 통해 연결된 두 부분으로 나눈 것이다. 이는 마치 무언가를 말한 당신에게 내가 '제 말이 그 말이에요!'라고 답하는 것과 같다. (병렬 이론paratactic theory이라고도 불리는) 이 분석의 핵심은 종속절을 제거하여 내포 연산자를 없애는 것이다. 불투명 문맥은 남김없이 사라진다. '하늘은 푸르다'만 놓고 보면 공지칭 표현끼리 대체하여도 문장의 진릿값은 변하지 않는다. 내포 문맥을 부분으로 하는 복합 문장에서는 [공지칭 표현끼리 대체하면] 진릿값이 변하는데 말이다. '하늘은 푸르다'는 별개의 한 문장이기에 순전히 외연적이다. 이리하여 타르스키의 외연적 이론을 적용하면서도 문제를 피할 수 있다. 이와 비슷하게 '존은 그것을 말했다'도 완전히 외연적이며, 특히 '그것'과 똑같은 것을 지시하는 표현으로 대체하여도 진릿값은 바뀌지 않는다. 지시사 '그것'은 앞선 문장에 의해 표현된 명제를 지시하는 것으로 간주될 수 있으며, 이에 따라 그와 똑같은 명제를 지시하는 어떤 표현으로 대체하여

● ●

3. Donald Davidson, "On Saying That," in his *Inquiries into Truth and Interpretation*(Oxford: Oxford University Press, 2001).

도 진릿값은 바뀌지 않을 것이다. 이런 독창적인 환언 덕택에 이 같은 외견상 내포 문맥을 타르스키식 울타리 안에 가둬둘 수 있다. 외견상 내포 문맥은 결국 외연적인 것으로 드러난다. (부사 이론은 물론이고 데이비드슨의 이 제안에 관해 할 말이 많지만, 지금으로서는 타르스키의 이론 틀을 자연 언어에 적용하는 데이비드슨의 방식을 맛보기로 보여줄 따름이다.)

문장이 아예 진릿값을 결여하는 듯해 보이는 비非직설법 문장도 문제가 된다. '문을 닫으라!'는 명령문은 참도 거짓도 아닌 것처럼 보인다. 가장 단순한 방법은 이를 직설법 문장으로 번역하는 것이겠다. '문을 닫으라!'를 '나는 당신에게 문을 닫으라고 명령한다'로 환언하는 것이다. 뒤의 문장은 내가 당신에게 문을 닫으라고 명령했는지 여부에 따라 참이나 거짓일 수 있다. '나는 당신에게 명령한다'를 말하면서 내가 당신에게 명령을 했으므로(이러한 종류의 발화 행위를 수행적 발화 행위performatives라고 부른 다), 이 문장은 일반적으로 참일 것이다. 다시 한 번 우리는 원래 문장을 타르스키의 방식으로 처리할 만한 적합한 환언을 찾게 된다. 그러한 환언은 진리 조건을 가지기 때문이다. 이 같은 사례는, 자연 언어에 적용될 만한 타르스키식 의미론적 틀을 구성하려면 자연 언어 문장을 어떻게 처리해야 하는지를 보여준다. 데이비드슨이라면 적어도, 타르스키의 참 이론을 애초 구상에서 나아가 확장시킬 수 없다는 것은 그리 분명하지 않다고 말하겠다. 이러한 시도는 연구 프로그램을 구성할 것이다(이는 성실한 대학원생을 몇 년간은 바쁘게 만들 것임을 의미한다).

지표어의 경우, 동음성 요건에 곤란한 문제가 제기된다. '나는 덥다'에 동음적인 T-문장 — '(한국어에서) '나는 덥다'는 참이다 iff 나는 덥 다' — 을 만든다고 해보자. 문제점은 명백하다. 내가 (즉, 콜린 맥긴이) 덥지 않다면 아무도 '나는 덥다'라고 참되게 말할 수 없다. 하지만 내가 아닌 다른 사람이 더울 수 있고, 그 사람은 내가 덥지 않아도 '나는 덥다'로 자신이 그러함을 참되게 말할 수 있다. 여기서 데이비드슨의 동음성 조건이 실패한다는 점은 분명하다. 우리는 T-문장을 다음과 같이 적어야 한다. '화자 S에게 시각 t에서 '나는 덥다'는 참이다 iff S가 t에 덥다.' 이것이 '나는 덥다'라는 한국어 문장에 대한 올바른 진리 조건이다. 뭐, 좋다. 하지만 문장의 좌변에서 언급한 문장을 우변에서 반복하지 않기 때문에 이 T-문장은 동음적이지 않다. '나'라는 단어를 아예 없애고 'S'와 't'를 더해야 한다. 이에 따라 우리는 '나는 덥다'에 제시되지 않은 개념적 자원을 사용한다. 우변은 좌변에서 언급된 문장의 동의어가 아니라는 말이다. 이는 동음성에 위배된다! 이것이 옳은 방향 같지만, 그렇다면 데이비드슨 은 동음성 요건을 애초에 어떻게 약정할 수 있었을까? [동음적이지 않은] 다른 모든 경우는 배제하면서 어떻게 지표어만은 예외로 허용하는 동음성 요건을 형식화할 수 있는가? 이에 더해, 양화사와 사건 존재론을 추가하여 부사를 처리하는 데이비드슨의 방식도 동음성 요건을 어기는 듯하다. 동음성 요건이 조금씩 힘을 잃어가는 것이다. 지표어와 부사에 대한 비ᵇ동 음적 T-문장을 허용한다면, 양상 표현에 대한 가능 세계 환언은 어떻게 배제할 수 있겠는가?

데이비드슨의 의미 이론은 의미론적 원초semantic primitives를 정의하려고 하지 않는다. 논리 형식만을 부여할 뿐이다. 데이비드슨은 원초적 표현을 정의하는 것과 문장의 논리 형식을 내놓는 것을 예리하게 구별한다. 데이비 드슨의 방식으로 보면, 원소 표현을 위한 기초 공리는 다음과 같은 것이겠 다. "눈'은 눈을 지시한다', '한 대상은 '하얗다'를 만족한다 iff 그 대상은 하얗다'. 데이비드슨의 이론은 문장의 논리 구조를 분석할 뿐 개별 단어를 분석하지는 않는다. 그의 이론은 어떤 문장이 단칭어와 일항 술어로 이루어 져 있다거나 어떤 복합문이 연언이라고는 알려주지만, '총각'이 '결혼하지 않은 남성'을 의미한다고는 알려주지 않는다. 단어의 의미를 분석하는 데까지 나아가길 꺼리기 때문에 이런 종류의 이론은 신중modest하다고 묘사되곤 한다. 그렇지만 논리 형식을 산출하는 것이 논란의 여지가 없다거 나 사소하다거나 명백하지는 않기 때문에, 신중하다는 수식어는 그리적절하지 않다. 하지만 요점은 논리 형식을 내놓는 것과 개별 표현을 분석하는 것이 꽤 다르다는 점이다. 전자는 필수적이고 장려할 만한 것인 반면, 후자는 선택적이고 다소 금기시된 것으로 여겨진다.

논리 형식을 기술하는 것은 단어의 의미론적 범주를 결정하는 것을 수반한다. 이는 전혀 사소하지 않다. '눈'이라는 단어와 '눈은 하얗다'라는 문장을 다시 생각해보자. 여태 그랬듯, 이 문장의 논리 형식을 단순한 주어-술어 문장으로 간주한다면 이는 '눈'을 단칭어로 간주하는 셈이다. 다시 말해, 눈이 무엇이든 간에 (모든 눈 더미의 총합인가, 아니면 플라톤식 보편자 — 눈의 형상 — 에 더 가까운 무엇인가?) '눈'을 그 이름으로 간주하는 것이다. 그렇다면 '눈'에 대한 공리는 '개밥바라기' 같은 이름에 대한 공리와 마찬가지겠다("눈'은 눈을 지시한다', "'개밥바라기'는 개밥바라기를 지시한다'). 반면, '눈'을 단칭어가 아닌 술어로 간주하면, 그에 대한 공리는 다음과 같이 정식화된다. 'x는 '눈'을 만족한다 iff x는 (한 송이의) 눈이다'. 이는 지시 공리가 아니라 만족 공리이다. 이처럼 '눈은 하얗다'는 의미론적 분류에 따라 서로 다른 논리 형식을 부여받는다. ['눈'이 술어라면] 단칭어에 술어를 더한 'Fa'라는 논리 형식이 아니라, '모든 x에 대해, x가 (한 송이의) 눈이라면 x는 하얗다'라는 보편 양화 형식을 그 논리 형식으로 가진다. 이때 '눈'은 다른 의미론적 범주, 즉 단칭어가 아니라 술어 범주에 속하게 된다(사실 '눈'은 '물질 명사'라고 불리는 것이며, 방금 살펴본 것이 물질 명사를 처리하는 두 가지 방법 — 단칭어로 처리하는 방법과 술어로 처리하는 방법 — 이다). 부사를 처리할 때에도 데이비드슨은 '빠르게' 같은 단어를 술어로 변환시켜 그에 논리 형식을 할당한다. 간접 화법을 다룰 때에는 '존은 하늘이 푸르다는 것을 말했다John said that the sky is blue'에서 '(~는) 것that'을 지시사로, 즉 맥락 의존적인 단칭어로 분류한다. 이 같은 의미론적 분류 행위 중 그 어느 것도 신중하지 않다. 오히려 매우 대담하다.

형식 언어는 애매하지 않다고 상정되지만, 자연 언어의 애매성은 어떠한가? 이를테면 '은행'이라는 단어는 애매한데, 은행나무의 열매를 의미할 수도 있고 금융기관을 의미할 수도 있기 때문이다. 이를 어휘적 애매성^{lexical} ambiguity이라고 부른다. 그렇지만 구문적 애매성$^{syntactic\ ambiguity}$이라는 것도 있는데, 이에 대해 데이비드슨은 다음의 사례를 든다. '그들은 느린 배와 비행기로 왔다'고 할 때, 느린 것은 배뿐인가, 아니면 비행기도 느린가? 애매성이 있을 때 진리 조건이 여럿이라는 점은 명백하므로, T-문장을 구성하기 전에 애매성부터 없애야 한다. "존은 [열매 ― 지은이 주] 은행을 먹었다'는 참이다 iff 존은 [금융기관 ― 지은이 주] 은행을 먹었다' 같은 끔찍한 결론에 이르지 않도록 말이다. 여기서 '은행'이 애매하지 않도록 단순하게 꼬리표를 달 수 있다. '은행-열매'와 '은행-금융기관'처럼 말이다. 구문적 애매성이라면 괄호 처리로 충분하다. '그들은 (느린 배와 비행기)로 왔다'와 '그들은 (느린 배)와 비행기로 왔다'처럼 말이다(표준 논리학에서 괄호는 범위를 나타내는 데 쓰인다).

　　T-문장 자체로 끝이 아니라는 점에 주목할 필요가 있다. T-문장은 진리 조건을 부여하고 그리하여 의미를 부여하지만, 이론의 핵심은 T-문장에만 있지 않다. T-문장에 대한 증명도 있다. 데이비드슨은 반복적 구조 ― 의미론적 원초의 반복적 등장 ― 를 반영하는, 유한한 집합의 공리로부터 T-문장을 도출해야 한다고 주장한다. 이 이해는 최종 결과물 ― 정리^{定理} ― 뿐만 아니라, 문장의 의미론적 구조를 분석하여 이 정리를 도출하는 과정에서도 나온다. 우리는 문장의 구성 요소인 단어가 문장의 진리 조건을 어떻게 산출하는지를 보게 된다. 데이비드슨의 요점은, 이론이 반드시 구조적이어야 하며 그에 따라 어떻게 유한한 토대로부터 무한한 언어가 도출될 수 있는지를 설명해야 한다는 것이다. T-문장이라는 산출물이 그 자체로 사랑스럽긴 하지만, 타르스키의 이론에는 그보다 더 많은 것들이 들어 있다. 바로 그 산출물을 산출해내는, 공리와 도출이라는 대단히 복합적인 장치가 있다. 목적인 동시에 여정인 셈이다.

　　데이비드슨이 보기에 타르스키 이론의 또 다른 장점은, 의미를 존재자로 가정하지 않고도 의미 이론을 제시할 수 있도록 한다는 점이다. 이 배경에는 W. V. O. 콰인^{W. V. O. Quine}이 숨어 있다. 콰인은 존재자로서의 의미에 대한 반감으로 악명이 높다(콰인이 이르기를, 이 같은 '어둠의 자식들'은 정갈한 생활을 위협한다). 이 포착하기 어려운 존재자들을 어떻게 서로 구별하여 그 수를 셀 수 있을지 콰인은 궁금해 한다. 예를 들어, 이 책 속에는 몇 개의 의미가 있는가? 의미 이론 안에서 단어에 그 어떤 '의미'도 할당할 필요가 없다는 점이 타르스키식 의미론의 큰 장점이라고 데이비드슨은 생각한다. 이 의미 이론에는 의미라고 불리는 특별한 존재자(뜻, 내포)가 없다. 그 대신 이 이론은 단어에 지시체를 할당한다. 지시체는 단어 주변을 맴도는 탁한 그림자가 아니라 정직하고 문명화된 시민이다. 이 이론에서 우리는 "개밥바라기'는 개밥바라기를 지시한다'라고 자신 있게 말하며, 자칭 '뜻'이라 기술되는 이른바 의미론적 망령에 대해서는 아무런 말도 하지 않는다. 그럼에도 여전히 우리는 문장이 의미하는 바를 말하는 데 성공한다(아마도 그렇다. 다음을 보라). 술어의 경우 이 이론은 그 어떤 존재자도, 심지어 지시체조차 할당하지 않는다. 만족 공리에서는 술어가 재사용될 뿐이다. 'x는 '하얗다'를 만족한다 iff x는 하얗다'와 같은 공리를 다시 한 번 생각해보라. 여기서 '하얗다'는 술어로 지칭될 수 있는 그 어떤 지시체도 없다는 점에 주목하라. "하얗다'는 하얌을 지시한다'고 말할 수 있었으나, 그렇게 하지 않았다. 대신 한 대상이 하얀 경우 그리고 오직 그 경우에만 그 대상은 '하얗다'를 만족한다고 말한다. '하얌'이라는 이름을 가진, 추상적 존재자로 상정되는 그 어떤 존재자도 지시하지 않으면서 말이다. 이 진술에는 술어에 할당되는 무엇, 그러니까 속성, 보편자, 뜻 같은 것을 위한 아무런 단칭어가 없다. 깔끔 떠는 콰인이 몸서리칠 법한 그 어떤 이상한 존재자에 개입하지 않으면서도 이 공리는 술어의 만족 조건을 제시한다. 만족 공리에서 지시되는 존재자는 어쨌건 우리가 필요로 하는 일상적 대상, 시공간을 점유하는 진짜 하얀 대상뿐이다. 이와 비슷하게 타르스키는 접속사를, 그것의 지시체를 명시하는 방식으로 해석하지 않는다. 즉, 타르스키는 "그리고'는 접속사를 지시한다'고 말하지 않고, 'p'가 참이고 'q'가 참인 경우 그리고 오직 그 경우에만 'p 그리고 q'라는 형식의 문장은 참이라고 말할 뿐이다. '그리고'를 좌변에서 사용한다고 그 단어에 어떤 지시체를 할당해야 하는 것은 아니다. 이 이론은 '의미'라고 불리는 괴상한 의미론적 존재자가 없는 의미 이론이다. 단어와 문장은 무언가를 의미하며, 우리는 단어와 문장이 무엇을 의미하는지 말할 수 있지만, 단어와 문장이 의미하는 것으로서의 의미 존재자는 없다. 따라서 '의미 이론'에 대해 말하면, 자신의 순수하고 깔끔한 세계를 더럽히는 의미에 대한 지저분한 존재론을 불러일으키게 될 것이라고 콰인은 걱정할 필요가 없다.

9.4. 경험적 참 이론

이렇게 [존재자로서의] 의미를 안전하게 밖으로 내보내며, 데이비드슨은 타르스키식 참 이론의 경험적 지위에 관한 문제를 꺼낸다. 즉, 어떤 특정한 이론이 옳다고 어떻게 검증할 수 있는가? 두 가지 경우를 살펴야 하는데, 하나는 대상언어와 메타언어가 같은 경우이고 다른 하나는 대상언어와 메타언어가 다른 경우이다. 우리말을 위한 참 이론을 내놓는 단순한 사례를 생각해보자. 이 참 이론의 정리가 옳은지 어떻게 검증할 수 있는가? 데이비드슨은 꽤 간단하게 할 수 있다고 제안하는데, 정리를 보면 그 자체의 형식에서 정리가 옳은지의 여부를 알 수 있다는 것이다. 어떤 이론이 "눈은 하얗다'는 참이다 iff 눈은 하얗다'라고 말한다면, 우리는 이것이 옳을 수밖에 없다는 것을 즉시 알 수 있다. 하지만 그 이론이 "눈은 하얗다'는 참이다 iff 주식 시장이 붕괴하려 한다'고 말한다면, 어딘가 굉장히 잘못되었다는 것을 알 수 있다. '눈은 하얗다'가 의미하는 바는 이와 전혀 다르기 때문이다. 우리는 우리 자신의 의미론적 능력을 활용해, 내놓은 진리 조건이 주어진 문장에 대해 옳은가를 판단할 수 있다. 좌변에 언급된 문장과 우변에 사용된 문장이 같다면 그 T-문장은 경험적으로 참이다. 이처럼 우리말의 경우, T-문장이 옳은지의 여부는 쉽게 알 수 있다. (사실, 여기서 데이비드슨은 모든 T-문장이 동음적이지는 않다는 점을 잊은 듯하다. 부사에 대한 데이비드슨의 이론을 포함하는 T-문장도 판단하기 쉬운가? 같은 문장이 두 번 나오는지의 여부로 확인할 수 없다. 부사를 포함하는 경우에는 그렇지 않기 때문이다. 다음 T-문장이 참인지는 논쟁의 여지가 있다. "메시는 빠르게 달렸다'는 참이다 iff e는 달리기였고, e는 메시에 의한 사건이었으며, e는 빠르다는 것을 만족하는 사건 e가 있었다.' 다만 우리는 '메시는 빠르게 달렸다'를 이해하기 때문에, 우리 자신의 능력에 의거하여 이런 질문에 대한 결정을 내릴 수 있다는 점은 적어도 참이다.)

데이비드슨은 어떤 문장이 문법에 맞는지 판단하기보다 그것의 T-문장이 참인지를 판단하기가 더 쉽다는, 다소 흥미로운 의견을 내놓는다.

> 사실은, 문장이 문법에 맞는지 여부를 말하는 것보다 그 문장의 진리 조건이 무엇인지를 말하는 것이 화자에게 더 쉬운 경우가 많다. '그 아이는 잠자는 듯하다$^{\text{the child seems sleeping}}$'가 문법에 맞는지 명확하지 않을 수 있지만, 그 아이가 잠자는 듯할 경우 그리고 오직 그 경우에만 '그 아이는 잠자는 듯하다'가 참인 것은 분명하다.[4]

이는 어떤 문장이 유의미한지의 여부를 알기보다 그 문장이 의미하는 바를 알기가 더 쉽다는 점을 함축한다. 혹자는 먼저 문장이 유의미한지 판단한 다음 그 의미를 물어야 한다고 생각하겠지만, 데이비드슨이 맞다면 그 반대다. 하지만 이 주장이 어디까지 소화할 수 있을까? '바다는 밤마다 자신에게 헤엄친다'라는 문장이 말이 되는지를 의심하더라도, 바다가

• •

4. Davidson, "Semantics for Natural Languages," p. 61.

밤마다 자신에게 헤엄칠 경우 그리고 오직 그 경우에만 '바다는 밤마다 자신에게 헤엄친다'가 참이라는 것을 내가 아는가? "새벽과 아니 해는 위쪽으로 우울'은 참이다 iff 새벽과 아니 해는 위쪽으로 우울'은 어떠한가? "그는 참이다 iff 그는? 문장이 완전히 괴상하다면 반복만으로 불충분하다.

　이는 데이비드슨이 우리말 사례에 내놓는 생각이다. 외국어를 위한 참 이론은 어떻게 검증하는가? 다른 사람의 진리 조건을 우리가 옳게 가졌는지는 어떻게 아는가? 우리는 그 언어에 전혀 유능하지 않기 때문에 우리 자신의 능력에 의거할 수 없다. 우리는 외국어 화자가 단어들로 무엇을 의미하는지 알아내야 한다. 논문의 이 지점에서 데이비드슨은 콰인이 논한 근본적 번역$^{radical\ translation}$을 언급한다. 콰인의 꽤 유명한 사고 실험에서, 낯선 땅에 간 여행자는 지금까지 번역된 적 없는 언어를 사용하는 화자 집단과 마주친다. 자칭 현장 언어학자인 그 여행자는 근본적 번역을 하기 시작한다. 사전 없이 바닥부터 시작하는 번역 말이다. 콰인의 질문은 다음과 같다. 이 여행자는 근본적 번역 과정의 출발점을 어디로 삼는가? 그리고 그 언어에 대한 확실하게 옳은 번역 도식을 구상하는 것이 가능한가? 데이비드슨은 근본적으로 낯선 외국어를 위한 참 이론을 어떻게 검증할 수 있는지에 관심이 있기 때문에 콰인의 이런 질문을 이어받는다. 달리 말해, 데이비드슨은 문장에 진리 조건을 어떻게 경험적으로 부여할 수 있는지를 밝히고 싶어 한다.

　근본적 번역 사고 실험에서 콰인은 '가바가이'라는 단어를 사례로 든다. 여행자는 그 집단의 문화에 몰두하여 언어 행동을 관찰하면서 그들이 '가바가이'라는 단어를 발화할 때 의미하는 바를 알아내고자 한다. 근본적 번역이기에 여행자에게는 사전이 없다. 여행자는 이 단어의 의미를 어떻게 알아낼 수 있을까? 여행자는 현지 원어민의 말을 이해할 수 없고, 현지 원어민 또한 여행자의 언어를 모르기 때문에 그들에게 묻는 것은 소용이 없다. 여행자는 가장 먼저, 그들이 언제 어디서 '가바가이'를 발화하는지 알아내려고 할 수 있겠다. 즉, 어떤 감각에 대한 반응인지 말이다. 이를테면,

'가바가이'라고 말할 때 그들이 무엇을 보고 있는가? 토끼가 지나가자 원어민들이 '가바가이'라고 말하는 것에 여행자가 주목했다고 해보자. 여행자는 '가바가이'가 뜻하는 바 — 토끼 — 를 알게 되었다고 결론지을 수 있다. 원어민이 단어를 발화할 때 그들을 관찰해 그 단어의 의미에 대한 가설을 세운다는 것이 일반적인 생각이다. 토끼가 지나간 경우 그리고 오직 그 경우에만 원어민들이 '가바가이'라는 단어를 발화한 것을 관찰했으므로, 우리는 그 단어의 올바른 번역이 정말로 '토끼'라는 데 여행자에게 동의할 수 있다. 타르스키의 열렬한 제자인 이 여행자는 자신의 가설을 다음과 같은 만족 공리의 형식으로 기록한다. 'x는 '가바가이'를 만족한다 iff x는 토끼이다.'

콰인은 이런 상황을 두고, 토끼가 단어의 자극 의미$^{\text{stimulus meaning}}$의 일부라고 말할 것이다. 현지 원어민이 감각하는 주변에 토끼가 있을 때만 그들은 '가바가이'를 발화하도록 자극받는다. 자극을 거꾸로, 즉 그들의 감각 기관에서 환경으로 추적해보면 그 끝에는 토끼가 있을 테다. 여기서 콰인은 자신의 핵심 주장을 내놓는다. 원어민들이 토끼를 보는 경우 그리고 오직 그 경우에만 '가바가이'라고 말한다고 해서 이것이 '가바가이'가 '토끼'를 의미한다는 점을 필연적으로 함축하지는 않는다. 논리학자들이 말하듯, 이는 '가바가이'의 외연이 토끼들의 집합으로 이루어졌다는 점을 함축하지 않는다. 자극 의미에 토끼가 포함된다는 점은 어느 정도 참이지만, 이 자극 의미에는 다른 것들도 포함된다. '가바가이'의 자극 의미에 포함된 것 중 하나로는 — 토끼에 더해 — 토끼의 부분, 이를테면 토끼의 귀가 있다. 따라서 '가바가이'는 '토끼 귀'를 의미할 수도 있다. 토끼가 눈앞에 있을 때 토끼 귀 또한 눈앞에 있으니 말이다. 여행자가 잘라낸 토끼 귀 한 쌍을 손에 쥐는 경우를 상상할 수 있다. 여행자는 토끼 귀가 단독으로 눈앞에 있을 때 원어민들이 '가바가이'를 발화하지 않는다는 점을 알아낸다. 이에 따라 여행자는 토끼 귀 가설을 배제할 수 있다. 하지만 이 영리한 번역가는 '가바가이'가 '살아 있는 토끼에 붙어 있는 귀'를 여전히 의미할 수 있다는 점을 떠올린다. 그리고 이 단어가 '토끼의 발달 단계' 또는 '내가 토끼를 감각하도록 만든 망막상이라는 원인', 심지어는 (원어민은 토끼를 지각하지 않고서는 절대 '가바가이'를 발화하지 않으니) '토끼에 대한 시각적 지각'을 의미할 수도 있다는 점을 깨닫는다. 토끼와 벼룩이 충분히 가까이 있는 한 이 단어는 '토끼 벼룩'을 의미할 수도 있다. 요점은, 인과적으로 작동하는 환경 속에는 (심지어 원어민 자신의 머릿속에도) 이 단어가 의미할 수 있는 바가 수없이 많다는 것이다. 우리는 이 단어가 명확하게 의미하는 바(그 외연이 무엇인지)를 쉽게 밝혀낼 수 없다. 이런 숙고 끝에 콰인은, 현지 원어민이 의미하는 바는 **근본적으로 불확정적**radically indeterminate이라는 놀라운 결론을 내린다(콰인은 이 불확정성 가설을 우리가 우리말 단어로 의미하는 바까지 확장한다). '가바가이'가 의미하는 바(혹은, 우리말 단어 '토끼'가 의미하는 바)에 관한 '그냥 사실'은 없다.

다른 논문에서 데이비드슨은 콰인의 논제에 일반적으로 동의하는 태도를 보이지만, 불확정성의 문제가 「자연 언어를 위한 의미론」의 관심사는 아니다. 여기서 데이비드슨은 타인의 언어에 대한 해석을 어떻게 고안하고 테스트할지에 관한 콰인의 일반적인 그림에 관심을 기울인다. 이는 데이비드슨이 **근본적 해석**radical interpretation이라고 부른 자신의 이론으로 우리를 이끈다. 이 문제를 철저하게 탐구하는 데 데이비드슨은 논문 하나(「근본적 해석」[5])를 통째로 할애한다. 여기서는 간략하게만 소개하겠다. 대략적으로 말해, 데이비드슨은 발화의 환경이라는 외부 원인에 따라 진리 조건을 부여할 필요가 있다고 생각한다. 특정한 사태가 객관적으로 성립하는 환경일 때에만 원어민이 한 문장을 '참으로 받아들인다'면, 우리는 그러한 사태가 성립할 때에만 해당 문장이 참이라고 상정해야 한다. [그럼에도] 광범위한 불확정성이 남아있다면 그대로 놔두어야 한다. 우리의 해석에 추가적인 제한을 가하는 방식으로, 데이비드슨은 **자비의 원리**principle of

5. Davidson, "Radical Interpretation," in *Inquiries into Truth and Interpretation*.

charity라고 불리는 원리 — 해석자는 상대방의 믿음과 주장 대부분이 참으로 판명되는 방식으로 상대방을 해석해야 한다는 원리 — 를 옹호한다. 우리는 원어민이 수많은 오류에 빠져 있으며 철저하게 착각하고 있고 거짓 믿음에 둘러싸여있다고 상정할 수 없다. 물론 '가바가이'라는 단어를 발화하는 그 원어민은 (이상한 식물을 매일 피워대는 탓에) 토끼의 환각을 자주 보며 자신의 눈앞에 토끼가 있다고 착각할 수는 있다. 그러나 원어민을 이해하려면 대부분 참인 믿음을 그에게 귀속시켜야 한다고 데이비드슨은 주장한다. 화자에게 자비의 원리를 적용하지 않는다면 화자는 해석 불가능하다(실제로 데이비드슨에게는 불가능하다). 우리 자신이 해석 가능하다(그리고 겉보기에 가능하다)면 우리 역시 수많은 오류에 빠져 있을 리 없다는 의미다. 이것은 우리의 믿음에 관한 회의주의가 틀릴 수밖에 없음을 함축한다. 즉, 회의주의자가 뭐라고 주장하든 간에 우리는 대부분 참인 믿음을 가질 수밖에 없다. 이와 관련하여 심리 철학에서 인식론까지 이르는 일련의 논의가 있으나 여기서 다루지는 않을 것이다. 외국인 화자에 대한 의미 이론을 검증하는 기획을 데이비드슨이 어떻게 보고 있는지는 지금까지 말한 것으로도 충분히 드러난다.

9.5. 데이비드슨의 이론에 대한 비판

데이비드슨의 의미 이론에 대한 비판을 몇 가지 살펴보자. 첫째로 의미가 무엇인지에 관해, 그리고 우리가 의미를 파악한다는 것이 무엇인지에 관해 데이비드슨이 충분한 논의를 했는지 물을 수 있다. 데이비드슨의 핵심적인 생각은 이러하다. 의미 이론은 진리 조건을 문장에 부여하며, 화자가 문장을 이해하는 것은 곧 화자가 그 진리 조건이 무엇인지 아는 것이다. 그에 따라 '눈은 하얗다'를 이해하려면 화자는, 눈이 하얀 경우 그리고 오직 그 경우에만 이 문장은 참이라는 것만 알면 된다. 의미에 대한 이러한 설명은 한 가지 의문을 불러일으킨다. 즉, 의미에 대한 앎이 곧 진리 조건에 대한 앎이라는 말로 — 특히 동음적 진술인 진리 조건으로 제한하는 경우에 — 충분한가? 과할 정도로 최소한의 것은 아닌가? 진리 조건에 대한 앎이 그 자체로 무엇을 포함하는지 물을 수는 없는가?

이런 노선의 비판에 대응할 수 있는 여러 선택지가 있다. 의미 이론을 수용할 만한 것으로 만들고자 언어 이해에 관해 더 깊게 파고들 필요는 없다는 것이 데이비드슨의 대응이겠다. 아마 심리학자라면 언어 이해에 관해 더 말할 수 있겠으나, 철학적 의미론의 관점에서 우리의 목표, 즉 의미를 체계적으로 명시하는 것과 무한한 개수의 [문장에 대한] 숙달이 어떻게 유한한 개수의 기초에서 비롯되는지 보이는 것은 성취되었다. 이를 넘어서려고 시도하면 모호하며 처리하기 어려운 영역에서 방황하게 될 뿐이다. 단순 명료한 타르스키의 곁에 머무른다면, 문장을 이해할 때 화자의 마음에서 비밀스럽게 일어나는 것에 관해 추측하지 않고도 엄밀한 형식 논리를 확보할 수 있다.

대안적인 대응으로, 비트겐슈타인의 『논리 철학 논고』에 나온 생각을 빌려올 수도 있다. 『논리 철학 논고』에서 비트겐슈타인은, 문장을 이해할 때 화자는 그 문장을 참으로 만드는 가능 사태를 파악한다는 견해를 취한다. '눈은 검다'를 이해하려면 당신은 그 문장을 참으로 만드는 사태를 파악해야 한다. 그러한 사태는 현실의 사태가 아니라 그저 가능한 사태이다. 우리는 상상력을 통해 가능성을 포착한다. '눈은 검다'의 의미를 파악할 때 그런 사태를 상상한다. 그러므로 '눈은 검다'를 이해할 때 내가 하는 일은, 눈이 검은 가능 사태를 상상력을 통해 떠올리는 것이다. 검은 눈의 심상을 형성하게 될 수도 있다. ['눈은 검다'는] 문장의 의미를 이해하는 것은, 어떤 다른 사태가 아니라 [눈이 검다는] 바로 그 사태를 상상한다는 사실에 있다. 만약 파란 눈에 관한 사태를 상상한다면 나는 '눈은 검다'에 대응하는 사태를 상상한 것이 아니다. 즉, 나는 '눈은 검다'를 **잘못** 이해한 셈이다. 진리 조건에 관한 이 같은 비트겐슈타인식 설명은 데이비드슨의 엄격한 최소주의적 설명을 넘어선다. 이는 타르스키에 양상적 상상력을 추가한 설명이다. 화자가 자신의 마음을 의미에 가닿게 하려면 양상적 상상력을 이용해야만 한다. 이는 데이비드슨이 자랑스러워하는 신중한 설명보다 풍부한 심리학적 이야기이다. 이는 진리 조건에 대한 앎이 심리학적으로 관여하는 바가 무엇인지를 사소하지 않은 방식으로 해명하려는 시도이다.

또 다른 접근법으로서 검증 개념을 도입하는 방식에 동조한 철학자도 많다. '눈은 하얗다'를 검증하는 능력은 결국 그 문장의 진리 조건을 아는 것과 같다. '눈은 하얗다'를 검증하려면 우리는 어떤 눈을 찾아서 그 눈을 자세히 살펴보며 어떤 색인지 확인해야 한다. 육안으로 그 눈이 하얗다는 것을 관찰할 필요가 있다. 그러려면 어디를 봐야 할지 알아야 한다. 이를테면, 눈은 겨울에 하늘에서 내리며 언덕과 계곡을 뒤덮는다는 것을 알아야 한다. 누군가 화산에서 분출되는 용암을 살펴보며 '눈은 하얗다'를 검증하고자 한다면, 그는 자신이 '눈은 하얗다'를 이해하지 못한다고 입증하는 셈이다. 문장을 올바른 방식으로 검증하는 능력은 그 문장의 진리 조건을 아는 것과 분명히 연관된다. 한 문장의 진리 조건을 아는 경우, 대개 당신은 그 문장을 검증하는 꽤 괜찮은 방법을 얻게 된다. 진리 조건을 모른다면 갈피조차 못 잡을 테다. (자신들을 실증주의자[positivist]라고 기술한) 몇몇 철학자는 진리 조건을 안다는 것이 무엇인지에 관한 이론에 이런 자명한 사실을 중요하게 이용하고자 한다. 즉, 결국 어떤 종류의 증거가 문장의 참에 유리하다고 간주되는지를 안다는 것이다. 이 시도는 진리 조건에 관한 앎을 검증 조건에 관한 앎으로 바꾼다. 이들이 심각하게 잘못 이해한 것일지언정, 이들의 견해는 진리 조건을 안다는 것이 무엇인지를 상세히 설명하고자 한다. (우리가 일반적으로 한 문장에 관해 두 종류의 앎, 즉 어떤 사태가 그 문장을 참으로 만드는지에 관한 앎과 어떤 종류의 증거가 그 문장을 승인하도록 보증하는지에 관한 앎을 가진다는 견해가 올바르겠다.)

두 번째 비판 노선은 프레게로 거슬러 올라간다. 이름에 대한 타르스키의 공리는 지시 공리로서, 이에 따라 이름에는 지시체만이 할당된다. 이것이 타르스키에게는 문제 되지 않는데, 이름을 포함한 문장은 오직 그 이름의 지시체에 의존하여 참이기 때문이다. 지칭체가 보존되는 한, 참을 정의하는 데만 관심이 있다면 우리가 무슨 이름을 사용하는지는 중요하지 않다. '개밥바라기는 행성이다'가 참이라면 '샛별은 행성이다'도 참이다. 그러나 두 문장은 같은 것을 의미하지 않는다. 이것이 프레게가 뜻을 도입하여 [의미] 이론을 강화한 이유이다. 이름의 완전한 의미를 포착하려면 우리는 지시체 외에 추가적인 무언가를 이름에 할당할 필요가 있다. 뜻 같은 무언가가 요구된다. 하지만 타르스키의 의미론적 장치는 뜻을 명시하지 않는다. 그렇다면 하나의 의미 이론으로서 어떻게 기능할 수 있는가? 기껏해야 지시 이론에 머무를 것이다.

세 번째로, 단어가 의미론적 속성을 어떻게 가지게 되는지에 관해 데이비드슨의 이론은 아무런 설명을 제공하지 않는다는 비판이 있다. [타르스키의] 공리는 "'개밥바라기'는 개밥바라기를 지칭한다' 같은 것을 말하지만, '개밥바라기' 같은 단어가 어떻게 지시체를 획득하는지에 관해서는 아무것도 말해주지 않는다. 술어와 만족의 경우도 비슷하다. [타르스키의] 공리는 무엇이 [그 자체로는 무의미한] 기호와 소리에 의미론적 특성을 부여하는지 설명하지 않는다. 무엇이 지시체를 구성하는가? 많은 언어철학자는 지칭 등의 관계가 설명되어야 한다고 느낀다. 이들 관계를 그저 원초적인 것으로 받아들일 수는 없다. 다시 말해, 만족스러운 의미 이론은 지칭에 관한 설명을 제시해야 한다. 대담한 정신을 소유한 몇몇 철학자는 심지어 물리학의 용어로 지시와 만족을 설명하고자 착수한 적도 있다. 그러나 타르스키 이론에 기초한 데이비드슨의 이론에서 지칭은 당연시된다. 타르스키식 의미론에는 하다못해 지칭에 대한 일종의 설명적 이론이라도 보충할 필요가 있다. 타르스키식 의미론만으로는 자연 언어의 의미를 완전히 설명하지 못한다.

넷째로, 데이비드슨은 문장의 논리 형식을 제공하는 것과 개별 단어의 분석을 제공하는 것을 구별한다. 그러나 이 구별은 얼마나 강건한가? 데이비드슨은, 논리 형식을 귀속시킬 때와 달리 어휘를 분석할 때에는 단어를 부분으로 분해한다는 직관적인 생각을 활용한다. 데이비드슨은 원초적 술어를 분석한다는 생각 자체에 관해서는 회의적이나, 논리 형식을 귀속하는 데는 열성적이다. 그러나 러셀의 기술 이론을 생각해보자(3장을 보라). 거기에서 우리는 '그^{the}'라는 단어를 복합적인 양화 연언문으로 분해했다. 어째서 이것은 어휘 분석이 아닌가? 러셀의 이론은 단어 하나['그^{the}']를 가져다가 그 의미를 분리되어 있는 더욱 원초적인 부분으로 분석한다. 이 분석은 '총각'을 '결혼하지 않은 남성'으로 분석하는 것과 얼마나 다른가? 이와 마찬가지로 부사에 관한 데이비드슨의 이론에 따르면 부사를 포함하는 문장은 사건에 대한 술어를 포함하는, 사건에 대한 양화문으로 해석된다. 이때 문장의 논리 형식은 그 문장의 표면적 구문과 상당히 다르다. 환언은 부사 안에 숨어 있는 의미론적 복합성을 발견하게 해준다. 어째서 이것이 어휘 분석의 사례가 아니란 말인가?

'가능적으로'라는 양상 표현은 어떤가? 표준적인 설명에 의하면 '가능적으로'는 '어떤 가능 세계가 존재한다'를 의미한다. 양상 부사는 세계들에 대한 존재 양화사로 이해된다. 이는 개념 분석 활동처럼 보이지만, 논리 형식을 귀속시키는 것이기도 하다. '가능적으로 p'의 논리 형식이 무엇인지 묻는다고 해보자. 이 문장은 'w에서 p인 세계 w가 존재한다'와 똑같은 것을 의미한다고 배운 바 있다. 그러나 이는 '가능적으로'에 대한 개념적 분석이기도 하다. 계속 강조하지만, 논리 형식에 대한 설명과 어휘 분석 사이의 명확한 구별은 없다. 면밀히 검토해보면 이런 구별은 사라진다. 하지만 데이비드슨은 논리 형식을 할당하는 것은 옹호하는 반면, 어휘 분석은 고집스레 배제하려는 듯 보인다. 구문론적으로 단순한 표현에 대한 특정한 의미 이론의 장점을 이해하는 동시에 분석-종합 구별을 거부한 콰인을 수용한 것은 아닌지 추측되기도 한다. 실제로 이러한 두 입장은 긴장 관계에 있다. 그러나 이는 현재 우리의 관심사를 넘어서기에 더 추적해 들어가지는 않을 것이다.

마지막으로 조금은 의아한, 데이비드슨의 다음 구절을 상세히 검토해야 한다.

> 참 이론은 각 문장 s에 대해, 's는 참이다 iff p' 형식의 진술을 함축한다. 가장 단순한 경우에는 p가 s로 대체된다. '참이다 iff'라는 표현이 불변하기 때문에, 원한다면 우리는 '참이다 iff'가 '의미한다means that'를 의미한다고 해석할 수 있다. 그렇게 해석하면, "소크라테스는 지혜롭다'는 소크라테스가 지혜로움을 의미한다'로 읽히는 사례를 가지게 된다.[6]

데이비드슨은 우리가 ("원한다면") 타르스키식 T-문장 안의 '참이다 iff'를 '의미한다'로 대체하고서도 본질적으로 같은 것을 말할 수 있다고 믿는 듯하다(이것이 'iff'의 "불변"과 무슨 관련이 있는지는 알 수 없다). 따라서 참 이론은 의미 이론과 같은 의무를 다할 수 있다. 이 단순한 대체를 통해 참과 의미 사이에 놓인 간극을 건너간다. 그러나 정말 이렇게 믿었다면 데이비드슨은 틀렸다. '참이다 iff'라는 쌍조건문은 '의미한다'를 의미하지 않는다. 절대 그럴 수 없다. 기초 논리학에서 'iff'는 '실질 쌍조건문'이라고 불리며 실질 쌍조건문을 포함하는 문장은, 각 변에 있는 두 문장이 모두 참인 경우에 참이다. 따라서 '눈은 하얗다 iff 잔디는 푸르다'는 참인 문장이다. 마찬가지로, 'iff'가 실질 쌍조건문(즉, 하나의 진리 함수)이라면, "눈은 하얗다'는 참이다 iff 잔디는 푸르다'도 참이다. 이제 데이비드슨이 한 것처럼 'iff'를 '의미한다'로 대체해보자. 그러면 "눈은 하얗다'는 잔디가 푸름을 의미한다'를 얻는다. 이는 거짓이며, 터무니없을 정도다. '눈은 하얗다'라는 한국어 문장이 잔디가 푸름을 의미하지 않는다는 점은 그

6. Davidson, "Semantics for Natural Languages," p. 60.

무엇보다 확실하다! 만일 데이비드슨이 옳다면, 어떤 한국어 문장도 진릿값만 공유하면 서로 똑같은 것을 의미하는 셈이다. 이는 의미의 총체적 붕괴이며, 이 같은 귀결을 함축하는 그 어떤 이론도 진지한 고려의 대상이 못 된다.

그렇지만 [누군가 이 반론에 대해] 'iff'을 실질 쌍조건문으로 해석하는 한에서만 이러한 귀결이 함축된다고 답변할지 모르겠다. 데이비드슨은 ['iff'를] 실질 쌍조건문으로 해석하는 것처럼 보이지만, 이는 실수일지 모른다. 더욱 엄밀한 쌍조건문을 내놓을 수는 없을까? 실질 쌍조건문이 아니라 엄밀 쌍조건문 말이다. 엄밀 쌍조건문은 각 변에 있는 문장의 진릿값이 현실적으로 동일할 뿐만 아니라 모든 가능 세계에서 동일할 것을, 다시 말해 진릿값이 필연적으로 일치할 것을 요구한다. '눈은 하얗다'와 '잔디는 푸르다'는 현실 세계에서 같은 진릿값을 갖지만 모든 세계에서 그렇지는 않다. 어떤 세계에서 눈은 여전히 하얗지만 잔디는 푸르지 않을 수 있기 때문이다. 하지만 이것이 근본적인 문제를 해결하지 않는다는 점은 금방 알 수 있다. '2+2=4 iff 3+3=6' 같은 문장을 생각해보자. 각 변에 있는 문장은 모든 가능 세계에서 참이며, 그에 따라 'iff'에 엄밀한 양상적 해석을 적용하더라도 이 문장은 참이다. 이제는 똑같은 논증을 되풀이할 수 있다. T-문장 안의 'iff'를 '의미한다'로 대체하면 "2+2=4'는 3+3=6을 의미한다'를 얻는다. 전혀 개선된 것이 없으며, 이는 상당히 잘못된 의미 귀속이다.

쌍조건문을 얼마나 엄밀하게 하는지와 별개로, '의미한다'의 범위 안에서 대체를 행하는 것이 '참이다 iff'의 범위 안에서보다 더 제한적이라는 것은 분명한 사실이다. '참이다 iff'를 결과적으로 '의미한다'로 만들기 위해서는, 후건으로 전건을 의미하겠다고 약정하는 방법만이 유일하다. 그러나 이는 아무것도 가져다주지 않는 헛된 말장난이다. 게다가 의미 이론으로서 타르스키의 참 이론을 이용한다는 생각도 완전히 박살나는데, '참이다 iff'라는 표현이 지금 의미하는 바를 더 이상 의미하지 않을 테니 말이다. 요컨대, 앞서 인용한 데이비드슨의 구절은 오류이다.

데이비드슨은 의미 이론이 모든 유의미한 표현의 의미를 명시해야 한다고 제안한다. 하지만 정작 그는 어떻게 단어와 문장이 어떻게 그 의미를 지니게 되는지 설명하려 들지 않는다. 데이비드슨은 유의미한 표현이 의미를 지닌다는 점을 그냥 받아들인다. 그러나 단어와 문장이 기호나 소리로서의 정체성 때문에 의미를 가지는 것은 확실히 아니다. 단어와 문장의 의미는 모종의 방식으로 외부에서 비롯한다. 어디에서 비롯하는가? 단어는 그것이 의미하는 바를 어떻게 의미하는가? 모종의 신적 개입을 통해 신이 단어에 의미를 부여하는 기적을 행하는 것인가? 이는 너무 억지스럽다. 단어와 문장은 분명히 우리, 그러니까 그 단어와 문장을 사용하는 우리와의 관계 덕택에 의미를 가진다. 하지만 그 관계란 정확히 무엇인가? 우리가 사용하는 단어는 어떻게 우리의 단어 사용 덕택에 의미를 가지는가? 이것이 바로 다음 10장의 주제이다.

제10장 그라이스의 화자 의미 이론

10.1. 배경: 화자와 문장

이제 H. P. 그라이스^{H. P. Grice}의 짧지만 획기적인 논문을 살펴보자. 「의미^{Meaning}」[1]라는 단순한 제목의 이 논문은 이해하기 어려울 뿐 아니라 논지를 되풀이하지도 않기 때문에 주의해서 읽어야 한다. 이 논문을 통해 그라이스가 진전시키려는 더 큰 기획을 설명하는 것부터 시작해보자. 그라이스는 단어와 문장이 그것들이 의미하는 바를 어떻게 의미하게 되었는지, 즉 단어 의미와 문장 의미가 어떻게 발생하는지에 상당한 관심을 보인다. 언어 조각으로 하여금 의미를 표현하게 만드는 것은 무엇인가? 그라이스는 이 질문에 아주 자연스럽고 직관적인 대답을 내놓는다. 바로, 화자가 무언가를 의미하는 방식이 의미의 발생과 관련이 있다고 말이다. 단어가 그것이 의미하는 바를 의미하는 것은 단어로 하여금 무언가를 의미하게

----

1. 이 장의 논의는 다음 문헌의 발췌를 따른다. H. P. Grice, "Meaning" in *Philosophy of Language: The Central Topics*, pp. 69-76.

하는 자연의 사실 같은 것이 있어서가 아니다. 유의미한 단어가 자연 속에 미리 형성되어 있어서, 이렇게 자연적으로 주어진 사실을 인간이 활용하고자 결정한 것이 아니라는 말이다. 단어는 나무에 달려 우리가 따주기를 잠자코 기다리는 사과가 아니다. 유의미한 언어가 독립적인 현상으로 있고, 이것을 우리가 활용하는 것이 아니다. 언어는 화자의 존재보다 앞서지 않는다. 그냥 굴러다니던 한국어를 우리가 발견한 것이 아니다. 단어 자체는 목소리와 손짓으로 만들어내는 소리 내지 기호에 불과하다. 단어가 의미하는 바, 또는 단어가 유의미한지를 결정하는 무언가를 그 단어가 본래적으로 갖고 있지는 않다. 단어의 의미는 일종의 결정에 따른 결과로서, 임의적이고 규약적이다. 의미는 단어에 부여된다. 의미 부여는 자연이나 신이 아니라 우리에 의한 것이다. 우리가 단어로 무엇을 하는지가, 단어로 하여금 그것이 의미하는 바를 의미하게 만든다. 이는 모종의 방식으로 인간의 마음을 끌어들일 듯한데, 인간의 몸(신장이나 발가락)이 단어에 의미를 부여하기는 어려울 테니 말이다.

그라이스는 행위자 개념에 초점을 맞춘다. 이때 행위자는 자신의 행위로 무언가를 의미하는 행위자이다. 조금 더 자세히 말해, 그라이스는 화자 의미speaker meaning 개념을 도입한다. 단어나 문장만이 무언가를 의미하는 것이 아니라 화자도 단어로 무언가를 의미한다. 우리는 '의미한다'를 이런 두 방식으로 사용한다. 우리는 '눈은 하얗다'가 눈은 하얗다는 것을 의미한다고 말할 수도, 어떤 화자가 '눈은 하얗다'는 문장을 발화함으로써 눈이 하얗다는 것을 의미했다고 말할 수도 있다. 문장 의미와 화자 의미, 그러니까 단어가 의미하는 바와 인간 행위자가 의미하는 바는 꼭 구별해야 한다. 두 종류의 의미가 어떻게 서로 연결되어 있는지도 탐구해야 한다.

그라이스에 따르면 문장 의미는 화자 의미에서 비롯한다. 단어가 그것이 의미하는 바를 의미하게 된 것은, 사람들이 그 단어로 그것을 의미했기 때문이다. 아직 화자 의미라는 개념을 설명하거나 분석하지는 않았지만, 그러지 않아도 화자 의미가 문장 의미의 토대이자 기원이라는 논지를 이해할 수 있을 정도로 이 개념은 우리에게 이미 친숙하다. 우리가 단어로 다양한 것을 의미한다는 사실 덕택에 단어는 그것이 의미하는 바를 의미하게 된다. 우리는 단어로^{by} 무언가를 의미함으로써 단어에^{on} 의미를 부여한다. 이렇게 언어 의미는 우리로부터 생겨난다. 우리는 화자 의미라는 행위를 통해 언어 의미를 만들어낸다. 이 같은 착상을 발전시켜, 그라이스는 화자 의미를 통해 단어 의미를 분석하고자 한다. 그렇게 할 수 있다면, 우리는 단어가 그것이 의미하는 바를 어떻게 의미하는지 설명하는 셈이다. 이는 중요한 철학적 성취일 것이다. 하지만 먼저 화자 의미가 무엇인지, 그리고 화자 의미가 문장 의미와 어떻게 연결되는지를 정확히 알 필요가 있다.

문장 의미를 제대로 기술하자면 **의미론적 의미**$^{semantic meaning}$이다. 의미론적 의미는, 화자와 독립된 것으로 여겨지는 단어와 관련한다. "눈은 하얗다'는 눈이 하얌을 의미한다'고 말할 때 우리는 화자와 관련하지 않는다. 반면 화자 의미는 명시적으로 화자와 관련하기 때문에 — 이런 뜻에서 사람은 무언가를 의미한다 — 제대로 기술하자면 **화용론적 의미**$^{pragmatic meaning}$이다. 여기서 '화용론적'이라는 단어는 '실용주의^{pragmatism}'라고 불리는 사조와 전혀 관련이 없으며, '실용적^{practical}'이라는 개념과는 더더욱 관련이 없다. 이 용어는 화자 의미가 행위자와 언어 사이의 관계에 관한 것이라는 사실을 내포할 뿐이다. 의미론은 단어 자체와 그 단어가 의미하는 바에 관한 이론이지만, 화용론은 화자와 그 화자가 언어로 무엇을 하는지에 관한 이론이다. (구문론은 의미와 독립된 것으로 여겨지는 단어에 관한 이론이다.) 이 용어들을 사용해 말하면, 그라이스는 화용론적 의미가 의미론적 의미에 앞선다는 이야기를 하고 있다.

그라이스의 입장을 다르게 진술할 수도 있다. 문장이 무언가를 의미한다는 것은 곧 화자가 어떤 특정한 심리 상태, 즉 그 문장으로 무언가를 의미하는 심리 상태에 놓인다는 것이므로, 의미론적 의미는 궁극적으로 심리적이다. 이 심리 상태가 무엇인지는 나중에 살펴보자. 사실상 그라이스는 의미론을 심리학의 측면에서 설명할 수 있다고 제안한다. 그라이스는 문장 의미를 화자에 대한 심리적 사실로 끌어내렸다. 이는 뜻이 심리적이지 않다는 (1장에서 살펴본) 프레게의 입장과 상충되는 듯하다. 프레게에 따르면 뜻은 추상적 존재자로서 마음에 전혀 의존하지 않는 객관적인 것이다. 의미에 그라이스식으로 접근하면 이 프레게의 입장을 거부하게 되는 듯하다. 실제로도 그라이스는 단어의 의미가 심리학적 사실로 환원될 수 있다고 여긴다. 프레게와는 대조적으로 말이다.

이것이 바로 그라이스의 논문 「의미」의 배경에 맴도는 기획이다. 이후 다른 논문에서 그라이스는 의미론을 심리학으로 환원하는 방법을 발전시키려 애썼으며, 다른 철학자들도 이에 함께했다. 하지만 일단 「의미」에서 그라이스는 화자 의미가 무엇인지 이해하는 데 초점을 맞춘다. 이제 이 기념비적인 논문을 살펴보도록 하자.

10.2. 의미의 두 유형

먼저 그라이스는 의미를 '자연적 의미'와 '비非자연적 의미'라고 부르는 두 유형으로 구별한다. 그러고는 비자연적 의미를 설명하는 데 논문의 나머지 부분을 모두 할애한다. 이 두 의미의 차이는 직관적인 수준에서 쉽게 파악할 수 있다. 그라이스는 자연적 의미의 사례로, '이 반점은 홍역을 의미한다(의미했다)'를 든다. 이 문장은 '이 반점은 홍역의 증상이다'로 환언할 수 있겠다. 반점에서 홍역을 추론할 수 있으니, 반점은 홍역을 의미한다. 다시 말해 반점은 홍역의 자연적 신호이다. 다른 사례로는 '최근 예산은 앞으로 힘든 일 년이 될 것임을 의미한다'가 있다. 예산이 빠듯하다는 점을 고려하면 다가오는 해에는 돈이 부족할 것이다. 힘든 시기가 다가올 것을 예산에서 추론할 수 있다. 그라이스가 제시한 것은 아니지만 또 다른 사례로는 '저 구름은 비를 의미한다'가 있겠다. 이는 곧 '구름과 비 사이에는 자연적 연관성이 있으니, 전자에서 후자를 추론할 수 있다'는 말이다.

자연적 의미에 대한 앞의 사례를 비자연적 의미에 대한 다음의 사례와 대비해보자. '(버스의) 종이 세 번 울린 것은 '버스에 빈자리가 없다'는 것을 의미한다', "스미스는 자신의 갈등과 불화trouble and strife 없이는 지낼 수 없다'는 발언은 스미스에게 그의 아내wife가 꼭 필요하다는 것을 의미했다'. 이 두 사례는 영국 맞춤형 사례라서, 모든 독자들에게 친숙하지는 않을 터이다. 그라이스 당대에(1957년 무렵) 영국에서 버스 안내원은 버스에 빈자리가 없다는 것을 나타낼 때 종을 세 번 울렸다(출발이나 정차도 종소리의 횟수로 나타냈다). 두 번째 사례는, 평범한 단어를 색다른 문구로 대체해 말하는 런던 동부지역의 '코크니 운율 속어Cockney Rhyme Slang'와 관련한다. 이를테면 '아내' 대신 '갈등과 불화'라고, '계단stairs' 대신 '사과와 배apples and pears'라고 말한다. [런던 토박이] 화자가 '나는 나의 갈등과 불화 없이는 지낼 수 없다'고 말하면 그는 자신의 아내가 꼭 필요하다는 것을 의미한다.

의미의 두 유형에 관한 이들 사례에서 '의미한다'가 서로 다르게 사용되었다는 점은 직관적으로 알 수 있으며, 그라이스는 이들 사례를 구별하는 몇몇 특징을 말한다. 반점이 홍역을 '의미하는' 방식과 종소리 세 번이 버스에 빈자리가 없다는 것을 '의미하는' 방식은 서로 다르다. 홍역 사례에서는 '이 반점은 홍역을 의미하지만, 이 사람이 홍역을 앓고 있지는 않다'라고 말할 수 없다. 반면 종소리 사례에서는 '종소리 세 번은 버스에 빈자리가 없다는 것을 의미하지만, 버스에는 빈자리가 있다'라고 말할 수 있다. 버스 안내원은 버스에 빈자리가 없다고 생각하는 실수를 저지를 수 있지만, 반점은 실수할 수 없다. 안내원이 버스에 빈자리가 없음을 의미했다는 사실은 그것이 참임을 함축하지 않는다. 런던 토박이가 자신의 아내를 칭찬하는 의미로 색다른 진술을 했지만, 거기에는 그 사람이 정말로 자신의 아내를 꼭 필요한 것으로 여긴다는 것이 함축되어 있지 않다. 그는 아내

없이도 잘 살 수 있을지 모른다. 누군가 주장을 하고 그 주장으로 무언가를 의미했다 하더라도, 그 주장에 참이라는 점이 함축되어 있지는 않다.

비자연적 의미 사례에서는 '의미한다' 앞의 표현에 인용 부호를 집어넣어도 된다는 점이 비자연적 의미가 자연적 의미와 구별되는 또 다른 차이점이다. 버스 안내원이 종을 세 번 울려서 '버스에 빈자리가 없다'는 것을 의미했다고는 말할 수 있지만, 반점이 '환자는 홍역을 앓고 있다'는 것을 의미했다고는 말할 수 없다. 이는 곧, 종소리 세 번은 '버스에 빈자리가 없다'라는 문장과 동의적이나 반점은 '환자는 홍역을 앓고 있다'라는 문장과 동의적이지 않다는 말이 된다. 반점은 무언가를 자연적으로 의미하기는 하지만, 그 어떤 언어 표현과도 동의적이지는 않다. 반점은 단어가 아니다.

세 번째 차이점은 다음과 같다. 자연적 의미를 보고하는 경우에는 의미의 사실 속에 행위자나 사람이 연관되어 있다는 그 어떤 암시도 없다. 반점이 홍역을 의미할 때 무언가를 의미하는 행위자나 사람은 없다. 하지만 비자연적 의미의 경우에는 관련된 행위자나 사람이 항상 암시되어 있다. 비자연적 의미가 있는 곳에는 언제나 그 의미를 행하는 행위자가 있다. 버스 안내원이나 런던 토박이 애처가처럼 말이다. 사람은 비자연적 방식으로 무언가를 의미하는 반면 사물이나 사건은 자연적인 방식으로 무언가를 의미한다. 나아가, 이 차이는 비자연적 의미 사례에서는 (행위자에 의해) '의미된 바'를 이야기할 수 있다는 점과 연결된다. 자연적 의미에 대해서는 그런 식으로 이야기할 수 없다. 우리는 반점으로 '의미된 바'를 말할 수 없다.

그라이스의 용법이 이후 자리를 잡기는 했지만 그렇다고 흠 없이 완벽하지는 않다. 그라이스는 '비자연적 의미'에 관해 이야기하지만, 비자연적 의미에서 비자연적인 부분은 사실 없다. 우리는 초자연적이거나 자연 밖에 놓인 무언가를 나타내는 데 일반적으로 '비자연적'이라는 단어를 사용한다. 하지만 그라이스가 비자연적 의미라고 할 때 이런 생각을 제시한 것은 아니었다. G. E. 무어G. E. Moore는 좋음이라는 속성이 자연의 인과적

질서의 일부가 아니라는 의미에서 좋음이 '비자연적'이라고 말했는데, 이는 그라이스가 '비자연적'을 사용하는 방식과는 다르다. '비자연적'이라는 말은 그라이스가 의도하는 바를 그리 잘 표현하지 못하며 오해의 소지를 품고 있기도 하다. '의미론적 의미'나 '화자 의미', '행위자 의미'라고 부르는 편이 낫겠다. 하여간, '비자연적 의미'라는 구절을 사용할 때 이런 표현으로 대신할 수 있다는 점을 염두에 둘 필요가 있다. 그라이스의 구별이 명확하기는 하나 이 구별을 칭할 완벽한 명명법을 찾기는 사실상 쉽지 않다.

10.3. 화자 의미란 무엇인가?

이른바 비자연적 의미는 무엇으로 구성되어 있는가? 그라이스는 비자연적 의미를 위한 필요충분조건을 찾고자 한다. 다시 말해, 그라이스는 이 개념을 분석하고자 한다. 그라이스는 여러 분석을 시험 삼아 채택한 다음 그 분석에 반례가 있는지를 알아내는 절차를 택한다. 첫째로 그는 인과적 의미 이론이라고 불리는 C. L. 스티븐슨C. L. Stevenson의 제안을 검토한다. 이 이론은 언어에 대한 몇 가지 명백한 사실을 반영하기 때문에 매우 매력적이다. 일상적인 주장을 예로 들어보자. 이를테면 내가 당신에게 '2012년 프랑스오픈에서 나달이 우승했'고 주장한다. 이렇게 주장함으로써 나는 2012년 프랑스오픈에서 나달이 우승했다는 것을 의미했다. 이 발화 행위는 왜 이것을 의미하는가? 자, 두 가지 명백한 사실이 있다. 첫째, 내가 이 문장을 발화하면 청자에게는 2012년 프랑스오픈에서 나달이 우승했다는 믿음이 생기는 경향이 있다. 둘째, 해당 발화 자체는 내가 그 동일한 믿음을 가지기 때문에 만들어졌다. 발화는 나의 믿음을 표현하며 청자인 당신에게 똑같은 믿음을 유발한다. 믿음을 가진 나에게는 그 믿음을 말하려는 경향이 있고, 청자인 당신에게는 내 말을 들으면 그 믿음을 가지려는 경향이 있다. 주장에는 이런 원인과 결과가 있고, 그러한 원인과 결과는 내가 의미한 바와 밀접한 관련이 있어 보인다. 그렇다면 비자연적 화자 의미를 다음과 같이 정의 내릴 수 있겠다. X는 s를 발화함으로써 p를 의미한다 iff p에 대한 X의 믿음이 X의 발화 s를 야기하고, X의 발화 s가 청자로 하여금 p를 믿도록 야기한다. 이를 풀어 말하면, 당신의 행위가 그 행위의 관찰자로 하여금 p를 믿도록 야기하는 경우 그리고 오직 그 경우에 당신은 그 행위로써 p를 의미한다.

그라이스는 이 분석의 충분성에 의문을 제기하며 반례를 내놓는다. 그라이스는 무도회를 가려고 연미복을 입고 있는 한 사람을 묘사한다. 이는 관찰자로 하여금 그 사람이 무도회에 갈 것이라는 믿음을 야기한다. 연미복을 입는 행위는 그 사람이 무도회에 간다는 것을 보여주는 훌륭한 증거이기 때문에 관찰자는 이를 믿는다. 연미복을 입은 사람도 자신이 무도회에 간다는 것을 믿는다. 인과적 의미 이론에 의하면 연미복을 입는 행위는 그 사람이 무도회에 간다는 것을 의미했다는 결론을 내릴 수 있다. 사실, 연미복을 입는 행위로 하여[in] 그 사람은 자신이 무도회에 간다는 것을 의미했다는 결론을 내릴 수 있다. 그 행위를 수행함으로 하여 '의미된 바'는 그 행위자가 무도회에 간다는 것이라는 보고 또한 가능하다. 하지만 그라이스의 논지는, 이런 것들이 의미되지 않았다는 것이다. 그 행위자는 자신의 행위로 아무것도 의미하지 않았다. 그는 그저 무도회에 갈 준비를 하고 있었을 뿐이다. 그 행위는 그 어떤 종류의 주장도 아니며, 화자 의미의 사례도 아니다. 그 사람은 아무것도 의사 전달하려 하지 않았다. 따라서 어떤 사람의 행위로 타인에게 믿음을 유발하는 것은, 그런 행위가 비자연적 의미의 사례가 되기 위한 조건으로 충분하지 않다. 이는 아주 당연하다. 당신의 행위 중 대부분은 누군가에게 어떤 것을 의미하는 경우가 아니지 않은가? 당신의 행위를 보고 관찰자가 당신에 대한 믿음을 형성할지라도 말이다. 나는 내 머리카락을 단정하게 하려고 빗질을 하고, 당신은 나의 이런 빗질을 보고 내가 머리카락을 단정하게 하려 한다는 믿음을 갖게 될 수 있다. 하지만 나의 빗질 행위는 내가 누군가에게 무언가를 의미하는 사례가 아니다. 나는 당신에게 아무것도 말하려 하지 않았다. 이런 종류의 사례들 때문에 화자 의미에 대한 인과 이론은 좌초한다.

이와 마찬가지로 인과 이론을 파괴하는 다른 종류의 사례가 있다. 그라이스는 '존스는 운동선수이다'라는 문장을 포함하는 사례를 든다. 이 발화로 내가 의미한 바는 존스가 운동선수라는 것이다. 운동선수는 대체로 키가 크니, 나의 말을 듣고 청자는 존스가 장신이라는 믿음을 형성할 수 있다. 그리고 존스가 장신이라는 점과 내가 그것을 믿는다는 점은 참일 수 있다. 그렇지만 내가 '존스는 운동선수이다'라고 말할 때 존스가 장신이라는 것을 의미했는가? 아니다, 그러지 않았다. '존스는 운동선수이다'라는 발화는 존스가 장신이라는 믿음을 유발하는 경향이 있지만, 그 발화가 존스가 장신임을 의미하지는 않는다. 이 논점 또한 명백하며 일반화될 수 있다. 내가 한국어로 된 문장을 발화할 때마다 나의 발화는 내가 한국어를 사용한다는 믿음을 유발하지만, 한국어로 말하려고 입을 열 때마다 내가 한국어를 사용한다는 것을 의미하지 않는다는 점은 틀림없다. 또한 이런 발화는 청자로 하여금 내가 살아있다는 믿음을 갖게 야기할 수도 있지만, 그럼에도 이는 내가 의미한 바라고 할 수 없다. 이 이론이 화자 의미에 충분하다면, 나는 발화할 때마다 엄청나게 많은 것들, 그러니까 내 말을 듣는 사람이 나에 대해 믿을 수 있는 모든 것을 의미하게 된다. 인과 이론이 내놓은 조건은 형편없다.

그라이스는 이제 다른 종류의 이론으로 관심을 돌린다. 청자에게 믿음을 유발하는 데 인과적 경향성이라는 개념을 사용하는 대신, 이 새로운 이론은 의도 개념을 도입한다. 이는 청자에게 믿음이 생기도록 하려는 의도를 말한다. 이에 따라, 화자가 특정한 심리적 효과를 만들고자 의도한다면 그 화자는 행위로 무언가를 의미하는 것이다. 연미복과 '운동선수' 사례에는 이런 의도가 없었다. 무언가를 의미하려면 당신은 믿음을 청자가 품도록 의도해야 한다. 아무렇게나 믿음만 품게 하는 것이 아니라 말이다. 내가 p라고 주장한다면, 나는 이 발화를 통해 당신이 p라는 믿음을 갖도록 의도한다. 무언가를 의미할 때 내가 청자에게 특정한 결과를 갖도록 의도하는 것은 분명하니, 이는 올바른 방향처럼 보인다.

하지만 그라이스는 이 분석에도 반례를 제시한다. 바로 손수건 사례이다. 내가 살인을 저지른 뒤 경찰로 하여금 B가 살인자라고 믿도록 B의 손수건을 범죄 현장에 남기고 떠났다고 하자. 범죄 현장에 손수건을 남김으로써 나는 경찰에게 B가 살인을 저질렀다는 믿음을 심어주기를 의도한다. B가 살인자라는 믿음을 경찰에게 심어주려는 나의 의도는 어쩌면 충족될지 모른다. 하지만 이 행위를 통해 나는 B가 살인자임을 의미했는가? 전혀 그렇지 않다. 나는 경찰로 하여금 B를 살인자라고 추론하도록 만드는 증거를 의도적으로 조작했을 뿐이다.

직관적으로 보기에 이 사례에서 **빠진** 것은 손수건을 남김으로써 내가 경찰에게 B가 살인자라는 믿음을 심어주고자 한 의도를 그 경찰이 알지 못했다는 점이다. 손수건을 몰래 놔뒀기에 나는 그와 같은 의도를 철저하게 숨겼다. 내가 손수건을 놔뒀다는 사실을 경찰이 알았더라면 그 경찰은 B가 살인자라고 믿지 않았을 것이다. 내가 범죄를 B에게 덮어씌우려 한다는 사실을 경찰이 알았을 테니 말이다. 따라서 행위자는 청자에게 믿음을 심어주려고 의도할 뿐만 아니라 행위자의 의도를 청자가 인식하기도 의도해야 한다는 조건을 추가해보자. 이제 새로운 의도, 즉 첫째 의도를 외부에 공개하려는 의도가 추가되었다. 행위자는 청자에게 믿음을 심어주고자 의도하고 행위자의 의도를 청자가 인식하기를 의도한다. 이리하여 둘째 의도가 첫째 의도를 역으로 지시하는 이중의 의도가 생긴다. 이를 **투명성 조건**이라 할 수 있겠다. 행위자가 자신의 행위로 무언가를 의미하려 한다면, 믿음을 유발하려는 행위자의 의도는 청자에게 의도의 측면에서 투명해야 한다.

점점 괜찮은 분석이 되어가는 듯하지만, 그라이스의 반례는 아직 끝나지 않았다. 그는 소름끼치는 헤롯왕의 사례를 든다. 이 사례에서 헤롯왕은 접시 위에 놓인 세례 요한의 머리를 살로메에게 보여준다. 이를 통해 헤롯왕은 세례 요한이 죽었다는 믿음을 살로메에게 심어주고자 의도하며, 나아가 자신의 의도를 살로메가 인식하기도 의도한다. 헤롯왕이 자신의 의도를 숨기려 하지 않는다는 점은 분명하다. 살로메가 자신의 그러한 의도를 아는 것에 헤롯왕은 거리낌이 없기 때문이다. 세례 요한의 잘린 머리는 세례 요한이 죽었다는 충분한 증거이며 헤롯왕은 살로메에게 그 증거를 투명하게 내놓았으니, 헤롯왕의 의도는 백일하에 공개된다. 그러나 그라이스가 주장하기를, 헤롯왕의 그 같은 행위는 세례 요한이 죽었음을 의미하지 않는다. 헤롯왕의 행위는 살로메에게 세례 요한이 죽었다고 말하는 방식이 아니다. 이에 따라 비자연적 화자 의미의 특징이 무엇인지를 우리는 여전히 포착하지 못한다. 세례 요한의 잘린 머리를 보여주는 행위는 '세례 요한은 죽었다'고 말하는 것과는 다르다.

이제 우리는 그라이스 논증의 핵심에 도달했다. 다음의 구절을 보자.

> 빠져나갈 방법은 아마도 이러하다. 다음의 두 경우를 비교해보자. (1) X의 아내와 Y가 함께 찍힌 수상한 사진을 내가 X에게 보여주는 경우. (2) Y의 이런 수상한 행동을 내가 그림으로 그려서 X에게 보여주는 경우. 이제 다음과 같은 사실을 깨닫게 된다. (1)의 경우, 나는 사진(이나 사진을 X에게 보여준 행위)이 무언가를 [비자연적으로] 의미한다는 점 자체를 부인하려 한다. 반면 (2)의 경우, 나는 그림(이나 그림을 직접 그려서 보여준 행위)이 무언가(Y가 그의 아내와 수상한 관계에 있음)를 의미한다고, 아니면 최소한 Y가 그의 아내와 수상한 관계에 있음을 내가 그림을 통해 의미한다고 주장하려 한다. 두 경우에 무슨 차이가 있는가? (1)의 경우 X로 하여금 Y와 X의 아내 사이에 무언가가 있다고 믿게 만들려는 나의 의도를 X가 인식하는지와 무관하게 [내 의도에 부합하는] 효과가 사진을 통해 만들어진다. 내가 사진을 X에게

보여주지 않고, 실수로 X의 방에 놔뒀더라도 그 사진을 통해 X는 최소한 그의 아내를 의심할 것이다. (사진을 보여주는 사람인) 나는 아무것도 모른 채로 말이다. 그러나 내가 그저 낙서를 하거나 예술 작품을 만들려는 것이 아니라, 그의 아내에 관한 무언가를 자신에게 알리려는(믿게 만들려는) 의도가 나에게 있다고 X가 생각하는지 여부는 나의 그림이 가져오는 효과에 큰 차이를 만들어낼 것이다.[2]

(다소 복잡하게 설명하고 있으나) 그라이스가 강조하려는 구별은 충분히 명확하다. 사진 사례에서 X가 배우자의 부정不貞을 믿는 이유는 사진 자체에 담긴 증거이다. 내가 어떤 의도로 자신에게 사진을 보여준다고 생각하는지 여부는 아무런 차이도 만들어내지 않는다. X는 아내의 옷장 안에서 사진을 발견할 수 있었으며, 그렇다면 사진을 보여주는 행위 자체는 없었을 것이다. 반면 그림 사례에서 그림 자체는 X가 배우자의 부정을 믿는 이유가 아니다. 그림은 그런 믿음의 좋은 이유가 아니다. X가 그것을 믿는 이유는 배우자의 부정을 믿게끔 내가 의도한다는 점을 X가 추론하기 때문이다. 이때 X에게 어째서 그렇게 믿는지를 묻는다면 X는 믿음을 심어주려는 의도가 내게 있었음을 알기 때문이라고 — 그리고 이 문제에 관한 한 나는 신뢰할 만한 사람임을 알기 때문이라고 — 대답할 것이다. 이는 나의 의사 전달 의도가 X의 믿음 형성에 아무런 역할도 못하는 사진 사례와 완전히 다르다. 그림 사례에서 나는 X가 배우자의 부정을 믿게끔 의도하기 때문에 X가 그러한 믿음을 형성할 것이라고 생각하지, 그림이 배우자의 부정에 대한 아주 확실한 증거이기 때문에 X가 그럴 것이라고는 생각하지 않는다. 사진과 다르게, 그림은 나의 의사 전달 의도의 증거일 때에만 [X의 믿음 형성에] 유관하다. X에게 믿음을 형성할 이유를 제공하는 것은 믿음을 심어주려는 나의 의도를 청자가 인식한다는

- -
2. Ibid., pp. 72-73.

점이지, 그와 별개로 있는 어떤 그럴싸한 증거가 아니다. 요컨대, X가 믿음을 형성하는 단 하나의 이유는 내가 X로 하여금 그 믿음을 형성하도록 의도하고 있음을 그가 안다는 점이다. 그리하여 무언가를 의미하려는 행위자는 반드시, 청자가 행위자의 이런 의도를 인식함으로써 믿음을 형성하도록 의도해야 한다. 다시 말해, 행위자는 청자로 하여금 다음과 같은 형식의 추론을 하도록 의도[해야] 한다. '화자는 나에게 p라는 믿음을 형성하고자 의도한다. 그러므로 나는 p라는 믿음을 형성할 것이다.' 이는 사진 및 잘린 머리의 사례와 상당히 다르다. 그 사례에서 청자는 다음과 같이 추론하기 때문이다. '나는 사진/잘린 머리를 기초로 p에 대한 믿을 만한 증거를 지닌다. 그러므로 나는 p라고 믿을 것이다.'

10.4. 귀결과 비판

이제 우리는 화자 의미가 무엇인지를 안다. 화자 의미는 화자가 사람들에게 믿음을 형성하려는 의도를 가지고 있다는 인식을 기초로 사람들에게 믿음을 형성하고자 의도하는 것이다. 이 정보를 가지고 무엇을 할 수 있는가? 이를 이용하여 문장 의미를 정의할 수 있다. 문장 s는 p를 의미한다 iff 사람들이 상례적으로 s를 사용하여 p를 의미한다. 이때 화자가 p를 의미한다는 것은, p라는 믿음을 심어주려는 화자의 의도를 청자로 하여금 인식하도록 함으로써 그 청자에게 믿음을 심어주려 의도하는 것과 동일하다. '상례적 사용regular use'이라는 개념을 더 자세히 논의해야 한다는 점은 분명하나, 핵심은 명확하다. 즉, 사람들이 그라이스식 의도를 가지고 문장을 발화하기 때문에 문장은 그것이 의미하는 바를 의미한다. 무언가를 비자연적으로 의미하는 것은 그라이스식 의도를 동반한 행위 수행의 문제이며, 의미론적 의미는 그 기원을 화자 의미에 둔다. 따라서 의미는 결국 의도, 다시 말해 특정한 종류의 심리 상태로 환원된다. 인간이 그라이스식 의사 전달 의도를 가질 수 있기에 한국어 같은 언어가 존재한다. 단어가 의미를 가지는 것은 이러한 의도 덕택이다.

언어 및 언어의 존재 이유에 관한 그라이스의 그림에 몇 마디 덧붙이면 좋겠다. 우리 모두는 세계에 관해 아주 많은 믿음을 가지며, 대부분의 경우 믿음은 관찰을 통해 획득된다. 언어가 발달하기 이전 시기를 상상해보자. 그때에도 사람들은 믿음을 적잖이 보유했다. 사회종으로서 인간은 자신의 믿음 중 일부를 타인에게 심어주려고, 그러니까 지식을 공유하려고 했을 것이다(지식의 공유는 자녀 양육에 특히 유용할 수 있다). 어떻게 이것을 시작하였을까? 당신이 믿음을 형성하도록 만든 증거를 타인에게 보여주어 그들도 자신의 결론에 도달하도록 만드는 것이 확실한 방법이었을 테다. 타인에게 맛있는 과일의 위치를 알리려는 당신은 그들이 과일을 볼 수 있게끔 그들을 그 장소에 데리고 갔을 것이다. 아니면, 당신이 가진 증거를 보관해두었다가 타인이 볼 수 있게끔 그 증거를 가져다주었을 것이다. 그러니까 과일이 열리는 위치를 알고 있다는 증거로 당신은 과일을 가져다가 타인에게 보여줌으로써 그들이 당신을 따라오게끔 했을 것이다. 하지만 이런 방법이 항상 가능하지는 않다. 많은 경우 증거는 소멸 가능하며 휴대 불가능하기 때문이다. [이런 경우] 증거가 있지만 당신은 그 증거를 타인에게 보여서 그들로 하여금 같은 믿음을 가지도록 할 수 없다. 따라서 당신의 믿음을 타인과 어떻게 공유할 것이냐는 믿음 전달의 문제에 부딪친다. 유일하게 명백한 해답은, 당신이 해당 믿음을 가진다는 증거를 타인에게 보여주고서 타인의 능력 — 당신이 그러한 믿음을 가진다면 그것을 믿을 이유가 반드시 있을 것이라고 추론하는 능력 — 에 의존하는 것뿐이다. 달리 말해, 타인이 p를 믿는 이유는 당신이 p를 믿기 때문이다. 물론 당신이 p를 믿는 이유는 그렇지 않다. 당신은 믿을 만한 증거를 가졌다. 다만 그 증거는 소멸된 지 오래이며, 그에 따라 당신 자신이 믿음을 가진다는 점을 타인에게 알림으로써 그들에게 믿음을 심어주려 의도할 필요가 있다. 그래야 당신이 p를 믿는다면 그 점으로부터 자신들도 p를 믿을 이유를 타인이 추론할 수 있기 때문이다.

　말하자면, 믿음을 전달하고자 할 때 발생하는 소멸 가능하고 휴대 불가능한 증거의 문제를 해결하기 위해서는 그라이스식 의도가 필요하다. 그라이스식 의도가 유의미한 언어를 구성하기에, 당신은 증거의 공백을 메우고자 언어를 고안할 필요가 있다. 증거가 소멸되거나 다른 이유에서 획득될 수 없기 때문에 언어는 존재한다. 비록 당신의 믿음을 뒷받침하는 증거는 특정 시각과 장소에 제약되어 있지만, 당신의 믿음은 시공간의 제약을 넘어 지속할 수 있다. 따라서 당신은 자신의 믿음이 존재한다는 점을 이용해 타인으로 하여금 당신처럼 믿도록 설득할 수 있다. 이렇게 함으로써 화자 의미, 그리하여 언어를 위한 준비는 끝난다. 이렇듯 언어는 사람들로 하여금 우리가 믿고 있는 바를 알게 하며 그에 따라 같은 믿음을 형성할 수 있도록 하기 위해 존재한다. 그라이스식 의도는 실제로 존재하는 구체적인 증거의 대체물이다. 그라이스식 의도 덕택에 우리는 증언^{testimony}을 통해 우리의 믿음을 전달할 수 있다. 이것저것 증거로 여겨질 법한 잡동사니를 힘들게 끌고 다니지 않고서도 말이다. 물론 가끔씩은 청자가 믿음을 형성하기를 거부할지 모른다. 아마도 믿음을 형성하는 우리의 능력을 의심하기 때문일 것이다. 이런 경우에 우리는 '저를 믿지 않으시는군요. 그렇지만 이것을 보시죠'라고 말하며 결정적인 증거를 불쑥 들이밀 수도 있다. 이처럼 이해한다면 문장은 진정으로 증거의 대용물이다. 즉, 사실을 직접 가리키거나 구체적인 증거를 만들어낼 수 없는 경우에 우리가 의지하는 것은 바로 문장이다. 문장은 증거가 미처 하지 못한 일을 대신해준다. 바로 이 점이 화자 의미에 대한 그라이스의 설명에 담긴 교훈이다. 당신에게는 사진이 없다. 그래서 그림을 그린다. 당신이 믿음을 가지고 있다는 사실로부터 청자도 같은 믿음을 형성하기를 의도하면서 말이다.

　그라이스의 의미 이론에 어떤 반론이 제기될 수 있을까? 화자 의미에 관한 그라이스의 분석 자체는 상당히 강력해 보이기에 반론을 제기하기가 어렵다. 하지만 그라이스의 분석에 정확히 어떤 철학적 의의가 있는지에 관해서는 의문이 있다. 화자 의미를 통해 문장 의미를 설명하고자 한다면 화자 의미는 문장 의미를 전제하지 않아야 한다. 화자 의미는 의도와 믿음으로 이루어진 복합체이기에, 의도와 믿음도 문장 의미를 전제하지 않아야 한다. 다시 말해, 의도와 믿음은 그 특성상 언어적이어서는 안 된다. 그러나 문장 의미가 의도와 믿음에 내재해 있음을 시사하는 두 종류의 논증이 있다. 한 가지 논증에 의하면, 그라이스식 의도를 가지려는 사람은 이미 언어 사용자여야 한다. 즉, 의도는 화자가 사용하는 바로 그 언어로 진술될 수밖에 없다. 따라서 그라이스식 의도를 지닌 채 '눈은 희다'를 발화할 때 나는 반드시 '청자가 나의 의도를 인식함으로써 눈이 희다는 믿음을 가지기를 나는 의도한다'와 같은 무언가를 생각하고 있어야 한다. 하지만 이것 자체가 한국어 문장이기에 나의 의도는 문장 의미라는 개념을 전제한다. 달리 말해, 생각이 본래적으로 언어로 표현된다면 그런 생각은 언어를 설명하는 데 사용될 수 없다.

이에 자연스러운 대응은 생각이 본래적으로 언어로 표현되지 않는다는 것이다. 언어 없는 생각이 있을 수 있다. 동물도 의도와 믿음을 가지지만, 동물은 언어를 사용하지 않는다. 아기는 모국어를 습득하기 이전에도 생각한다. 따라서 생각 자체는 언어의 숙달을 전제하지 않는다. 또한 다른 언어를 사용하기 때문에 다른 문장을 사용하는 사람끼리도 같은 생각을 할 수 있다. 그러니 발화된 개별 언어와는 독립적인 심리적 차원이 틀림없이 있을 것이다. 지각 상태는 발화된 언어와 확실히 분리될 수 있다. 그렇다면 어째서 생각은 분리될 수 없단 말인가? 내가 한국어로 세계를 바라보지 않는다는 점은 분명하다. 그렇다면 어째서 나의 생각은 한국어 진술로 간주되어야 하는가? 타인에게 나의 생각을 한국어로 표현할 수는 있으나, 나의 생각 자체가 내 마음속에 있는 한국어 문장인 것은 아니다. 내가 한국어를 모르는 프랑스어 화자였더라도 동일한 생각을 가질 수 있다.

좋다, 그렇게 답변할 수 있겠다. 내가 한국어 화자이기는 하나 한국어가 본질적으로 내 생각의 수단은 아니니 말이다. 하지만 나의 생각이 언어와 더욱 미묘한 연결 관계에 있지는 않은가? 생각 언어^{language of thought}라는 개념은 어떤가? 내가 한국어로 생각하지 않는다는 것은 참이지만, 나의 생각은 모종의 기호적 매개체로 존재해야 한다. 그리고 이 매개체는 언어의 특징, 즉 조합할 수 있고 유한한 기초를 가지며 반복적이고 지시적이라는 특징을 지녀야 한다. 혹시 내가 가진 개념은 서로 결합하여 생각을 만들어내는, 본질적으로 기호적인 존재자는 아닌가? 그렇다면 나의 두뇌는 믿음과 의도가 부호화^{encode}된 그 두뇌만의 언어를 가진다. 이 언어는 규약적인 자연 언어가 아니라 두뇌가 인지 작용을 수행하기 위해 사용하는 보편적인 언어, 종種 내에서 공유하는 언어이다. 내가 눈은 하얗다고 생각할 때, 나의 두뇌는 눈과 하얌에 해당하는 특수한 단어를 — 아마 신경세포가 구현할 수 있는 이진법의 형태로 — 활성화한다. 이 같은 두뇌 기호는 지시체, 그리고 어쩌면 뜻까지도 가질 것이다. 더 나아가 서로 결합하여 진리 조건을 가지는 [기호의] 나열을 산출할 수도 있겠다. 그러므로 마음의 작용은 두뇌 언어의 작용에 의존한다. 하지만 이 경우에도 어쨌든 기초에 해당하는 것은 문장 의미이다. 그라이스식 의도가 두뇌 언어의 문장 의미에 근거하기 때문이다. 자연 언어의 문장 의미는 심리 상태를 통해 해명될 수 있으나, 심리 상태 자체가 보편적인 생각 언어를 통해 설명되어야 한다. 결국 저 밑바닥에서 우리를 올려다보는 문장 의미를 발견하게 된다. 그렇더라도 무엇이 이 두뇌 언어의 문장에 의미를 부여하느냐는 물음은 여전히 제기된다. 특정한 종류의 의도를 가지고서 두뇌 언어의 문장이 발화되기란 불가능하기 때문이다. 두뇌 기호는 어떻게 의미를 갖게 되는가? 이 물음은 해결되지 못한 채로 남게 된다.

이 지점에서 우리는 심리 철학의 영역으로 진입한다. 생각의 의미론을 탐구하게 될 때가 되었다. 그러나 이 주제는 다른 책에서 다룰 법한 주제이다. 지금으로서는 그 같은 탐구가 순탄치 않으리라는 말밖에는 할 수가 없다. 하지만 이와 연관된 난해한 물음들이 얼마나 해결되는지와 별개로,

그라이스는 최소한 화자 의미를 쉽게 이해하도록 돕는 그럴듯한 설명을 제공한다. 물론 화자 의미에 대한 그라이스의 설명이 의미의 일반적 본성에 대해 정확히 어떤 의의를 지니느냐는 문제는 논쟁의 여지가 있지만 말이다.

크립키의 「믿음에 관한 퍼즐」

마지막으로, 크립키의 논문 「믿음에 관한 퍼즐A Puzzle about Belief」[1]을 살펴보자. 이 논문은 그 자체가 흥미롭고 파급력 있으며, 우리가 이 책에서 논한 사안들과 관련 있다. 재미로 한번 생각해볼 만도 하다. 이를 부록으로 빼놓은 이유는, 논문의 주제가 언어의 본성보다는 믿음의 본성과 관련할 뿐만 아니라 크립키가 퍼즐은 제시하지만 아무런 이론도 내놓지 않기 때문이다. 나는 이 퍼즐을 나만의 사례로 설명할 텐데, 나는 나의 사례가 퍼즐과 무관한 방해물 없이 퍼즐의 본질적 구조를 드러낸다고 생각한다. 크립키의 사례에는 피에르라는 이중 언어 화자가 등장한다. 한때는 프랑스어밖에 모르던 피에르에게, 그의 언어 행위에 기반하여 런던이 아름답다는 믿음을 귀속한다고 해보자. 피에르는 장밋빛 여행 안내서에서 런던에 관해 읽은 것에 기대어 'Londres est jolie[런던은 아름답다]'에 동의한다. 그리고 피에르는 런던에 가서 영어를 배우는데, 하필 지저분한 동네에서

• •

1. 이 부분의 논의는 다음 문헌의 발췌를 따른다. Saul Kripke, "A Puzzle about Belief," in *Philosophy of Language: The Central Topics*, pp. 257–263.

살게 되었다. 피에르는 이제 'London is not pretty[런던은 아름답지 않다]'에 동의한다. 피에르는 그가 사는 곳이 사실상 프랑스어 'Londres'의 지시체라는 점은 알지 못한다. 피에르의 동의 행위를 기초로 하여 우리는 피에르에게 런던이 아름답지 않다는 믿음을 귀속할 수 있다. 이렇게 우리는 피에르에게 모순되는 믿음을 귀속했다. 하지만 피에르는 그 어떤 논리적 실수도 저지르지 않았다. 그 어떤 비합리도 보이지 않는다. 피에르의 상황은 지극히 납득 가능하다.

이와 거의 같은 구조를 보이지만, 이중 언어에 의존하지 않는 사례를 서술해보겠다. (크립키도 자신의 퍼즐 사례에 이중 언어가 반드시 요구되지는 않는다는 점을 인정한다.) 한 심리학자가 얼굴 해석에 대한 실험을 진행한다고 해보자. 심리학자는 피험자에게 얼굴 사진을 보여주며, 사진 속 사람의 표정에 따라 그 사람이 정직한 사람으로 보이는지 아닌지를 묻는다. 또한 심리학자는 모두 같은 사람처럼 보일지라도 각각 다른 사람을 찍은 사진이라고 말한다. 하지만 실제로 모든 사진은 동일한 사람을 찍은 것이다. 이에 따라 피험자는 자신의 믿음이 각각 다른 사람에 관한 믿음이라고 생각하겠지만, 피험자의 믿음은 실험 내내 오직 한 사람에 관한 믿음이다. 사진에 대한 반응으로 피험자가 '이 사람은 정직하다'와 '이 사람은 정직하지 않다'라는 문장 중 하나를 선택하는 방식으로 이 실험이 진행된다고 해보자. 실험이 끝나고 결과를 보니, 사진 속 사람의 표정에 따라 피험자의 반응이 체계적으로 달라진다는 점이 드러났다. 이 사례는 크립키의 피에르 사례와 논리적으로 똑같다. 피에르의 경우, 'Londres'와 'London'은 같은 도시를 지시하지만 피에르는 인지하지 못한다. 이 둘이 동일하지 않다고 굳게 믿을지도 모른다. 실험 사례에서도 피험자는 계속해서 같은 사람의 사진을 보지만 피험자는 이를 인지하지 못하며, 심지어 이를 믿지 않는다.

실험을 시작하며 심리학자는 피험자에게 첫 번째 사진을 보여주고 사진 속 사람이 정직한지를 묻는다. 그 사람의 표정에 기반하여 피험자는 정직하다고 대답한다. 그런 다음 심리학자는 다른 사진을 보여주고, 피험자는 그 사람의 표정에 기반하여 정직하지 않다고 대답한다. 피험자는 각 사진 속 사람들이 서로 다르다고 생각한다는 점에 주의하라. 실험자는 이런 식으로 피험자에게 열 장의 사진들을 보여주고, 피험자의 판단에 따라 피험자에게 믿음을 귀속한다. 일상적인 방식으로 믿음을 귀속하는 실험자는 피험자에게 모순되는 믿음을 귀속한다. 크립키의 피에르 사례와 똑같이 말이다. 사진 속 사람은 모두 같은데도, 피험자는 사진 속 사람이 정직하며 정직하지 않다고 믿는다. 실험자가 피험자에게 다음과 같이 말한다고 해보자. '편의를 위해 사진 속 각기 다른 사람들을 모두 '앨버트'라고 부르겠습니다. 그러니 '앨버트는 정직하다'는 문장에 대답하세요.' 사실, 그 모든 사진 속 사람 — 모두 같은 사람 — 의 이름은 진짜로 앨버트다. 첫 번째 사진을 보여주며 실험자는 묻는다. '앨버트는 정직한가요?' 피험자는 이에 긍정적으로 대답하여 앨버트가 정직하다는 믿음을 보인다. 두 번째 실험에서 피험자는 부정적으로 대답하여 앨버트가 정직하지 않는다는 믿음을 보인다. 사진을 두 장 제시했을 뿐인데 피험자는 벌써 모순되는 믿음을 보인다. 피험자는 앨버트가 정직하다고 믿지만, 다른 한편 앨버트가 정직하지 않다고도 믿는다. 실험을 진행하며 피험자는 같은 사람에 관해 모순되는 믿음을 계속 형성할 수 있다. 이 상황을 직관적으로 설명하면 다음과 같다. 피험자는 각 사진 속 사람이 모두 같은 사람이라는 점을 인지하지 못하여, 각 사진마다 서로 다른 믿음을 형성하는 데 거리낌이 없다. 하지만 실험자는 피험자가 같은 사람에 관한 믿음을 형성하고 있다는 점을 알고 있다. 크립키의 피에르 사례와 마찬가지로, 이는 지극히 납득 가능한 상황이다. 사람들은 자신이 하나의 대상에 관해 반대되는 믿음을 형성하고 있다는 점을 인지하지 못할 수 있으니 말이다. 지각되는 대상이 서로 같다는 점은 주어지지 않았으며, 사람들은 이에 관해 거짓 믿음을 가질 수 있다. 대상들이 질적으로 동일한 방식으로 제시된다고 하더라도, 또한 이것들이 사실 같은 대상이라고 하더라도, 어떤 사람은 수적으로 구별되는 두 개의 대상이 제시된 것으로 여길 수 있다. 이는 납득 가능하다. 이를테면 누군가는 단 한 명의 사람을 쌍둥이라고 생각해, 거리낌 없이 그 한 명의 사람에 관해 모순되는 믿음들을 형성할 수 있다는 점은 충분히 납득 가능하다.

모든 사진이 같은 사람을 찍은 것이라고 실험자가 말해주는 다른 실험을 상상해볼 수 있겠다. 이 경우에는 무슨 일이 일어나는지 보자. 실험자는 첫 번째 사진을 보여주며 사진 속 사람('앨버트')이 정직한지 묻는다. 피험자는 그 명제에 동의하며 앨버트가 정직하다는 믿음을 보인다. 실험자는 두 번째 사진을 보여주며 똑같은 질문을 다시 한다. 피험자는 '아니, 앨버트는 정직하다고 이미 말씀드렸잖아요'라고 대답한다. 그러자 실험자는 사진 속 사람의 극히 수상쩍은 표정을 지적하며 질문을 고집한다. 실험자가 다시 묻는다. '지금도 앨버트가 정직하다고 생각하시나요? 확실한가요?' 잠시 머뭇거리던 피험자가 말하기를, '어쩌면 앨버트에 관한 나의 믿음을 정정해야겠습니다. 정직한 사람은 이런 표정을 짓지 않아요.' 말하자면 피험자는 생각을 바꿔, 과거의 믿음을 기각하고 새로운 믿음을 형성했다. 괜찮은 반대 증거를 획득한 피험자는 합리적으로 자신의 믿음을 정정한다. 두 번째 믿음을 얻었다는 점을 고려하면, 피험자가 자신의 첫 번째 믿음을 고집한다면 이는 굉장히 비합리적인 일이겠다. 피험자는 제시되는 사람들이 모두 같은 사람이라는 점을 (진심으로) 믿으며, 같은 사람이라는 점을 알면서 그 한 사람에게 반대되는 술어를 귀속하는 것은 비합리적이기 때문이다.

이 사고 실험은 크립키의 사례와 같은 구조를 갖지만, 오직 하나의 언어를 요구한다는 점에서 더욱 간결하다. 또한, 피험자가 믿음을 갖는 대상들의 동일성에 관한 피험자의 믿음을 더 분명하게 볼 수 있다. 결국, 두 사례 모두 한 사람에게 모순되는 믿음을 귀속하게 된다.

이런 종류의 사례들이 무엇에 의존하는지 이제 보이기 시작한다. 또 다른 사례를 보자. 괴상한 형이상학적 견해로 세계를 보는 사람이 있다고 해보자. 이 사람은 사물들이 2초 넘게 존속하지 않는다고 생각한다. 이 사람은 반복 창조론을 지지하며, 사실은 신이 2초에 한 번씩 세계를 다시 창조한다고 주장한다. 하지만 인간의 감각으로는 세계가 매끄럽게 지속하는 듯 보인다. 이 사람이 생각하기로, 2초마다 신은 사물을 구성하는 입자를 전멸시키고 새로운 입자를 완전히 처음부터 창조한다. 신은 어쨌든 전능하며, 무료함을 싫어한다. (주의: 우리는 이 형이상학 체계를 거짓이라고 여기고 있다.) 이 괴상한 형이상학자는 이런 믿음에 더해, 사물의 본성이 2초마다 중요한 측면에서 바뀐다고 믿는다. 구체적으로 말해, 사물을 구성하는 입자의 **종류**가 2초마다 바뀐다고 말이다. 이에 따라 시점 t에서 이 사람은 '이 탁자는 전자電子로 이루어져 있다'에 동의하지만 시점 t로부터 2초 후에는 '이 탁자는 전자로 이루어져 있지 않다'에 동의한다. 하지만 사실 그는 (자신의 형이상학적 믿음에 반하지만) 두 시점에서 같은 탁자를 지시했다. 이 사람의 믿음은 모순되는가? 당연히, 본인은 그렇게 생각하지 않는다. 자신이 [서로 다른 시점에] 두 지시사로 지시한 탁자는 서로 같지 않다고 생각한다. 하지만 우리가 보기에 이 사람은 이 탁자가 전자로 이루어져 있다고 믿으며 이 탁자가 전자로 이루어져 있지 않다고도 믿는다. 우리는 이 사람이 시점 t에 '이 탁자는 전자로 이루어져 있다'에 동의하고 시점 t로부터 2초 후에 '이 탁자는 전자로 이루어져 있지 않다'에 동의한 것을 곧이곧대로 받아들여 이런 믿음 귀속에 도달했다. 이 탁자에 이를테면 '빌'이라는 이름을 붙여보자. 그러면 우리는 이 형이상학자에게 빌이 전자로 이루어져 있음과 빌이 전자로 이루어져 있지 않음을 둘 다 믿는다는 판결을 내릴 수 있다. 이 사람은 두 믿음이 서로 다른 대상에 관한 것이라고 생각하기 때문에 그 사이에 어떤 충돌도 발견하지 못한다. 하지만 우리는 더 많이 알기 때문에 충돌을 탐지해낸다. 실제로 사물들은 시간에 걸쳐 존속하기 때문에, 우리가 옳다. 이는 마치 'Londres'와 'London'이 다른 도시를 지시한다고 노골적으로 주장하는 피에르에게, 두 도시가 어쩌면 같은 도시일 수도 있다고 말해주는 경우와 비슷하다. 이 형이상학자처럼,

피에르는 거짓된 비동일성 믿음을 갖고 있다.

당신이 '래리'라는 이름을 사용하여 당신의 지인을 한 명 지시한다고 하자. 이때 '래리'라는 이름을 가진 사람은 오직 한 명임을 (참이라고) 가정하자. 당신은 래리가 상당히 변화무쌍한 사람처럼 보인다는 점에 주목해왔다. 그러다가, 사실 래리는 한 명이 아니라는 결론에 도달한다. 다시 말해 그동안 하나의 이름으로 두 사람을 불러왔다고 생각하게 된다. 하지만 이 결론은 거짓이다. 그럼에도 당신은 이제 '래리'를 포함하는 문장에 동의할 때 새로운 해방감을 느끼기 시작한다. 이제는 래리의 변화무쌍한 여러 특징을 서로 다른 두 사람에게 귀속할 수 있기 때문이다. 하지만 평소 관행을 따라 믿음을 귀속한다면 우리는 당신에게 모순된 믿음을 귀속할 수밖에 없다. 당신이 '래리'로 같은 사람을 지시하기 때문이다. 본인은 그렇게 생각하지 않지만 말이다. 당신은 '래리'라고 불리는 두 사람이 있다고 진심으로 믿을 수 있는데, 왜냐하면 다른 사람들이 줄곧 '래리'라는 이름으로 '그들'을 지시하는 것을 들었으며 그처럼 서로 다른 사람이 같은 이름을 가지는 일은 가능하기 때문이다. 문제는 당신이 래리에 관한 거짓된 동일성 믿음을 가진다는 점이다. 말하자면, 당신은 (당신의 표현을 빌리자면) 래리$_1$과 래리$_2$가 동일하지 않다고 믿는다. 실제로는 동일한 사람인데도 말이다.

이제 마지막 사례를 보자. 런던에서 나고 자란 피터를 생각해보자. 피터는 런던의 일부 지역인 해크니^{Hackney}에서 자랐는데, 해크니는 그다지 건강에 좋지 않은 동네이다. 해크니에서의 경험을 바탕으로 피터는 (다소 성급하긴 하나) 런던이 좋은 도시가 아니라는 결론을 내린다. 즉, 피터는 '런던은 좋은 도시가 아니다'에 기꺼이 동의한다. 하지만 당시 18살이던 피터는 납치를 당해 런던의 다른 지역인 햄스테드^{Hampstead}로 옮겨진다. 햄스테드는 해크니와 너무나 다르기에 피터는 자신이 같은 도시에 살고 있다고 생각하지 않는다. 피터는 사람들이 역시 런던의 일부인 햄스테드를 '런던'으로 지시한다는 사실을 알게 되지만, 우연히 [해크니와] 같은 이름을 지닌 다른 장소일 것이라 가정한다. 지리학 수업 시간에 흔히 듣게 되는 경우처럼 말이다. 만약 햄스테드로 옮겨진 뒤의 피터에게 '런던은 좋은 도시이다'라는 문장에 관해 어떻게 생각하는지 묻는다면 그는 맞장구칠 것이다. 물론 피터는 이 '런던'이 그 '런던'과는 다른 도시를 지시한다고 생각한다. 평소 관행을 따라 믿음을 귀속한다면 우리는 피터가 런던은 좋은 도시이면서 좋은 도시가 아니라고 생각한다는 결론을 내려야 한다. 두 장소에서 동의하는 피터의 행위가 따로따로 고려된 각 믿음 귀속을 보증한다는 점은 확실하다. 다시 말해, 우리를 망설이게끔 하는 믿음 귀속을 둘 다 할 수 있다는 점은 분명한 사실이다. 피터의 개인어 속 '런던'이라는 단어는 하나의 도시만을 지시하고 그렇기 때문에 우리는 모순된 믿음을 피터에게 귀속할 수 있지만, 정작 피터는 이 점을 깨닫지 못하기에 모순되는 두 믿음을 자신 있게 믿는다.

앞선 사례들 가운데 어느 경우에도 대물적$^{de\ re}$ 믿음 간의 모순만을 이야기하고 있지는 않다는 점을 명확히 해야 한다. 하비에 관해^{of} 그가 수상하다는 믿음을 누군가에게 귀속하면서 하비에 관해 그가 수상하지 않다는 믿음을 그 사람에게 귀속하는 것에는 아무런 퍼즐이나 역설이 없다. 그 사람은 한 상황에서 수상하게 행동하는 하비를 관찰하고 다른 상황에서는 수상하지 않게 행동하는 하비를 관찰하기만 하면 된다. 자신이 같은 사람을 두 번 관찰했다는 점을 깨닫지 못한 채로 말이다. 이 경우 'X는 하비가 수상하다는 것과 하비가 수상하지 않다는 것을 둘 다 믿는다' 형식의 대언적$^{de\ dicto}$ 귀속은 일어나지 않는다. 'X는 하비에 관해 그가 수상하다고 믿으면서 하비에 관해 그가 수상하지 않다고도 믿는다' 형식의 대물적 귀속만이 있을 뿐이다. 크립키의 사례는 모순적인 대물적 믿음에 더해 모순적인 대언적 믿음도 포함한다. 모순적인 대물적 믿음에는 아무런 퍼즐이 없다. 대물적 믿음을 포함하는 사례에서는 주체가 모순적인 **명제들**을 믿는다는 함축이 없다. 그러나 크립키의 사례에서는 주체가 모순적인 명제들을 믿으며, 앞서 내가 기술한 사례에서도 마찬가지이다.

역설을 해결하지는 못하더라도 최소한 그 역설이 어떻게 생겨났는지 — 역설의 내적 논리 — 를 검토해볼 수는 있겠다. 사람이 모순된 믿음을 가지는 경우에는 두 종류가 있다. 하나는 그 사람이 비합리적이기 때문에 모순된 믿음을 가지는 경우이고, 다른 하나는 그 사람이 비합리적이지 않음에도 모순된 믿음을 가지는 경우이다. 두 경우에는 무슨 차이가 있는가?

당신이 누군가에게 'a는 F라고 생각하십니까?'라고 묻고 그 사람이 '그렇다'고 대답하는 경우를 생각해보자. 이제 당신은 'a는 b와 동일하다고 생각하십니까?'라고 묻고 그 사람은 다시 '그렇다'고 대답한다. 다시 한 번 당신은 'b는 F라고 생각하십니까?'라고 묻는데, 이번에는 그 사람이 '아니오'라고 대답한다. 이는 순전한 비합리성의 사례이다. 'a는 F이다'와 'a는 b와 동일하다'로부터 'b는 F이다'가 참임이 논리적으로 따라 나오기 때문이다. 이것은 라이프니츠가 말한 **동일자의 식별불가능성**^{indiscernibility} of identicals이라는 자명한 원리 — 만약 a가 b와 동일하다면, a에 관해 참인 모든 것은 b에 관해서도 참이어야 한다는 원리 — 의 단순한 귀결이다. 만일 누군가 앞서 기술한 것처럼 대답한다면 '그렇다면 당신은 사실 a와 b가 동일하다고 생각하지 않는군요!'라고 정당하게 이의를 제기할 수 있다. 하지만 물론 그 사람이 'a는 b와 동일하다'를 믿지 않는다면 'a는 F이다'로부터 'b는 F이다'를 추론하지 않으려는 것은 비합리적이지 않다. 그 사람은 해당 추론을 가능하게 하는 동일성 전제를 결여할 뿐이다. 동일성 전제가 없다면 그 같은 추론을 하는 것이 오히려 비합리적이다. 개밥바라기가 행성이라는 전제로부터 샛별이 행성임을 추론하지 않으려 한다고 해서 당신이 비합리성을 범하는 것은 아니다. 그러나 개밥바라기가 행성이라는 전제와 개밥바라기가 샛별과 동일하다는 두 전제로부터 샛별이 행성임을 추론하지 않으려 한다면 당신은 비합리성을 범한다. 각각은 서로 혼동되거나 하나로 동화될 수 없는, 완전히 다른 종류의 심리 상태이다.

크립키의 사례에서 피에르는 'Londres is identical to London[Londres는 London과 동일하다]'라는 동일성 문장을 믿지 않는다. 그는 이 문장에 동의하지 않을 것이다. 앞서 내가 기술한 모든 사례에서도 마찬가지이다. 주체는 중요한 동일성 전제에 대한 믿음을 결여한다. 그러므로 주체는 비합리적이지 않다. 오히려 완벽히 합리적이다. 주체가 p를 믿으면서 p의 부정을 믿지만 논리적 추론의 원리를 위배하지 않는 **합리적으로 모순된 믿음**의 사례가 있다. 이 같은 사례는 주체가 두 이름이나 두 지시사, 또는 두 기술구를 연결하는 동일성 명제를 믿지 않는 경우에 발생한다. 피에르가 완벽하게 합리적으로 믿음을 형성하기에 그러한 믿음을 가지는 것은 합리적이다. 'Londres is identical to London[Londres는 London과 동일하다]'에 동의함에도 런던이 아름답다는 것과 런던이 아름답지 않다는 것을 둘 다 믿는다면 피에르는 비합리적이겠다. 다시 말해, 'Londres'가 'London'과 같은 도시를 지시한다는 정보를 가진 피에르가 'London is not pretty[런던은 아름답지 않다]'에 동의하고 또 'Londres est jolie[런던은 아름답다]'에도 동의하며 둘 중 어느 것도 포기하지 않으려는 모습을 보인다면, 만일 그렇다면 그는 비합리적이다. 피에르는 자신이 'Londres'라고 부르는 장소가 'London'이라고 부르는 장소와 같지만 그럼에도 앞의 장소는 아름답고 뒤의 장소는 아름답지 않다고 합리적으로 생각할 수 없다. 모든 것은 특정한 동일성 물음에 대한 그의 생각에 달려 있다.

모순적인 대물적 믿음을 가진 사람처럼, 피에르 퍼즐 및 그와 비슷한 퍼즐에는 비합리적인 사람이 없다. 즉, 모두가 합리적이다. 당신이 a에 관해 그것은 F라고 믿고 a에 관해 그것은 F가 아니라고 믿는 것은 합리적이다. 믿음의 대상에 관한 동일성 판단에 당신이 동의하지 않기 때문이다. 당신은 자신의 믿음이 같은 대상에 관한 것임을 깨닫지 못한다. 'a는 b와 동일하다'는 동일성 문장을 수용함에도 계속해서 'a는 F이다'와 'b는 F가 아니다'에 동의하는 경우에만 당신은 비합리성에 **빠진다**. 피에르 유형의 모든 퍼즐에서 우리는 [각 사례의 주체가] 동일성 진술 — 참인 동일성 진술 — 을 수용하지 않는다는 중요한 점을 기술했다.

크립키의 퍼즐은 일상적 관행을 따르는 믿음 귀속의 이상한 점을 드러낸다. 하지만 우리의 논의는 크립키의 퍼즐을 해결하거나 해소하고자 의도된 것이 아니며, 단지 그 퍼즐이 어떻게 발생하는지를 진단하려는 것이다. 비합리적인 모순적 믿음과 합리적인 모순적 믿음 사이의 차이를 명확하게 가려낼 필요가 있다. 이 차이는 주체의 추론에서 동일성 판단이 하는 역할에 달려있다. 우리가 평소 관행을 계속 고수하면서 믿음을 귀속한다는 사실을 감안하면, 참인 동일성 진술에 대한 역설 없는 거부가 모순된 믿음의 역설 있는 귀속으로 순식간에 이어질 수 있다는 점은 놀랍다. 즉, 논리적인 상태가 비논리적인 외양으로 이어질 수 있다. 이 외양은 진정으로 비논리적인 상태에 있을 때의 외양과 똑같다. 그러나 기저에 있는 마음 상태는 완전히 다르다.

이 책은 콜린 맥긴$^{\text{Colin McGinn}}$의 *Philosophy of Language: The Classics Explained* (MIT Press, 2015)를 옮긴 것으로 현대 언어철학에 대한 체계적이고도 친절한 안내서이다. 이 책이 소개하는 언어철학의 고전적 저작들은 언어철학을 공부하는 사람이라면 반드시 읽어야 하는 필수 문헌일 뿐 아니라 그 자체로 풍성하고 통찰력 있는 사유의 전개를 보여주기 때문에 일반 독자에게도 지적 호기심을 자극하는 극히 중요한 텍스트이다. 하지만 그 중요성에도 불구하고 이들 고전적 저작을 해설하는 언어철학 개설서는 국내외를 막론하고 찾아보기 어려웠다. 저자는 다년간의 경험과 특유의 통찰력으로 프레게, 크립키, 러셀, 도넬란, 카플란, 에반스, 퍼트넘, 타르스키, 데이비드슨, 그라이스와 같은 거장들의 텍스트를 지나치게 단순화하지 않으면서도 평이한 언어로 내용을 전달하는 데 성공한다.

언어철학을 공부하려는 많은 초심자는 처음 보는 논리 기호와 난해한 개념들, 밀도 높은 논증을 따라가느라 쉽게 지칠 수 있는데, 이들에게 이 책의 쉽고 명쾌한 풀이는 분명 도움이 될 것이다. 머리말에서 밝히듯 저자는 자신이 할 수 있는 한 가장 명료하게 설명하고자 했으며 심지어

철학을 전공하지 않는 사람조차 이해할 수 있게 '모든 것을 처음부터 하나하나 설명해두었다'고 말한다.

주제의 측면에서 보자면 이 책은 언어와 세계의 관계, 언어와 마음의 관계, 언어 표현의 뜻과 지시체, 이름의 의미, 한정 기술구의 의미, 지시사 및 지표사의 의미, 참의 정의, 참과 의미의 관계, 화자의 의도와 의미의 관계, 믿음의 본성 등을 다루고 있다. 이들 개념은 언어철학은 물론이고 철학 전반에서 문제가 되는 중심 개념으로서 철학에 관심이 있는 모든 사람에게 흥미로운 주제가 될 것이며, 철학보다는 언어에 관심이 있는 사람에게도 유용할 것이다.

이 책에서 저자가 해설하는 주요 저작 11개(부록 포함)의 목록은 다음과 같다.

고틀로프 프레게, 「뜻과 지시체에 관하여」.
솔 크립키, 『이름과 필연』.
버트런드 러셀, 『수리철학의 기초』.
키스 도넬란, 「지시와 한정 기술구」.
데이비드 카플란, 「지시사」.
가렛 에반스, 「지시사의 이해」.
힐러리 퍼트넘, 「의미와 지시」.
알프레드 타르스키, 「의미론적 참 개념」.
도널드 데이비드슨, 「자연 언어를 위한 의미론」.
폴 그라이스, 「의미」.
솔 크립키, 「믿음에 관한 퍼즐」.

이 가운데 한국어 번역본이 있는 것은 프레게의 『뜻과 지시체에 관하여』(전기가오리, 2017), 크립키의 『이름과 필연』(필로소픽, 2014), 러셀의 『수리철학의 기초』(경문사, 2002), 데이비드슨의 「자연언어를 위한 의미론」(『진리와 해석에 관한 탐구』, 나남, 2011)뿐이다. 나머지 7개의 텍스트는 한국어로 읽을 수 없는 상황이다. 이를 감안하면 이 책은 일차 문헌으로 향하는 좋은 안내서로도 활용될 수 있다. 심도 있는 이해를 원하는 독자는 이 책을 원전과 함께 읽어나갈 수 있겠다.

강의를 녹음하여 옮겨 적은 녹취록을 바탕으로 한 책의 특성상 미묘한 뉘앙스의 표현과 번역하기 까다로운 구어체 문장이 다수 등장하여 애초의 예상만큼 작업이 순탄치는 않았다. 〈전기가오리〉의 운영자인 신우승 씨의 제안 덕택에 매번 돌파구를 찾을 수 있었다. 이 지면을 빌려 신우승 씨께 감사를 전한다. 최종적인 결정은 역자들이 내렸기 때문에 이 책에 남아 있는 모든 잠재적인 오류와 오역의 책임은 역자들의 몫이다. 끝으로 출판계의 어려운 현실 속에도 이 책의 번역 출판을 결정하고 애써주신 도서출판 b 관계자 여러분께도 깊은 감사를 전한다. 아무쪼록 언어철학을 처음 접하는 이들이 편하게 다가갈 수 있는 입문서가 되길 바란다.

2019년 7월, 박채연, 이승택

한국어판 ⓒ 도서출판 b, 2019

• 지은이

__ 콜린 맥긴(Colin McGinn) 영국의 심리철학자로, 심리학으로 석사 학위를 받은 뒤 철학으로 전향해 데이비드슨의 의미론 연구로 박사 학위를 받았다. 이후 영국 UCL, 옥스퍼드대학교, 미국 럿거스대학교 등에서 철학을 가르쳤다. 주요 저작으로는 이 책 『언어철학*Philosophy of Language*』을 포함해 『마음의 특성*The Character of Mind*』(1982), 『의식과 그 대상*Consciousness and Its Objects*』(2004) 등이 있다.

• 옮긴이

__ 박채연 이화여자대학교에서 서양화와 철학을 전공했다. 출판사에서 편집자로 일한 바 있다. 옮긴 책으로는 『예술의 정의』(공역), 『지칭에 관하여』(공역), 『있는 것에 관하여』(공역)가 있다.

__ 이승택 서강대학교에서 경제학을, 연세대학교 대학원에서 철학을 전공하고, 현재 미국 캘리포니아대학교 로스앤젤레스(UCLA) 철학과 박사 과정에 재학 중이다. 옮긴 책으로는 『지칭에 관하여』(공역), 『있는 것에 관하여』(공역), 『과오 없는 불일치』(공역), 『앎: 파기되지 않는 정당화된 참인 믿음』 등이 있다.

바리에테 신서 25

언어철학

초판 1쇄 발행 | 2019년 11월 01일
　　3쇄 발행 | 2023년 10월 01일

지은이 콜린 맥긴 | 옮긴이 박채연+이승택 | 펴낸이 조기조
펴낸곳 도서출판 b
등록 2003년 2월 24일(제2006-000054호)
주소 08772 서울특별시 관악구 난곡로 288 남진빌딩 302호 | 전화 02-6293-7070(대)
팩시밀리 02-6293-8080 | 홈페이지 b-book.co.kr / 이메일 bbooks@naver.com

ISBN 979-11-89898-13-7 93700
값 24,000원